北京
休闲发展报告
2023

主　编◎邹统钎

副主编◎王　欣　吴丽云

中国旅游出版社

目录

北京休闲发展报告

2023

总 报 告

北京休闲发展总报告

吴丽云 牛楚仪 彭弈[①]

摘要 2022 年，北京市经济稳步恢复，为休闲产业发展提供经济基础。居民收入不断增加，休闲消费潜力持续释放，政策助力休闲产业复苏，公共休闲空间更加丰富，休闲消费需求持续释放。但北京休闲产业发展仍存在一些问题，如休闲产品同质化现象严重、供给结构区域分布不均衡、新兴休闲业态乱象较多等。针对这些问题，提出了相应的建议，包括以科技、文化创新为引领，优化产品供给结构，形成市场规范秩序等。未来，北京休闲产业将呈现出一些新的发展趋势，如"网红产品"值得关注、夜间休闲潜力巨大、乡村休闲市场广阔、科技休闲引领潮流等。

关键词 消费潜力；康养休闲；旅游休闲；夜间经济；体育休闲

一、休闲产业发展基础良好

（一）经济缓慢恢复，休闲基础依然稳固

1. 地方经济稳步恢复

虽然经历疫情的"反复"，风高浪急的国际环境以及国内经济发展"三重压力"等超预期因素影响，但是北京市经济仍然呈现向上发展的势头，经济发展质量稳步提升，为休闲产业的发展提供了经济基础。具体数据来看，北京市

---

① 吴丽云，北京第二外国语学院中国文化和旅游产业研究院副教授，研究方向为旅游休闲、国家文化公园、夜间经济等；牛楚仪，北京第二外国语学院旅游科学学院硕士研究生，研究方向为旅游休闲、夜间经济等；彭弈，北京第二外国语学院旅游科学学院硕士研究生，研究方向为旅游休闲、乡村旅游等。

2022 年全市 GDP 达 4.16 万亿元，相较于上年增长 0.7%（见图 1-1）。即使受多重因素的限制，仍然取得了小幅度的增长。特别是第三产业服务业增加值约 3.49 万亿元，较去年增长 3.4%①。随着防疫政策的放开与经济回暖，相信休闲产业很快会迎来发展的春天。从人均 GDP 来看，2022 年，北京市人均 GDP 为 19.0 万元，相较上年仍然呈现上升的趋势（见图 1-2）。

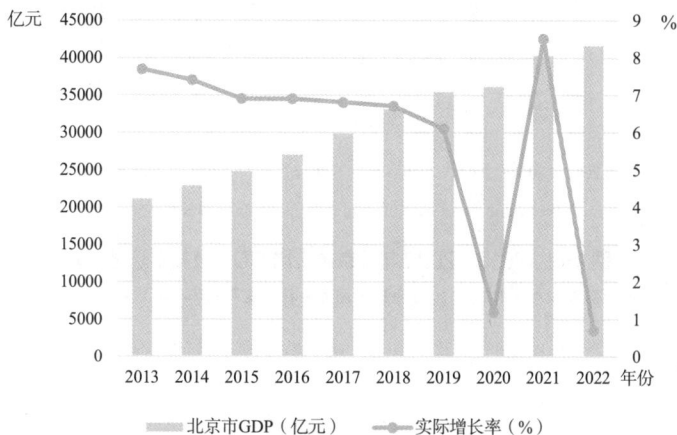

图 1-1　2013—2022 年北京市 GDP 及其实际增长率

资料来源：《北京统计年鉴 2021》《北京市 2022 年国民经济和社会发展统计公报》

2022 年，北京市人均可支配收入持续增长，达 77415 元，较上年增长 3.2%，扣除价格因素，实际增长 1.4%（见图 1-3）。其中城镇居民人均可支配收入为 84023 元，增长 3.1%；农村居民人均可支配收入为 34754 元，增长 4.4%。北京市人均可支配收入维持增长势头，人民生活水平进一步提高，为休闲消费的进一步发展提供了物质保障。而随着疫情防控政策放开，出行不再受限，市民的休闲消费潜力将被释放出来。

---

① 北京市统计局 . 北京市 2022 年国民经济和社会发展统计公报［EB/OL］. 北京市人民政府网，2022.https://www.beijing.gov.cn/zhengce/zhengcefagui/202303/t20230321_2941262.html

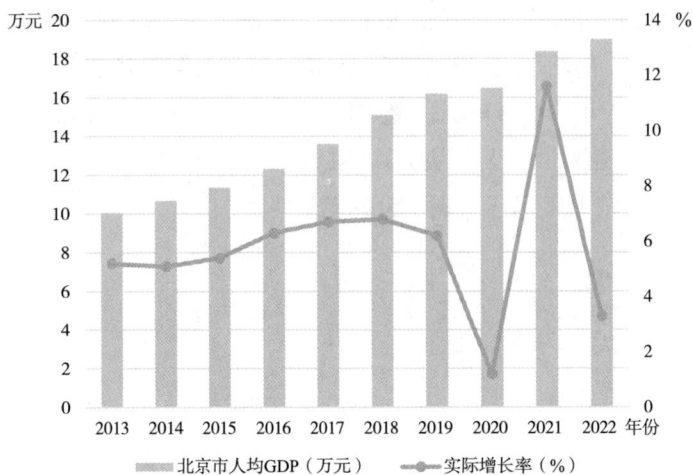

图 1-2　2013—2022 年北京市人均 GDP 及其实际增长率

资料来源：《北京统计年鉴 2021》《北京市 2022 年国民经济和社会发展统计公报》

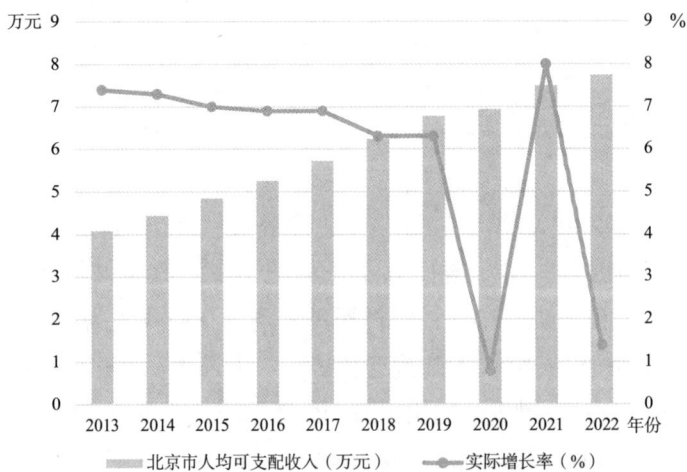

图 1-3　2013—2022 年北京市人均可支配收入及其实际增长率

资料来源：《北京统计年鉴 2021》《北京市 2022 年国民经济和社会发展统计公报》

2. 三次产业结构持续优化

从产业结构来看，2021 年由于防疫形势严峻，第二产业占比呈现出上升的情况，第三产业占比有所下降。2022 年北京市三次产业占比回归正常发展趋势，三次产业占比分别为0.3%∶15.9%∶83.8%，第三产业的占比与2020年持平，都为83.8%。在产业增加值方面，2022年北京市第一产业增加值为111.5亿元，相较上年下降1.6%；第二产业增加值为6605.1亿元，相较上年下降11.4%；第三产业增加值为34894.3亿元，相较2021年增长3.4%（见图1-4）。虽然第三产业占比有所浮动，但是产业增加值依然维持增长的势头，比上年多出了2004.7亿元（见图1-5），持续为北京市经济发展做出重要贡献，同时也为休闲业的进一步"复苏回暖"提供了支撑。

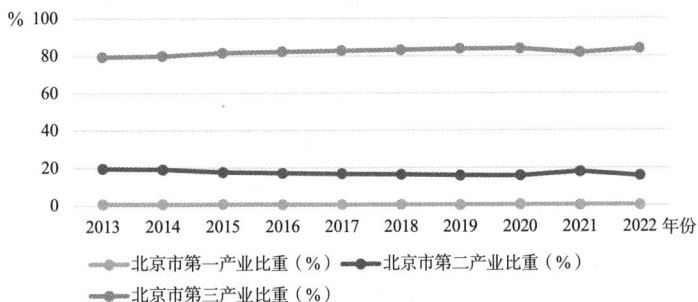

图1-4　2013—2022年北京市三次产业结构

资料来源：《北京统计年鉴2021》《北京市2022年国民经济和社会发展统计公报》

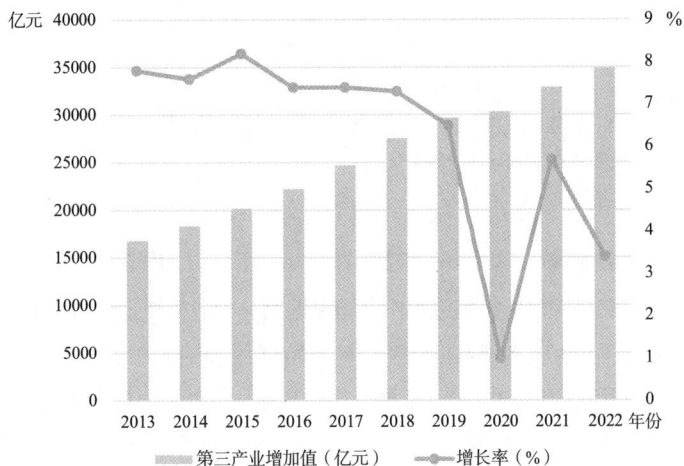

图1-5　2013—2022年北京市第三产业增加值及其增长率

资料来源：《北京统计年鉴2021》《北京市2022年国民经济和社会发展统计公报》

（二）居民收入不断增加，休闲消费潜力不断释放

虽然有疫情等多重因素的影响，北京市居民人均可支配收入增速放缓，但总量依然持续增长。2022 年，全市居民人均可支配收入为 77415 元，比上年增长 3.2%，扣除价格因素的影响也有 1.4% 的实际增长率。其中，城镇居民人均可支配收入较上年增长 3.1%，突破 8.4 万元；农村居民人均可支配收入较上年增长 4.4%，突破 3.4 万元（见图 1-6）。稳定且可持续增长的居民可支配收入，为北京居民的休闲提供了坚实的物质基础，增强了居民休闲消费的内在驱动力。

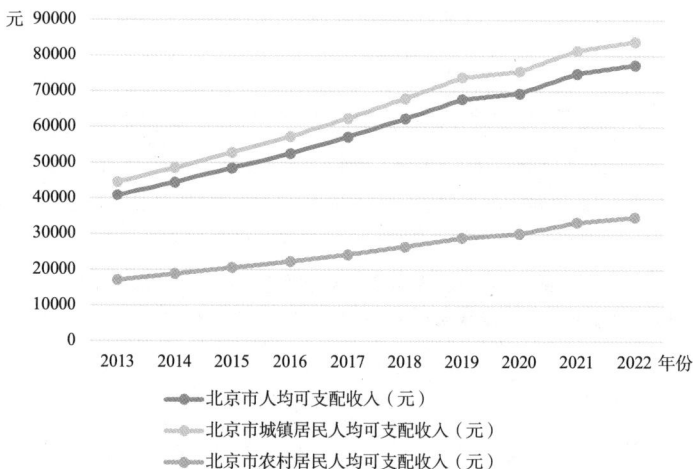

图 1-6　2013—2022 年北京市居民（城／乡）人均可支配收入

资料来源：《北京市 2022 年国民经济和社会发展统计公报》

从恩格尔系数来看，2013—2022 年，北京市居民恩格尔系数始终低于全国居民恩格尔系数，整体上呈现出下降的趋势。虽然由于疫情的影响在 2019 年至 2022 年该系数呈现上涨的趋势，但是始终维持在 20% 左右，说明北京市居民具有较高的休闲消费能力（见图 1-7）。其中，2022 年北京市城镇居民的家庭恩格尔系数 21.1%，相较上年增长 0.3%；2022 年北京市农村居民的家庭恩格尔系数 27.4%，相较上年减少 0.9%（见图 1-8）。虽然受到疫情的影响，城镇居民的恩格尔系数有小幅度的上涨，但是农村居民的恩格尔系数依然维持着下降的趋势。因此，北京城镇居民的休闲消费一定程度受阻，但是北京农村

居民的休闲消费潜力进一步被释放。

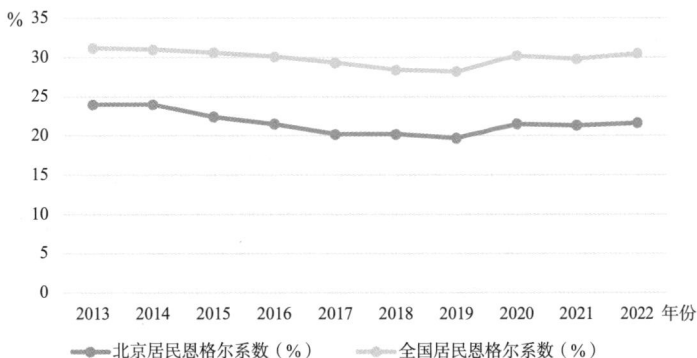

图1-7　2013—2022年北京及全国居民恩格尔系数

资料来源：《北京统计年鉴2021》《北京市2022年国民经济和社会发展统计公报》

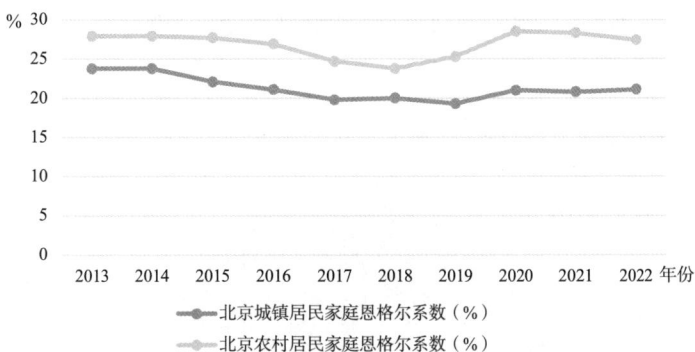

图1-8　2013—2022年北京城镇居民和农村居民的家庭恩格尔系数

资料来源：《北京统计年鉴2021》《北京市2022年国民经济和社会发展统计公报》

从消费支出来看，2022年北京市居民人均消费支出为42683元，比上年下降了2.2%。其中，北京城镇居民人均消费支出为45617元，下降2.5%；北京农村人均消费支出为23745元，增长0.7%（见图1-9）。从消费结构来看，2022年除了居住和其他用品及服务支出有所增长，其他种类的消费都有不同程度的下降。其中，教育文化娱乐方面的消费支出从2021年的3348元下降到2022年的3008元，下降了10%左右（见图1-10和图1-11）。可以看出疫情等多重因素的影响打击了人们的消费信心，因此减少了许多消费支出，也使得休闲娱乐需求受到了抑制。但是持续上涨的收入意味着人们拥有更大的消费潜力。随着疫情的影响逐渐消失，人们重拾消费信心，将给休闲产业的进一步发展带来强大动力。

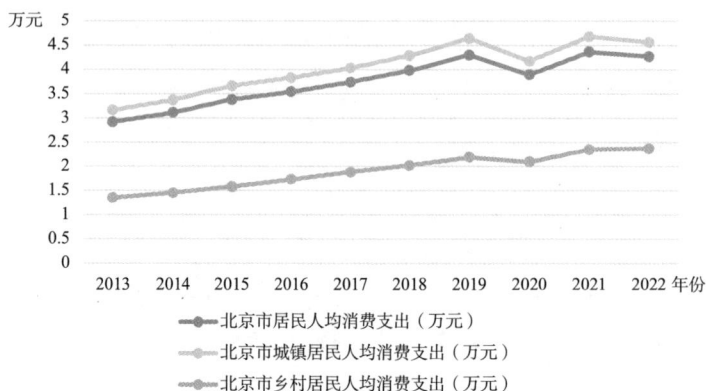

图1-9　2013—2022年北京市居民（城／乡）人均消费支出

数据来源：华经产业研究院

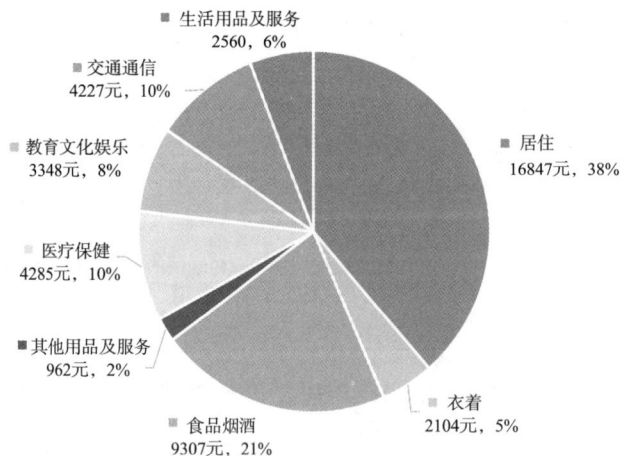

图1-10　2021年北京市居民人均消费支出构成

数据来源：《北京市 2021 年国民经济和社会发展统计公报》

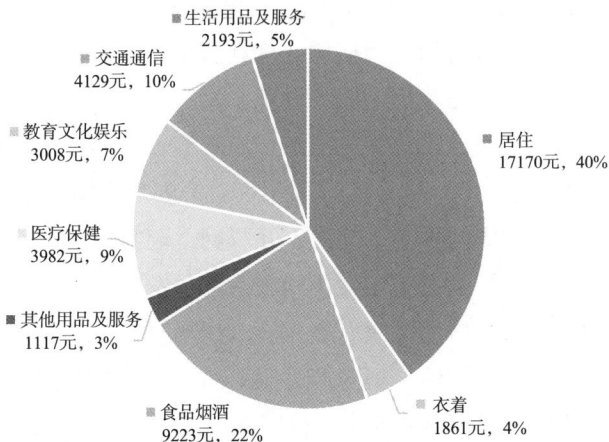

图 1-11 2022 年北京市居民人均消费支出构成

数据来源：《北京市 2022 年国民经济和社会发展统计公报》

此外，北京市政府为民生保障持续助力，加大民生领域投入，全市一般公共预算支出中，教育、社会保障和就业、卫生健康支出占比合计达 40.4%，比上年提高 1%。社会保障覆盖面继续扩大，年末参加企业职工基本养老、城镇职工基本医疗、失业、工伤和生育保险的人数分别比上年末增长 2.3%、0.7%、2.4%、2.3% 和 0.4%。更完善的民生保障能够有效地增强居民们的消费信心，推动休闲产业消费的发展。

（三）政策助力休闲产业复苏，公共休闲空间更加丰富

1. 政策密集出台，为休闲产业发展提供保障

北京市休闲产业的发展既是人民对美好生活的需求与不断完善的供给共同作用的产物，也是国家与北京市政府不断出台政策支持与推动的结果。2022年，国家和北京市政府出台了一系列的政策推动休闲产业的复苏与重振，并着眼于长远布局，助力休闲产业高质量发展。

国家层面，《国民旅游休闲发展纲要（2022—2030 年）》提出部署培育现代休闲观念、保障旅游休闲时间、优化旅游休闲空间、丰富优质产品供给、完善旅游休闲设施、发展现代休闲业态、提升旅游休闲体验、推进产品创新升

级、持续深化行业改革、不断加强国际交流共 10 项重点任务，具体包括优化全国年节和法定节假日时间分布格局、规划建设环城市休闲度假带、以社区为中心打造休闲生活圈、完善休闲服务设施、发展新兴休闲业态、实施旅游休闲高品质服务行动、开发数字化文旅消费新场景等一系列具体举措，进一步激发旅游休闲发展内生动力[①]。《"十四五"国民健康规划》明确提出推进健康相关业态融合发展，促进健康与养老、旅游、互联网、健身休闲、食品等产业融合发展，壮大健康新业态、新模式。文化和旅游部、发展改革委等多部门联合印发的《关于推动露营旅游休闲健康有序发展的指导意见》中，提出要优化城乡休闲空间布局，扩大服务供给，提升产品服务品质，加强标准引领，推动全产业链发展，规范管理经营，落实安全防范措施，加强宣传推广，引导文明露营[②]。

2022 年，北京市根据本地情况出台了许多政策支持休闲产业发展。3 月，中共北京市委和北京市人民政府印发的《关于做好 2022 年全面推进乡村振兴重点工作的实施方案》，强调休闲农业的发展与建设，规划将怀柔区、延庆区提升全国休闲农业与乡村旅游示范县建设水平[③]。4 月，北京市园林绿化局印发《北京市公园分类分级管理办法》，提出加强各类公园休闲场所的建设[④]。7 月，北京市园林绿化局和北京市农业农村局等部门联合印发的《关于科学利用林地资源促进木本粮油和林下经济高质量发展的意见》，提出鼓励发展与森林旅游、森林康养（疗养）、自然教育、户外拓展等密切相关的产业，推动林产品采集、森林景观利用与旅游、教育、文化、养老等产业深度融合[⑤]。8 月，北京市文化和旅游局发布《关于促进文化和旅游业恢复发展的若干措施》（以下简称《若干措施》）的通知，明确提出落实暂退旅游服务质量保证金政策、促进文化旅游休闲消费等 12 条措施，帮助企业渡过难关、恢复发展[⑥]。北京市经济和信息

---

① 新华社.《国民旅游休闲发展纲要（2022—2030 年）》提出保障旅游休闲时间等 10 项重点任务 [EB/OL].中国政府网, 2022.http://www.gov.cn/xinwen/2022-07/18/content_5701601.htm.

② 体育经济司.《关于推动露营旅游休闲健康有序发展的指导意见》的通知 [EB/OL].国家体育总局, 2022. https://www.sport.gov.cn/n315/n20001395/c24937795/content.html.

③ 北京市人民政府.《关于做好 2022 年全面推进乡村振兴重点工作的实施方案》的通知[EB/OL].北京市人民政府网, 2022.https://www.beijing.gov.cn/zhengce/zhengcefagui/202204/t20220413_2674919.html.

④ 北京市园林绿化局.《关于印发〈北京市公园分类分级管理办法〉的通知 [EB/OL].北京市人民政府网, 2022. https://www.beijing.gov.cn/zhengce/zhengcefagui/202210/t20221008_2830137.html.

⑤ 北京市园林绿化局.关于科学利用森林资源促进林下经济高质量发展的通知 [EB/OL].北京市人民政府网, 2022.https://www.beijing.gov.cn/zhengce/zhengcefagui/202212/t20221201_2869565.html.

⑥ 润泽坤泰科技发展.北京 12 条措施撬动文旅消费新动能 [EB/OL].润泽坤泰科技发展, 2022.https://mp.weixin.qq.com/s/C86B5bgELM-g0yB_xJzZuA.

化局发布的《北京市促进数字人产业创新发展行动计划（2022—2025 年）》，提出将推广服务型数字人应用于博物馆、大剧院、名胜古迹、体育场馆等休闲场所，用数字技术助力休闲产业发展①。10 月，北京市文化和旅游局印发《北京市扩大文化和旅游新消费奖励办法》，提出鼓励旅游休闲街区、文旅体验基地、旅游度假区等发展，推进文化和旅游与农业、工业、商务、体育、中医药等领域相加相融，创造新价值，打造新品牌②。各类政策的出台都直接或间接地助推了北京市休闲产业的复苏，为休闲业高质量发展奠定政策基础。

2. 休闲投入加大，助力休闲空间建设

在政策的积极推动之下，北京市也通过加大公共投入、开拓休闲新空间等方式不断增加城市休闲供给，助推休闲产业的复苏。2013 年至 2019 年，北京市文化旅游体育和传媒支出逐年增长，由 154 亿元增长到了 279 亿元。但是由于疫情的影响，北京市财政收入紧缩且大量用于医疗保障建设，导致 2020 年与 2021 年在文化、旅游、体育和传媒的财政支出大幅度下降，下降至 103 亿元，下降幅度超过 50%，甚至低于 2013 年的水平。与 2021 年相比，2022 北京市的文化、旅游、体育和传媒支出为 108 亿元，增长了约 4.8%（见图 1–12）。主要用于推进全国文化中心建设，支持繁荣发展社会主义先进文化。做好高质量举办冬奥会、冬残奥会赛事服务保障。支持围绕"喜迎二十大"主题，开展"歌唱北京"等系列文化宣传活动。助力打造"博物馆之城""书香京城"，加强"一城三带"重点文物保护利用，传承利用好北大红楼、香山革命纪念地等红色资源。加大对中轴线文化遗产保护支持力度。鼓励扶持演艺新空间、文艺院团发展，不断为群众扩大优质文化供给③。随着疫情的影响逐渐缩小，人们的生产生活逐渐回归正轨，政府的财政税收也有所好转，因此政府也加大了财政支出，助推文旅休闲产业的复苏与发展。

---

① 北京市经济和信息化局 . 关于印发《北京市促进数字人产业创新发展行动计划（2022—2025 年）》的通知 [EB/OL] . 北京市人民政府网，2022.https://www.beijing.gov.cn/zhengce/zhengcefagui/202208/t20220808_2787958.html.
② 资源开发处 . 关于《北京市扩大文化和旅游新消费奖励办法》的政策解读 [EB/OL] . 北京市文化和旅游局，2022.http://whlyj.beijing.gov.cn/zwgk/zcfg/zcjd/202210/t20221025_2843257.html.
③ 吴素芳 . 北京市 2022 年预算执行情况和 2023 年预算的报告——2023 年 1 月 15 日在北京市第十六届人民代表大会第一次会议 [EB/OL] . 国研网，2023.https://h5.drcnet.com.cn/docview.aspx?docid=6779679.

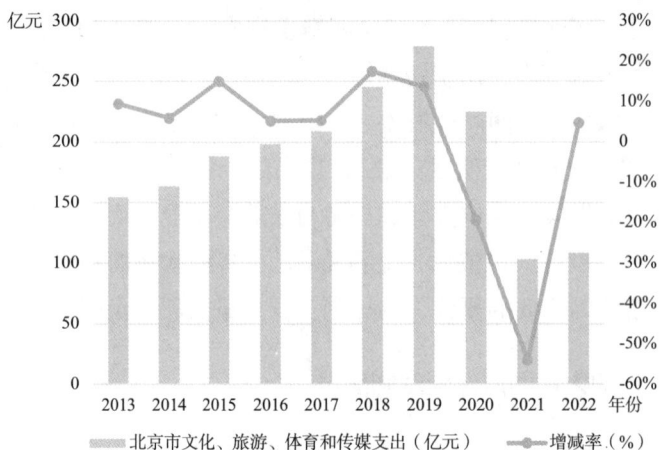

图 1-12　2013—2022 年北京市文化旅游体育和传媒支出及其增长率

数据来源：《北京统计年鉴 2021》《北京市 2022 年预算执行情况和 2023 年预算的报告》

3. 国际消费中心城市建设，助推休闲产业高质量发展

2018 年 10 月，北京市制定了《北京国际消费枢纽城市建设行动计划（2018 年—2022 年）》，提出到 2022 年将北京打造成为特色突出、品质高端、功能完善的国际消费目的地，到 2035 年全面建成具有全球影响力的国际消费枢纽城市①。2021 年，北京市出台了《北京培育国际消费中心城市实施方案（2021—2025 年）》。方案中提出了"十大专项行动"：（1）消费新地标打造行动；（2）消费品牌矩阵培育行动；（3）数字消费创新引领行动；（4）文旅消费潜力释放行动；（5）体育消费质量提升行动；（6）教育医疗消费能级提升行动；（7）会展消费扩容提质行动；（8）现代流通体系优化升级行动；（9）消费环境新高地创建行动；（10）消费促进机制协同保障行动②。此外，北京市还出台了《北京市商业消费空间布局专项规划》，加快推进北京国际消费中心城市建设，建立层次结构清晰、空间布局高效、功能业态完善、空间品质宜人的商圈体系，构建国际消费有魅力、城市消费有实力、地区消费有活力、社区消费高便利的全市商业消费空间新格局，打造"中国潮""国际范"与"烟火气"共融

① 杨松. 北京建设国际消费中心城市的成效、问题与对策 [J]. 中国经贸导刊（中），2021，1007（6）:29-33.
② 北京培育建设国际消费中心城市实施方案（2021—2025 年）[N]. 北京日报，2021-09-24（005）. DOI:10.28033/n.cnki.nbjrb.2021.006759.

共生的国际消费中心示范城市、国际一流的和谐宜居之都①。

2022 年，国际消费中心城市建设扎实推进，完成了对 22 个传统商圈的提质升级，融入了快速发展的直播电商和数字经济等新消费模式。除了位于朝阳区的三里屯太古里等传统商圈已经享誉海内外，常年热度不减，还有六工汇等新商圈快速发展。得益于冬奥会这张亮丽的名片，位于北京石景山区的首钢园已经成为北京打卡胜地，因此六工汇也成为不少家庭和年轻人的娱乐、消费的好去处，同时也提升了京西地区消费层级。北京市还加快建设文旅消费地，目前东城区、西城区、朝阳区、密云区、延庆区成为国家文化和旅游消费试点区域；前门大街、天桥演艺区、798 艺术区、751 演艺街区、亮马河风情水岸、五棵松华熙 live、古北水镇等成为国家级夜间文化和旅游消费集聚区；前门大街、三里屯太古里被评为国家级旅游休闲街区②。此外，各个区的相关建设也按下了"加速键"。例如，顺义区商务局相关负责人表示，顺义为加强商业消费空间布局，将加快"一圈一策"方案编制，制定本区商圈"一圈一策"工作方案，启动实施新一轮高品质商圈改造提升行动计划。目前顺义区商务局已印发祥云小镇商圈、老城区商圈改造提升方案。其中，祥云小镇将利用户外空间的自然优势，进一步夯实"京城夜经济地标"定位，以集结 30 余家品质餐饮的特色活动"深夜食街 4.0"、无国界美食品鉴活动"万国小食街"，配以音乐驻唱、花植外摆更新，强化商圈夜间消费氛围。同时，还完善消费基础设施建设，梳理全区 5G 信号覆盖薄弱环节，组织运营补点，提升全区 5G 信号的覆盖广度。目前年度新增 5G 基站建设 304 个，累计建设 5G 基站 2522 个。已实现祥云、马坡、老城区等重点商圈和奥林匹克水上公园等重点景区 5G 全覆盖③。相关建设将为居民提供更舒适的休闲消费体验和氛围，刺激居民休闲消费的热情。

---

① 北京市规划和自然资源委员会.关于印发《北京市商业消费空间布局专项规划》的通知[EB/OL].北京市人民政府网，2022.https://www.beijing.gov.cn/zhengce/zhengcefagui/202212/t20221201_2869415.html.

② 央广网.北京为打造国际消费中心城市多措并举提供"北京经验"[EB/OL].央广网，2022.https://baijiahao.baidu.com/s?id=1724199502776116140&wfr=spider&for=pc.

③ 颜世龙.北京加速推进国际消费中心城市建设[N].中国经营报，2022-12-19（B13）.DOI:10.38300/n.cnki.nzgjy.2022.003547.

二、休闲消费需求持续释放

（一）市民消费支出有波动，但休闲消费基础依然扎实

北京市人均消费支出在 2022 年为 42683 元[①]，呈现下降趋势。疫情前，北京市人均消费保持稳定增长。受疫情影响，北京市民消费能力有所波动，但整体仍保持较高水平。十年间，前 7 年北京市人均消费支出保持稳定增长，2013 年至 2019 年增加了 13862 元，每年名义增长率持续稳定在 4.0%~10.0%，共增长 47.5%。疫情开始后，人均消费支出开始波动，2020 年的名义增长率低至 –9.6%；在 2021 年疫情得到有效控制的情况下，人均消费支出迅速回升，为 43640 元，名义增长率高至 12.2%，为十年间最高。但 2022 年疫情反复，人均消费支出相较于 2021 年下降了 957 元，增长率为负；由于防疫政策作用，其人均消费支出仍高于 2020 年疫情冲击下的水平，但仍未回到疫情前 2019 年的水平（见图 1–13）。

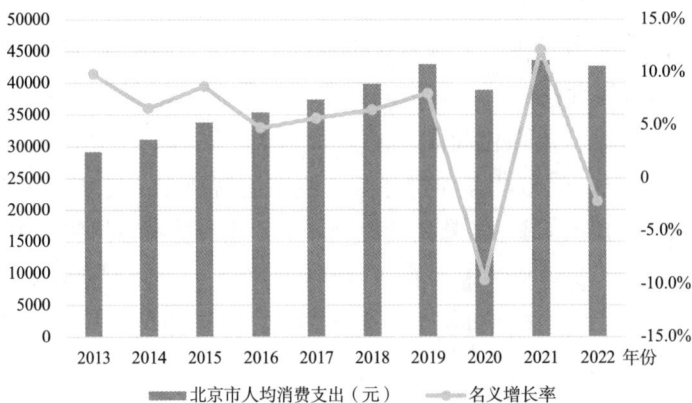

图 1–13　2013—2022 年北京市人均消费支出及其名义增长率

资料来源：《北京统计年鉴 2016》《北京统计年鉴 2022》

[①] 北京市人民政府. 2022 年北京市居民人均消费支出同比下降 2.2%〔EB/OL〕. https://www.beijing.gov.cn/gongkai/shuju/sjjd/202301/t20230119_2905641.html，2023-01-19.

《2022 中国旅游度假发展报告》指出，休闲度假已成为旅游消费的重要选项。相较于其他类型的旅游，绝大多数人非常愿意进行休闲度假型旅游，带薪休假成为人们进行休闲度假型旅游的主要时间选择。和家人朋友进行休闲度假已成为常态，这也是提升家庭凝聚力和稳固人际交往的主要方式[①]。相较于全国水平，2022 年北京人均消费支出是全国的 1.74 倍，这基于北京居民的高收入与高消费水平，同时也正向影响着北京居民对休闲产品的消费需求。

休闲类旅游项目更受北京市消费者偏爱。《2022 年北京旅游消费体验调查报告》显示，具体项目上，消费者更偏爱休闲放松类项目，周边自然风光、特色美食、乡村旅游、商旅文体融合类消费需求比例相对更高[②]。

（二）餐饮消费快速回暖，深夜食堂成夜间消费推手

夜间消费市场在 2022 年上半年处于低谷，6 月后正式回暖，堂食的恢复直接导致了当年北京市夜间消费的发展。美团平台发布的数据显示，自正式恢复堂食以来，北京堂食夜间订单量增长 357%，其中自助餐、江浙菜、东南亚菜成为夜间堂食环比增速最快的前三名，订单量环比增速均超过 800%；7 月夜间休闲娱乐订单量也环比激增 55%，增速达到全国均值的 5 倍以上，其中，桌游馆、轰趴馆、商场、DIY 手工坊、舞蹈馆成为夜间休闲娱乐消费环比增速最高的地方——夜间休闲娱乐环比增速分别达到 324%、297%、197%、110% 和 105%[③]（见图 1-14）。

相较于全国，北京夜间经济活力和优质商家占比率均位列第一，其中餐饮占夜间消费比重高达 76%。据《2022 北京餐饮业观察报告》显示，2022 年 7 月，北京突破三餐时段的餐饮门店数量较上年有所增长，深夜食堂则成为北京夜间消费的重要推手。从消费端来看，超过半数的受访者都感受到了北京深夜食堂的丰富度，近一半的受访者感受到了深夜食堂门店数有所增加，并仍需扩

① 北京市昌平区人民政府 . 2022 中国旅游度假发展报告：休闲度假活力旺〔EB/OL〕. https://credit.bjchp.gov.cn/IndustryCreditr/article?id=news_eace882a-1605-4332-a6bf-f99e518d77f8，2023-09-16.
② 北京市消费者协会 . 北京市消协发布 2022 年北京旅游消费体验调查报告〔EB/OL〕. http://www.bj315.org/shjj/gzdt/202211/t20221114_35626.shtml，2022-11-14.
③ 北京日报 . 五项目入选国级夜间文旅消费集聚区 北京夜经济消费地标持续升级〔EB/OL〕. https://news.bjd.com.cn/2022/07/27/10123965.shtml，2022-07-27.

展[1]。由上述数据可看出，北京居民的夜间消费项目主要为餐饮，休闲娱乐等项目次之。

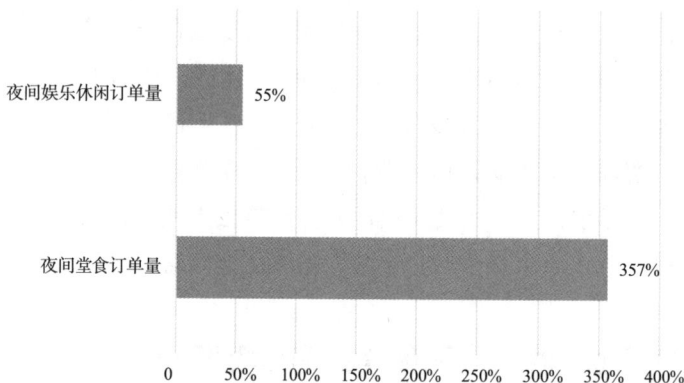

图1-14 夜间娱乐休闲、堂食订单量环比增长率

资料来源：美团平台

（三）注重康养，追求一站式体验

疫情对人的身心健康产生了负面影响，使消费者对康养休闲项目的消费需求有所提升，温泉、足疗、洗浴等都成为北京居民日常生活中进行康养休闲的主要活动类型。在供给方面，北京的康养休闲产业档次明晰、覆盖面广、项目多，出现了足疗中心、温泉度假村、温泉酒店、日式洗浴中心、汗蒸馆、水疗会所等各种康养场所，分别以不同的康养活动作为其主要服务项目，在同类场所中又以创新性主题吸引不同消费者群体。同时，康养休闲场所呈现出综合性趋势，场所分为洗浴（温泉、足疗）区与休息区，除了提供主打的康养服务，还囊括了餐饮、健身、客房、娱乐，力图为消费者提供一站式服务。一站式的康养休闲服务不仅吸引了中老年人，同时随着不同档次的康养场所增多，激发了大批青年人的康养休闲需求。

---

[1] 新京报 .《2022北京餐饮业观察报告》：更多餐厅营业时间突破三餐时段［EB/OL］. https://www.bjnews.com.cn/detail/1662200695169240.html，2022-09-03.

　　百度指数显示,"北京温泉"在 2022 年的日平均搜索指数为 147,"北京足疗"为 39,"北京洗浴"为 119;30~39 岁的人群需求较为旺盛,原因在于该年龄阶段的人群有了一定的社会资本积累,20~29 岁人群的平均需求与 40~49 岁人群基本持平;男性的需求多于女性,其中"北京足疗"与"北京洗浴"男性需求远超于女性,需求占比超过 80%(见图 1-15、图 1-16)。

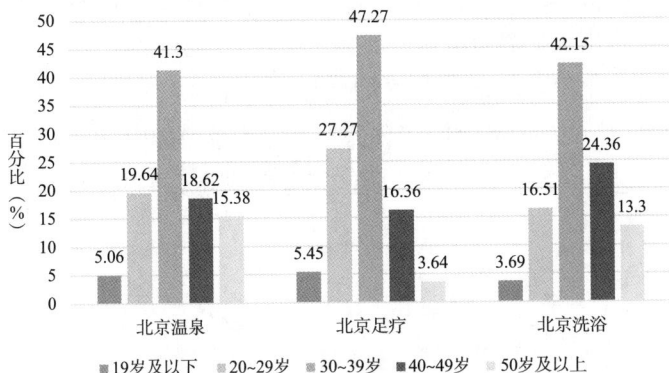

图 1-15　北京温泉、北京足疗、北京洗浴搜索年龄分布

资料来源:百度指数

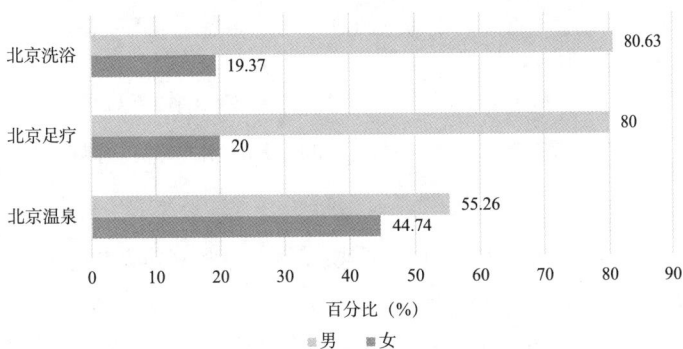

图 1-16　北京温泉、北京足疗、北京温泉搜索性别分布

资料来源:百度指数

（四）持续创新，多样化文化休闲消费需求旺盛

北京市统计局发布的数据显示，2022 年，北京规模以上文化及相关产业法人单位实现收入合计 17997.1 亿元，与上年持平。其中，规模以上文化企业实现营业收入 17555.3 亿元，同比增长 0.2%[①]。据中国人民大学文化产业研究院发布"2022 中国省市文化产业发展指数"显示，相较于全国其他城市，北京文化产业发展综合指数排名全国第一，且近七年持续保持第一[②]，得益于北京市积极推进全国文化中心建设，增强大国首都文化软实力的相关政策与措施。在北京市发布的《2023 年市政府工作报告重点任务清单》中，强调了博物馆、实体书店、演艺、电影、文化产业园区等方面重点发展的工作任务。

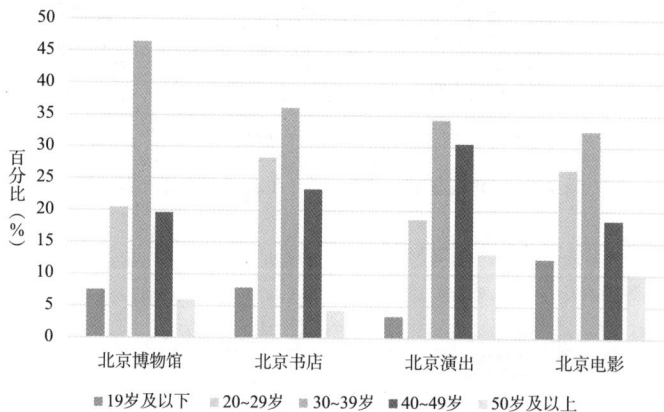

图 1-17　北京博物馆、北京书店、北京演出、北京电影搜索年龄分布

资料来源：百度指数

百度指数显示，2022 年，"北京博物馆""北京书店""北京演出""北京电影"的日平均搜索指数分别为 417、107、82、171。在这四类文化休闲活动中，30~39 岁的人群为主要消费人群，该类人群通常已组建家庭并经常带子女

[①] 北京市统计局. 规模以上文化产业情况 [EB/OL]. http://tjj.beijing.gov.cn/tjsj_31433/yjdsj_31440/wh/2022/202302/t20230201_2910194.html，2023-02-01.

[②] 文化产业研究院. 中国人民大学文化产业研究院发布"2022 中国省市文化产业发展指数" [EB/OL]. https://mp.weixin.qq.com/s/p54JWHk4dms2EevqlCDeUA，2023-04-01.

参与以上活动，以增长子女在课外的文化知识；40~49 岁人群更加偏向参加演出活动，在其他三类活动中的占比均低于 20~29 岁人群，这一定程度上取决于供给方预先确定的不同产品受众人群（见图 1-17）。相较于男性，女性更愿意消费博物馆、书店两类文化休闲产品，而在电影活动方面，男性则作为主要消费群体，消费需求大于女性，占比为 60.92%（见图 1-18）。

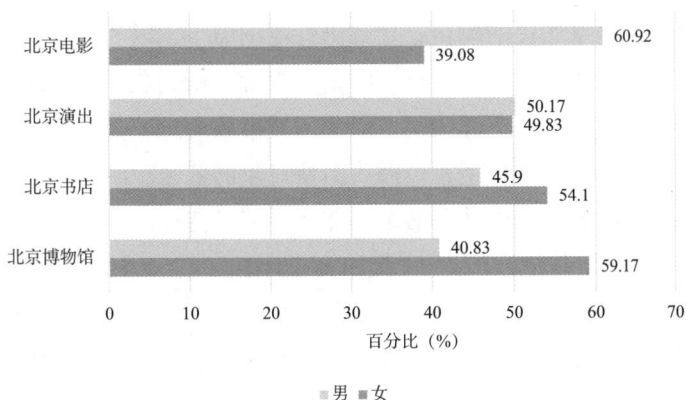

图 1-18　北京博物馆、北京书店、北京演出、北京电影搜索性别分布

资料来源：百度指数

文化创意园区作为一种新的文化休闲消费形式在北京得到广泛发展。截至 2022 年 4 月，北京文化创意园区的数量为 160 个，北京市朝阳区、东城区和海淀区市是文化创意产业园区发展的重要区域，其中朝阳区的文化创意产业园区规模占北京市总规模近 1/3，位列全市第一[①]。2022 年年末，北京市公示了市级文化产业园区拟认定名单，共有 96 家园区进入名单[②]。据北京市文化和旅游局发布的数据显示，清明小长假期间，798 艺术区实现文化消费收入约 5800 万元，客流量逾 9 万人次；宏福文创园区实现文化消费收入 800 余万元；首创·郎园 Station 实现文化消费收入约 300 万元，客流量逾 3 万人次；红桥市场线上线下文化产品

① 前瞻产业研究院. 2022 年北京市文化创意产业园区市场现状及竞争格局分析［EB/OL］. https://baijiahao.baidu.com/s?id=1734034579180971233&wfr=spider&for=pc，2022-05-28.

② 北京日报. 96 家拟认定市级文化产业园区公示［EB/OL］. https://baijiahao.baidu.com/s?id=1749112870584853345&wfr=spider&for=pc，2022-11-10.

销售收入 55 万余元，其中，线上销售 14.6 万元，占三成多[①]，展现了其文化消费活力。前往文化创意园区进行文化休闲消费活动成为北京居民传统休闲消费活动外的一种新的休闲消费形式，满足了居民的多样化休闲消费需求。

（五）短距离出行，微度假成旅游休闲主流

疫情限制了北京居民的脚步，导致出行范围缩小，以"微度假"为主要形式的旅游休闲活动成为主流，为疫情时期的旅游市场创造了消费经济。微度假既包含了以北京城市内部资源为消费对象的城市旅游——都市游，也包括了以郊外地区的自然风光、乡村主题资源为消费对象的郊区旅游——京郊游。据北京市文旅局提供的数据，中秋节假期，北京游客接待排名前十的景区为：王府井 50 万人；南锣鼓巷 19 万人；中粮·祥云小镇 14.7 万人；北京市奥林匹克森林公园 14.1 万人；天坛公园 12.9 万人；北京欢乐谷 12.3 万人；北海公园 11 万人；北京动物园 10.7 万人；颐和园 10.4 万人；北京首创奥莱休闲驿站景区 9.2 万人[②]。其中，中粮·祥云小镇、北京首创奥莱休闲驿站景区分别位于顺义区与房山区，处于京郊地区，其余 8 个景区（地区）均位于北京市内，体现了北京居民对于都市游的旺盛消费需求。

百度指数显示，"京郊游"的日均搜索指数为 51，30~39 岁的人群为主要消费群体，整体消费人群的平均年龄偏大，中老年人群为重点受众市场，男性消费需求大于女性，其中男性占比 54.65%，女性占比 45.35%（见图 1–19）。中秋期间，北京发放的京郊住宿消费券提升了居民的消费热情，拉动了京郊游的消费需求，以乡村旅游作为京郊游的代表，乡村旅游营业收入比 2019 年增长 45.5%，累计接待游客 121.5 万人次，营业收入 17883.8 万元，近郊区饭店、远郊区饭店平均出租率比 2019 年分别增长 5.3% 和 13.5%。全市乡村民宿经营客房保持在 1.1 万间的水平，平均出租率 65.8%。生态涵养区成为市民节日热

① 北京市文化和旅游局 . 清明小长假期间客流营收双增 北京文创园区消费活力强劲［EB/OL］. http://whlyj.beijing. gov.cn/zwgk/xwzx/hycz/202204/t20220407_2655570.html，2022-04-07.

② 北京市文化和旅游局 . 2022 年北京市中秋假日情况［EB/OL］. http://whlyj.beijing.gov.cn/zwgk/xwzx/gzdt/202209/t20220912_2813470.html，2022-09-12.

门"打卡地",密云、延庆、怀柔乡村游接待人数排名前三[①]。

以微度假为主流的旅游休闲消费形式中,露营活动成为 2022 年的热点。百度指数显示,2002 年北京地区的"露营"搜索指数为 251,消费需求十分旺盛,整体同比上升了 62%,在所有城市中的搜索指数排名第一。北京居民长期生活在都市中,大部分人群还是上班族,种种原因都在疫情的大背景下激发了露营风潮。在市中心天台帐篷喝下午茶,或在深夜打烊的大型购物商场过夜,这些都属于城市露营的活动范畴。到了周末,有车一族则会驱车前往京郊进行露营,感受大自然的风光,放松长时间居家后的郁闷心情。去哪儿平台数据显示,国庆假期北京地区露营主题公园门票预订量同比增长五成,露营相关产品预订量是上年的 4 倍[②]。

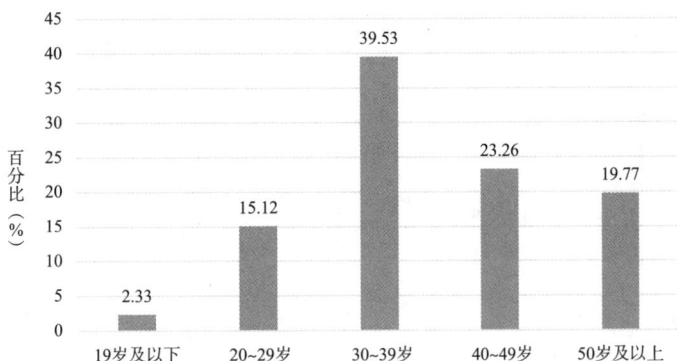

图 1-19 京郊游搜索年龄分布

资料来源:百度指数

(六)文化加成,年轻群体娱乐休闲需求突出

随着"90 后""00 后"人群成为消费主力军,北京的娱乐休闲活动开始多样化,传统的娱乐休闲活动也开始朝年轻化、多元化趋势发展。北京的酒吧呈

[①] 北京市文化和旅游局. 2022 年北京市中秋假日情况 [EB/OL]. http://whlyj.beijing.gov.cn/zwgk/xwzx/gzdt/202209/t20220912_2813470.html,2022-09-12.
[②] 北京市文化和旅游局. 从大城市来到小城市 不住酒店住民宿搭帐篷 国庆长假"反向旅游"成潮流 [EB/OL]. http://whlyj.beijing.gov.cn/zwgk/xwzx/szfdt/202210/t20221009_2830475.html,2022-10-09.

现出"文化加成"模式，不少酒吧以国风、亚文化、嘻哈文化等主题装饰自身吸引不同受众群体前来进行消费；消费者在酒吧内进行的活动也开始多样化，不少以往以"燥热"闻名的酒吧摇身一变成为消费者可以边喝酒边进行商谈、聊天、观影、看书等活动的清吧；以往以"文艺"为主打的酒吧则转型为"早 C 晚 A"类型的咖啡店（酒吧），白天售卖咖啡，晚上售卖酒，这类酒吧在晚上也通常为清吧；还有一类酒吧开始开展演艺活动，与演艺公司合作在酒吧内上演剧目，消费者可以边喝酒边观剧。北京的夜店则仍然延续着"燥热"氛围，但音乐与活动主题更为前卫，主要类型有 Live House、舞厅等。百度指数显示，2022 年"北京酒吧""北京夜店""北京 KTV"的日平均搜索指数分别为 164、113、163，消费人群主要为 20~39 岁人群，男性消费需求远大于女性，其中"北京 KTV"的搜索指数同比上升了 18%。酒吧、夜店与 KTV 受疫情影响较大，经历了较长一段时间的歇业，消费者的消费需求仍然存在。

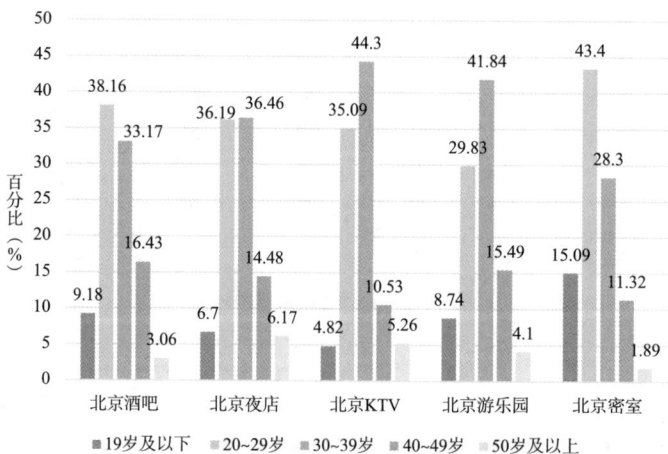

图1-20　北京酒吧、北京夜店、北京 KTV、北京游乐园、北京密室搜索年龄分布

资料来源：百度指数

　　游乐园、剧本杀、密室逃脱类型的沉浸式娱乐休闲活动也深受北京居民喜爱，百度指数显示，"北京游乐园""剧本杀"（北京地区）"密室逃脱"（北京地区）的日均搜索指数分别为 225、597、293，可以看出消费者对这几类娱乐休闲活动需求十分旺盛。其中，北京游乐园的主要消费者群体为女性，位于

30~39 岁的年龄阶段。密室逃脱的消费者群体则更趋于年轻化，主要集中在 20~29 岁（见图 1-20、图 1-21）。

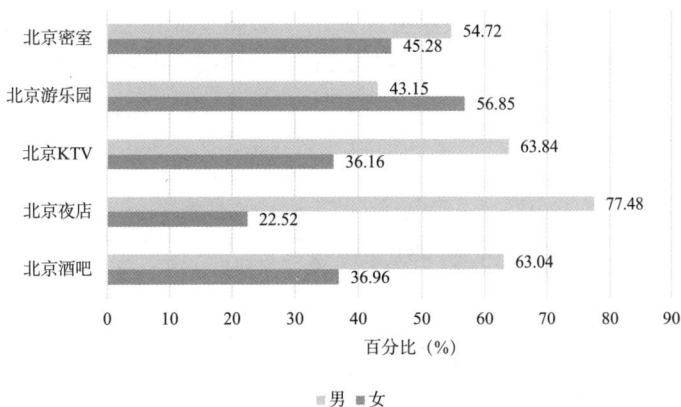

图 1-21　北京酒吧、北京夜店、北京 KTV、北京游乐园、北京密室搜索性别分布

资料来源：百度指数

（七）冬奥促进，冰雪旅游消费需求爆火

2022 年举办的北京冬奥会激发了全国人民参与冰雪运动的热情，居住于冬奥会举办地的北京居民的需求被极大地激发。数据显示，2022 年冰雪季，北京 70 家冰雪场馆共接待 296.5 万人次，总收入 5.3 亿元，同比增长 69.3%[①]。2022 年第一季度，北京居民滑雪滑冰的频次同比增加了近三成[②]。冬奥场馆的赛后陆续开放，进一步激发了北京居民的冰雪运动需求。百度指数显示，"北京滑雪场"的日均搜索指数达到了 212，20~29 岁人群为主要消费者，占比接近 50%，但 30~39 岁与 40~49 岁的人群也积极参与到滑雪运动中来，从数据中可以看出，北京滑雪运动的消费人群男女比例相当。

---

① 新京报．拉动体育消费，北京将新增 100 处足球、篮球场 [EB/OL]．https://baijiahao.baidu.com/s?id=1739396850043849936&wfr=spider&for=pc，2022-07-26.

② 中华人民共和国国务院办公室．北京举行 2022 年一季度经济运行情况新闻发布会 [EB/OL]．http://www.scio.gov.cn/xwfbh/gssxwfbh/xwfbh/beijing/Document/1723472/1723472.htm，2022-04-21.

　　马拉松是受北京居民欢迎的体育休闲活动。百度指数显示，"北京马拉松"的日均搜索指数分别为573，同比增长196%。马拉松搜索指数飙升的主要原因是2022年11月6日举办的贝壳北京马拉松比赛，是继北京成为"双奥之城"后举办的又一场大型体育赛事，吸引了大量北京人参与。马拉松爱好者以30~39岁的中青年为主，占比接近50%，男性比例也超过女性（见图1-22、图1-23）。

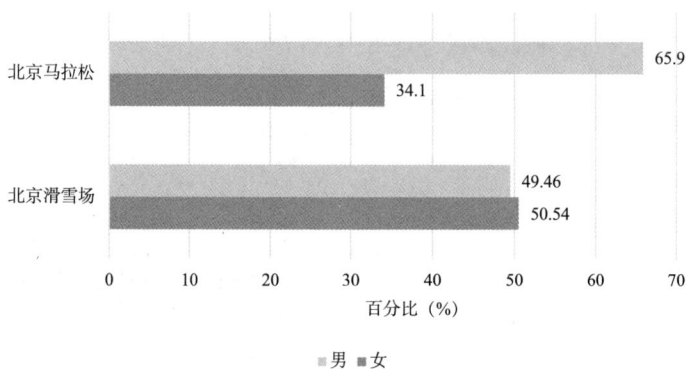

图 1-22　北京滑雪场、北京马拉松搜索性别分布

资料来源：百度指数

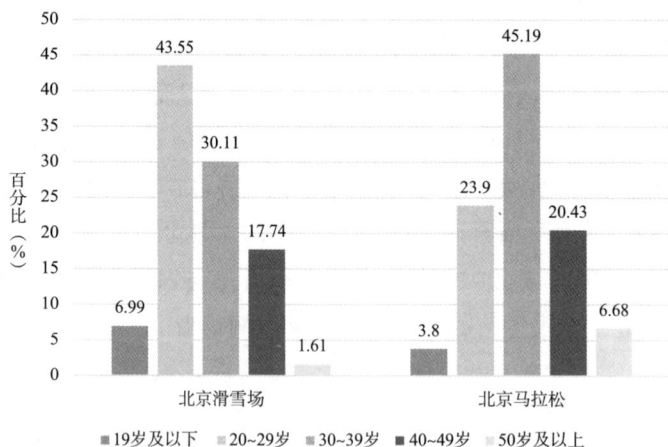

图 1-23　北京滑雪场、北京马拉松搜索年龄分布

资料来源：百度指数

相较于中青年热爱的马拉松，飞盘成为年轻人喜爱的2022年新兴体育休闲运动，运动器材只需要一个飞盘，前往任意一个空地就可以进行，也可以随时停止，满足年轻人在忙碌生活中的运动休闲需求。不少年轻人会选择前往公园玩飞盘，还会带上家中的宠物狗一起玩，不仅感受了大自然，也增进了与宠物的感情。百度指数显示，北京地区的"飞盘"日均搜索指数达到了288，同比上升了128%，体现了北京居民对该项新兴休闲运动的旺盛需求。

（八）保持高热，乡村休闲消费进一步提升

北京市乡村休闲在2022年持续保持高热度，休闲农业通常以游览观光园作为主要消费活动，活动一般在京郊开展。百度指数显示，北京地区的"休闲农业"日均搜索指数为67，北京居民对休闲农业有着较为旺盛的消费热情。北京市统计局数据显示，2022年，北京市休闲农业（观光园）的年度总收入为184076万元，总接待人数为707万人次；乡村旅游总收入137192.7万元，总接待人数为1080.9万人次[①]。2022年国庆假期期间，北京乡村游累计接待游客就达到了398.3万人次，同比增长4.4%，按可比口径比2020年增长47.1%；营业收入60480.7万元，同比增长12.1%，按可比口径比2020年增长1倍。游客接待量前三位的是：延庆区126万人次，密云区115.2万人次，怀柔区88.9万人次。

相较于城区的住宿接待场所，位于京郊乡村的独栋式、包院式精品乡村民宿成为乡村旅游的重要去处。全北京的乡村民宿经营客房保持在1.1万间水平，平均入住率达81%以上，延庆、密云、怀柔等区接待人数排名前三，成为市民节日热门"打卡地"。北京市民的乡村休闲时间不断延长，从入住一晚向入住两晚、三晚转变，以更从容地沉浸式享受美景、美食。

---

① 北京统计局. 农林牧渔业生产情况［EB/OL］. http://tjj.beijing.gov.cn/tjsj_31433/yjdsj_31440/ny_31766/2022/202301/t20230119_2904932.html，2023-01-19.

三、北京休闲产业发展中存在的问题和建议

（一）北京休闲产业发展存在的问题

1. 从休闲产品看，同质化现象相对严重

北京的休闲产品存在一定同质化问题，缺乏持续创新，简单的模仿和抄袭导致休闲企业生命周期缩短。部分新兴企业过度关注社交热点，缺乏长远规划，盲目跟风，缺乏创新和深度挖掘，导致产品难以适应消费需求。露营热潮中，一波对露营行业毫无认知的热钱快速涌入，但对行业不够了解，专业度有限，创新性不足，产品设计难以符合消费需求，导致很多露营地运营不善。剧本杀和密室逃脱也是北京市文化休闲新业态，但过于同质化的市场导致无数剧本杀店关闭。2022 年 8 月，北京市剧本杀门店数比 2021 年 11 月减少了 59 家[①]。

2. 从供给结构看，区域分布不均衡

北京市休闲产品从供给的内容结构看，高品质休闲产品供给仍相对不足，不能完全满足北京市民的休闲消费需求。以高质量民宿、综合性度假为特征的度假休闲产品供给无法满足市民休闲需求。从区域性休闲产品供给看，"中心集聚，郊区短缺"现象凸显。以剧本杀为例，郊区十区只集聚了 1/5 的剧本杀场馆，其余主要分布在中心城区。夜间休闲产品供给方面也存在着严重的区域不均。2022 年，北京市 24 小时营业餐厅的 67% 分布在中心四城，24 小时营业咖啡厅的 75% 分布于中心六城。东城、西城、朝阳、海淀四区是夜间消费最活跃的区域，北京市 71% 的深夜文化休闲场所和 72% 的深夜娱乐休闲场所集中于此。朝阳区是北京市夜间娱乐消费最集聚的区域，集中了全北京 50% 的 24 小时酒吧，34% 的 24 小时影院，47% 的汗蒸和足疗场所。东城和西城集聚了 45% 的深夜剧院，是文化演出活动最集中的区域。郊区与中心城区夜间消费差距巨大，怀柔、平谷、密云、延庆、门头沟等区域在深夜文化消费方面处于空白状态，门头沟、平谷、密云等区则在深夜娱乐消费方面处于空白状态。

---

① 剧游网 . 2022 上半年剧本杀行业观察：实体门店收缩，行业冷静期来临 ［EB/OL］. https://business.sohu. com/a/576889552_121227943，2022-08-15.

3.从产业发展看，新兴休闲业态乱象较多

北京市新兴休闲业态层出不穷，在为休闲市场带来新活力的同时，也存在因其涉及多个融合领域而导致的监管滞后，部分新兴休闲业态发展之初存在一定的不规范现象，亟待提升。露营制度和相关标准不完善，导致露营企业良莠不齐。电竞酒店性质缺乏明确界定，导致部分电竞酒店成为青少年沉溺游戏的场所。剧本杀、密室逃脱等业态在内容审核方面存在审核力度不足的问题，部分剧本中包含了涉黄或暴力内容，易对青少年的心理发展产生不良影响，制约产业的健康发展。

（二）北京休闲产业发展建议

1.以科技、文化创新为引领，满足市民日益增长的休闲需求

北京市文化休闲产品应针对北京市民的消费需求，通过持续创新，不断提升产品吸引力和竞争力，更好地满足北京市民的休闲需求。一方面，充分利用人工智能、虚拟现实、大数据等多种手段，推动科技创新性休闲产品的发展，如 VR 体验馆、数字文旅产品、沉浸式光影展等科技休闲产品，优化休闲产品结构，丰富休闲产品供给。另一方面，通过创意创新等方法，结合休闲业态实际，持续创新产品内容，充分挖掘本地文化资源和自然资源特色，提升本地休闲产品的竞争性。可以在不同消费群体上下功夫，针对不同消费群体的消费需求开发具备相关特色的休闲产品，覆盖所有年龄阶段。

2.优化产品供给结构，促进品质和区域供给均衡

休闲产品供给中，需求加大市场调研力度，针对不同的消费群体进行消费需求调查与分析，以帮助休闲产品经营者在设计产品时满足消费者需求，将休闲产品进行分类并按类别进行投放。进一步丰富高品质休闲产品供给，充分满足北京市民对品质化休闲产品的需求。考虑休闲配套设施的人性化程度，站在不同消费者的立场感受在休闲活动中配套设施的使用过程与使用体验，尤其是针对儿童、带娃家庭、中老年的配套设施需要重点考虑人性化，增加母婴休息室、女性卫生间，重新设计不合理的残疾人设施与母婴设施。推动郊区结合本地资源特色，丰富休闲产品类别。郊区休闲产品开发应立足区域文化特色和环

境特色，发展出一批具备地域特色的休闲产品，提升产品品质，推进北京市休闲产品的区域供给均衡。

3.形成市场规范秩序，加大市场监管力度

市场秩序的形成对规范市场至关重要，良好的市场秩序有助于减少休闲行业乱象。需要整顿市场秩序，完善市场管理制度，加大行政执法力度，提高市场管理水平。定期对休闲产品进行抽查，严厉整顿乱收费、不遵守未成年限制、黄色或灰色产业等不良现象。按照产品档次制定露营产品收费标准，严查电竞酒店是否遵守未成年人限制情况，对康养产品中存在的黄色或灰色产业进行彻查，对剧本杀、密室逃脱的内容题材进行监管与限制。除此之外，还应对较为成熟的休闲产品市场保持持续的关注，维持监管力度，维护其市场的良好运营。

四、休闲产业发展趋势

（一）"网红产品"值得关注

2022年，北京市文化和旅游局历经6个月的实地踏勘、踩线、设计，最终形成并推出"边骑边逛·有 FUN 有 YOUNG——北京 21 条文旅骑行线路"，同时联合百度地图 App 制作线上北京骑游地图，专设多个入口跳转 21 条文旅骑行专题页面，并提供语音导航功能，为骑游者营造边骑行、边聆听的快乐体验和便捷服务。21 条"漫步北京"文旅骑行线路各具特色，形成了包括京味文化、红色文化、休闲度假、运动健身 4 大类主题，实现了中轴线骑行、大运河骑行等 8 条文旅骑行线路产品转化。助力"2023 文旅促消费系列活动"，有望成为新的休闲消费热点[①]。

为了扩大北京文化和旅游消费，2020 年北京市文化和旅游局策划推出"北京网红打卡地评选活动"。活动所评选出的网红打卡地取得良好的社会反响，已经成为文旅消费的新品牌。市文化和旅游局以北京培育建设国际消费中

---

① 王进文.北京发布 21 条文旅骑游线路［EB/OL］.央广网，2023.https://www.cnr.cn/bj/isue/20230516/t20230516_526253569.shtml.

心城市为契机，持续打造文旅新消费品牌，进一步释放文旅消费潜力，督促已上榜企业保持水平不松懈，鼓励未上榜单位不断优化产品和服务，使北京网红打卡地成为展示北京城市魅力和时尚消费的新标志，为市民和游客提供一份高品质的北京文旅消费的新指南。2022 年，又新晋了一批网红打卡地，以满足居民的休闲需求；例如：位于自然风景优渥的延庆区的 Club Med Joyview 延庆度假村，位于密云区的北京张裕爱斐堡酒庄，位于延庆区四海镇九眼楼景区的车库驿站和位于妙峰山镇西部的岭角村等。增加针对年轻消费群体需求的网红打卡地仍将是北京休闲的重要方向。

（二）夜间休闲潜力巨大

作为文旅融合发展和都市经济的重要组成部分，夜间休闲活动成为中国各大城市着力开发的新增长点。夜间活动是拉动城市内需的重要抓手，丰富的夜间休闲活动能打造城市形象、服务民生。商务部城市居民消费习惯调查报告显示，60% 的居民消费发生在夜间，"95 后"年轻人是夜间消费的主力人群。夜间消费集合了休闲、旅游、文化、餐饮、购物等多种消费，是城市消费的"新蓝海"[①]。

2022 年 7 月 15 日，北京市出台了《北京市促进夜间经济繁荣发展的若干措施》，启动了"2022 北京消费季·夜京城"活动，采取发放 1 亿元餐饮消费券、打造 5~10 条全市夜游精品线路等 9 条具体措施促进北京"夜经济"的发展。同日，"2022 北京消费季·夜京城"活动启动，在做好疫情防控的前提下，联动全市 20 余个重点商圈、近万家品牌商户，推出"京夜有戏·夜赏""京夜有料·夜味""京夜有趣·夜娱""京夜有动·夜动""京夜有范·夜购" 5 大板块活动，活动将持续至 11 月[②]。

随着烟火气回归，北京夜经济强劲复苏。美团数据显示，自 2022 年 6 月恢复堂食以来，北京夜间整体餐饮消费订单量占全天的比重达到 33.7%，到店堂食的夜间订单量涨幅高达 357%。7 月夜间休闲娱乐订单量环比增长 55%，

---

① 新京报. 发放消费券、激活夜经济 拉动消费迎来政策加持 [EB/OL]. 中国新闻网，2023.https://www.chinanews.com/cj/2023/03-14/9970904.shtml.
② 中国经济网. 北京："夜经济"点亮"夜京城" [EB/OL]. 中国经济网，2022.https://baijiahao.baidu.com/s?id=1741914116455876623&wfr=spider&for=pc.

增速达到全国均值的 5 倍以上。夜间活力的释放，也成为拉动消费增长的重要引擎。朝阳大悦城相关负责人称，7 月至今，商场周末客流环比 6 月提升了 25%，很大程度上得益于夜间活动的拉动效应①。从长远来看，夜间经济在释放北京休闲需求方面有巨大的潜力，也将成为未来几年北京市休闲发展的重要方向。

（三）乡村休闲市场广阔

2020 年，北京市休闲农业"十百千万"畅游行动开始推动实施，致力于打造十余条休闲农业精品线路、创建百余个美丽休闲乡村、提升千余个休闲农业园、改造提升近万家民俗接待户。自活动启动以来，北京延庆、怀柔、门头沟、密云 4 个区获评全国休闲农业重点区，截至目前，全市已经有 76 个市级以上美丽休闲乡村、224 个市级以上星级休闲农业园区、5169 家乡村民宿，涌现出晓月丰花、妫水农耕、京制暖阳、桃醉平谷等一批极具特色的区级休闲农业品牌。2022 年，北京市休闲农业和乡村旅游接待 1787.8 万人次，营业收入 32.13 亿元，人均消费达到 179.7 元，同比增长 39%，比 2019 年增长 65.3%。还带动农产品销售 9.29 亿元，带动 4 万农村居民就业，辐射 10 万农户通过休闲农业增收②。

近年来，北京市深入挖掘乡村新功能新价值、培育乡村新产业新业态，积极创建美丽休闲乡村。在 2022 年的"这个美丽乡村推介"中，北京又添四村入选，分别是门头沟区妙峰山镇炭厂村、顺义区马坡镇石家营村、平谷区峪口镇东樊各庄村和密云区溪翁庄镇尖岩村。炭厂村依托山泉、冰瀑，推出景点＋乡村美食"泉饼宴"；东樊各庄村围绕研学主题，形成"林地＋研学＋休闲"模式；石家营村形成骆驼特色系列农旅融合体验产品；尖岩村立足农业特色；打造"乡村民宿＋栗子盛宴"。四村在 2021 年接待游客超 30 万人次，实现营业收入 5608.3 万元，通过休闲农业带动本地劳动力就业 1035 人，村集体

---

① 北京日报．"夜京城"渐成新城市名片 [EB/OL]．北京市人民政府，2022.https://www.beijing.gov.cn/renwen/sy/whkb/202208/t20220808_2787748.html.
② 耿子叶，李木易．北京休闲农业和乡村旅游年接待近 1800 万人次 [EB/OL]．新京报，2023.https://www.bjnews.com.cn/detail/168086294514376.html.

可支配收入达 3959.5 万元①。以乡村休闲为特色的休闲产品在乡村振兴背景下具有更广阔的发展空间，从城市到农村休闲依然是最受北京市民热爱的休闲方式。

（四）科技休闲引领潮流

2022 年北京冬奥会后，当红齐天和首钢两大集团联手合作打造的"首钢一号高炉·元宇宙乐园"实现了冬奥遗产利用效益最大化，以高炉建筑本身为物理空间，以虚拟现实、增强现实、3D 全息影像等技术为手段，改造出沉浸式剧场、科技秀等内容，打造了"科技＋工业遗存"文旅目的地。由豪尔赛集团携手北京世界花卉大观园联袂打造的北京世界花卉大观园沉浸式夜游通过裸眼 3D、智能交互、结构光视觉等技术，实现园区环境与游客交互的沉浸式夜游模式。此外，"720 穿越飞船 胶囊屏文旅动感体验"项目、陶然亭公园的 5G 游船智慧管理应用、北京动物园 5G 智慧运营综合性解决方案、"公园里的奇幻世界"光影艺术体验、"画游千里江山"沉浸式光影展演等，也分别以创新技术驱动城市文旅 IP 的开发和打造②。

从长远来看，科技将被广泛运用到各种休闲产品的设计和生产中，无论是 3D 全息投影、虚拟现实、增强现实，还是大数据、全息技术等，与不同休闲业态的结合，将促进休闲业态提质升级，满足北京市民高品质、多元化的休闲需求。放眼未来，科技休闲仍是一片蓝海，值得关注。

（五）露营、飞盘、剧本杀、密室逃脱等休闲新业态仍将延续

疫情影响限制了北京市民跨省游，却促进了本地休闲活动的发展。露营、飞盘、剧本杀以及密室逃脱等休闲新业态快速发展，成为广受北京市民喜爱的业态。未来一段时间，户外露营活动和飞盘活动将从提升品质和丰富产品供给上进一步优化，以满足北京市民消费需求。剧本杀和密室逃脱等文化休闲业态

① 北京美丽乡村网 .2022 年中国美丽休闲乡村新鲜出炉 北京又添四村［EB/OL］. 京彩三农, 2022.http://www. kepu.gov.cn/www/article/6ae96863bffa410989339761c8d117ea/d68573be894142a89612985b390cb5ae.
② 北京日报官网 . 北京发布 14 个文旅技术创新应用场景案例［EB/OL］. 北京日报官网, 2022.https://baijiahao. baidu.com/s?id=1743080245855285444&wfr=spider&for=pc.

经历了自然淘汰，正处于结构优化的新时期，未来剧本杀、密室逃脱与酒店、景区等其他业态的融合值得关注。上述新业态的发展在未来依然有广阔的市场前景，值得市场广泛关注。

北京休闲发展报告
2023

要 素 篇

2 北京旅游休闲发展报告

摘要 基于 2021 年北京市居民生活时间分配调查数据，分析了北京市居民在旅游休闲活动方面的行为偏好，反映了城市居民的休闲发展趋势。研究发现，人们的旅游休闲参与深度增加是一个普遍的趋势，短距离低耗时游玩在旅游行业中越来越受人们的喜爱。其次，商务旅游有望成为休闲产业的新经济增长点。最后，不同年龄、性别、学历等群体在旅游休闲活动中也表现出差异性。

关键词 旅游休闲；城市居民；休闲参与

随着社会的不断发展进步，旅游休闲活动对于城市居民的生活品质和幸福感具有越来越重要的意义。作为我国的首都，北京市拥有丰富的旅游资源和休闲活动场所。因此，对北京市居民的旅游休闲行为进行深入研究，可以为旅游管理部门和相关企业提供重要的决策依据。本研究主要基于 2021 年北京市居民生活时间分配调查数据，通过数据分析，探讨北京市居民在旅游休闲活动方面的参与程度、偏好以及影响因素。通过这项研究的结果，我们希望能够更好地了解居民的需求和倾向，为推动北京市的旅游休闲产业发展提供科学有效的建议和指导，实现旅游行业和城市的可持续发展。

---

① 李明明（1996—），女，中国农业大学经济管理学院在读博士生，研究方向为经济管理；王琪延（1959—），男，中国人民大学休闲经济研究中心主任，教授，博士生导师，研究方向为休闲经济。

一、北京旅游休闲活动总体分析

旅游类休闲活动，是指休闲主体在闲暇时间内出于非获取劳动报酬的目的、非定居者前往惯常环境之外的某地进行的一整套活动，根本目的是愉悦身心、丰富见识、满足好奇心等精神需求。旅游与休闲是内涵高度相关、外延相互重叠的两个概念，休闲是人们进行旅游活动的主要目的，旅游是休闲实现的重要载体与方式。根据瑞士学者汉泽克尔和克拉普夫提出的关于旅游的定义"旅游是非定居者的旅行和逗留而引起的现象和关系的总和。这些人不会长期定居，并且不牵涉任何赚钱的活动"。本书报告所界定的旅游类休闲活动，主要包含旅行和游玩两类，旅行是指 1 夜 2 日及以上的外出观光等活动，游玩是指半日以上当日返回的情况，当然也包括深夜回来的情况。

调查中，我们对受访者"在过去一年是否有进行过一些旅行、游玩活动"进行调查，并以选择"是"的人数占总受访人数的比例作为旅游活动参与度的度量，以参与率指标衡量全体居民休闲活动参与程度，反映了休闲活动的普及度和大众化程度，也称为全民参与率。调查数据显示，2021 年的全民参与率为 89.1%，与 2016 年的 89.0% 十分相近，疫情似乎没有影响居民旅行游玩，但实际上近年来的居民旅游休闲喜好正在悄然发生变化。

短距离、低耗时游玩盛行。统计显示，当日返回的游玩在 2016 年的参与度为 46.5%，2021 年这一比例提高到 52.6%。疫情偶尔多点频发对居民远距离出游造成很大影响，游玩相对旅行来说，具有方便性、强调体验和活动、适合周末休闲和短假期等特点，能够满足城市居民在有限时间内放松身心、探索新景点的需求，并减少旅行中的疲劳感和时间压力，使休闲度假更加便利和高效。短距离低耗时游玩更注重旅行中的体验和活动。例如，选择进行户外探险、自驾游、文化体验、美食品尝等活动，能够在有限的时间内获得丰富的体验和乐趣，因此游玩形式的旅游活动越来越受人们喜爱。

各种形式的国内旅行包括家庭国内旅行、单独旅行以及与朋友一起旅行等，在疫情的影响下，参与度普遍出现下降的情况。特别是家庭国内旅行，受到疫情的冲击最为明显。家庭国内旅行的参与度从 2016 年的 42.9% 下降至 2021 年的 33.8%。这个数据变化反映了疫情对旅游行为的影响，以及人们对健康安全的关注程度有所增加。

回家乡的参与度有所提高。一方面，回家乡的参与度提高与我国城市化进程加快、人口流动加速以及家庭两地分离的现实国情密切相关，也反映了人们对家乡情感的依恋和对家乡文化的认同。另一方面，由于疫情的不确定性和各地的防控措施，许多人选择回家乡过暂时的隔离期或者与家人团聚。这导致了回家乡的人数增多的现象。回家乡为了获得更大的安全感以及方便照顾家人，同时可能也有就业形势不稳定的因素。

商务旅游逐渐成为旅游行业的一个新趋势。尽管疫情对旅游业造成了严重冲击，但商务旅游在一定程度上具有特殊的需求，与工作、业务洽谈、行业学习等密切相关。2021 年国内出差研修的参与度为 17.0%，较 2016 年的 14.6%明显提高，也反映了近年来出差学习交流在许多组织和企业中越来越得到重视。商务旅行具有消费水平较高、受旅游淡季与气候影响较小、活动地点固定、附加值高、可服务性强等特征和优势，商务旅游与休闲的融合发展必将带来高端休闲旅游产品的开发、休闲产业新经济增长点的形成。

需要说明的是，由于疫情的不确定性和国际旅游的复杂性，对国际旅游参与度的具体变化很难进行详细的分析，因此本文分析仅针对国内旅游（见图 2-1 ）。

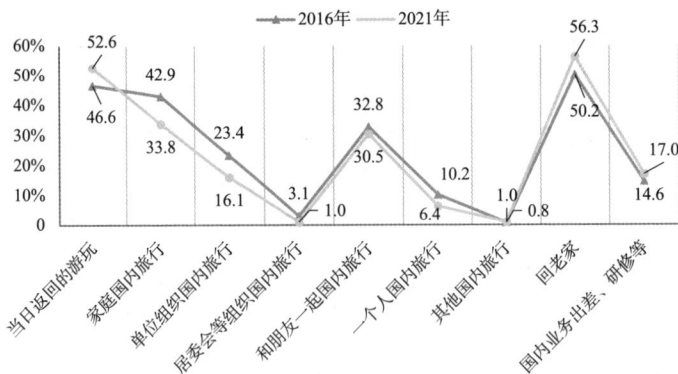

图 2-1　2016 年和 2021 年各类型旅游活动参与度

二、北京市居民旅游休闲参与深度分析

近年来，人们的旅游休闲参与深度增加，也对旅游休闲的黏性有所增加，是一个普遍的趋势。这意味着人们在旅游方面展现出更高的投入和参与度，表现为旅游花费的增加和参与次数的增多。本文以人均活动参与次数和人均活动支出作为衡量旅游休闲参与深度的指标，人均活动参与次数是指参与者在一年内参与休闲活动的平均次数，人均活动支出是指参与者在一年内旅游活动上的平均花费。通过两项指标的变化趋势，我们可以了解到旅游休闲参与的整体情况以及人们对于旅游活动的态度和价值观的变化。

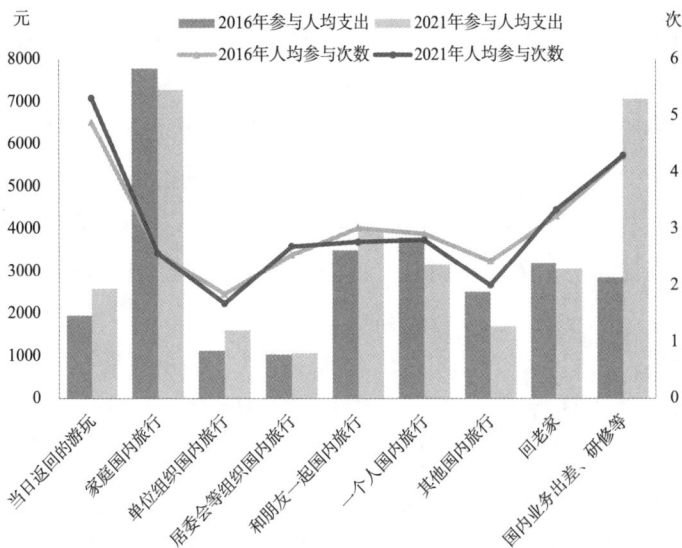

图 2-2　2016 年、2021 年的参与人均支出和人均参与次数对比

当日返回的游玩成为疫情期间的常态。由图 2-2 可以看出，当日返回游玩的旅游活动的参与深度提高，即人均参与次数增加约 0.5 次，2021 年人均支出水平为 2585 元，比 2016 年提高了 32 个百分点。由于疫情限制，出于健康安全和出行便利等方面的考虑，当日返回的游玩活动成为大多数人的旅行活动选择。在疫情的影响下人均支出仍然高于 2016 年，人们愿意在旅游活动上投入更多的金钱，这可能与旅游产品和服务的提升、旅游目的地的多样性、人们

对于高品质旅游体验的追求等因素有关。

居委会等组织国内旅行越来越受欢迎。随着人口老龄化的加剧，老年人群体对旅游休闲的需求也在增加。许多居委会和组织意识到了这一点，并积极组织国内旅行活动，以满足老年人的休闲需求和社交需求。

国内业务出差研修活动的参与深度增加。调查数据显示，2021年国内业务出差研修的人均参与次数较2016年几乎不变，但人均消费成倍增长。随着经济的发展和全球化的推进，商务活动和出差需求也相应增加，公司和组织对于商业机会、合作和研究需求比较刚性，因此出差和研修活动的参与次数没有因为疫情限制而减少。

此外，单位组织国内旅行、和朋友一起的国内旅行活动的人均参与次数虽有下降，但人均消费支出均显著增加。而家庭国内旅行、一个人国内旅行的人均消费支出却减少了。反映出人们和同事朋友一起出游更愿意选择更高质量和更舒适的旅游服务。这包括更好的酒店住宿、更便捷的交通方式、更多的旅游活动、更高级的餐饮等，这些服务往往伴随着更高的价格。而家庭国内旅行和一个人旅行往往会减少一些高消费的项目，如住宿成本、用餐费用等。其次，可能还受到疫情影响，人们在财务上更为谨慎，选择经济实惠的旅行方式和低消费的活动。

综上所述，人们的旅游休闲深度增加，反映了经济发展、休闲需求和观念的转变以及旅游市场发展的成果。随着经济的发展，人们的收入水平有所提高，有更多的经济能力来支持旅游活动，并愿意花费更多的金钱来享受旅游带来的乐趣和体验。随着社会发展和经济增长，生活节奏的加快和工作压力的增加也促使人们的休闲观念发生转变。人们更加重视休闲和放松的重要性，更加重视旅游体验，愿为更高质量、更丰富的旅游活动投入更多资金。越来越多的旅游者追求深度休闲体验，他们更关注于对目的地的深入了解和体验，而不仅是简单的观光旅游。他们希望通过旅行来获取新的知识、文化交流和个人成长。此外，旅游目的地和旅游产业在近年来加大了对旅游的宣传和推广力度，通过多样化的旅游产品和服务，吸引人们参与旅游活动。同时，旅游企业不断创新和改进，提供更多高端、豪华的旅游产品和服务，进一步刺激了人们对旅游休闲的兴趣和投入。

三、北京市居民旅游休闲活动各群体差异分析

（一）男女旅游活动参与有所差异

1. 男士商务出游参与度更高

如图 2-3 所示，男性在国内业务出差研修等的商务旅游上相较于女性表现出更高的参与率，说明男性在商业领域中的从业比例较高，需要进行商务出差和研修等活动有关。如图 2-4 所示，在国内外业务出差研修等旅行活动上，男性人均次数明显多于女性，表明男性在商务旅行方面更加活跃，可能由于工作需要或职业性质的原因，男性有更多的机会进行商务出差和研修，需要频繁地进行这类旅行活动。

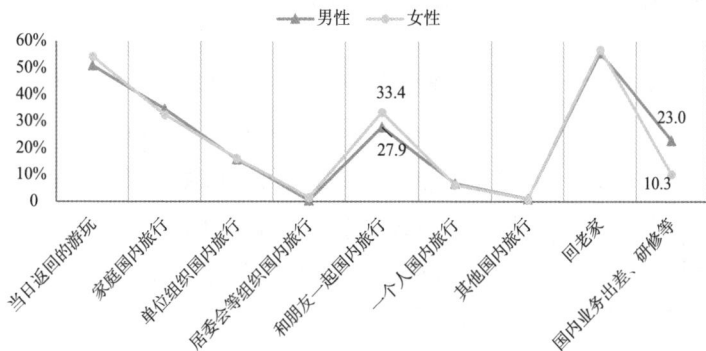

图 2-3　2021 年不同性别的各类型旅游活动参与率比较

2. 男士一人游玩兴致高、女士多为闺蜜游

如图 2-3 所示，在当日返回游玩、与朋友一起国内旅行两类旅游活动上，女性相对于男性有明显较高的参与比率，反映了女性对于社交和休闲活动的兴趣和需求更为突出，在与朋友一起旅行或进行日常休闲活动时更加活跃。从图 2-4 可以看到，在一个人国内旅行活动中，男性的人均次数比女性多 1 次，这可能反映了男性独立性和探险精神的倾向，他们更愿意自主计划和体验旅行，享受一个人的自由和独特的旅行体验。

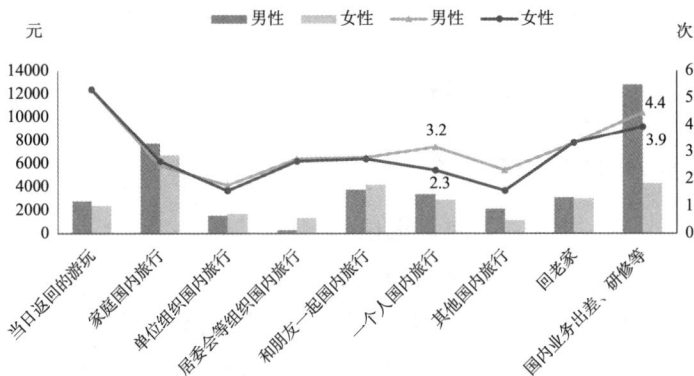

图 2-4　2021 年不同性别居民各类旅游活动人均次数和人均消费比较

（二）不同年龄阶段旅游休闲各有偏好

如图 2-5 所示，小于 25 岁的群体游玩活动参与率最高，20~29 岁年龄段和朋友一起旅行的参与率最高，30 岁以上更多地参与家庭旅行。25 岁之前通常处于大学阶段或刚开始工作，有更多的时间和精力，可能更追求刺激和活力，选择前沿体育、水上活动、特色美食和夜生活等，他们也可能更关注社交和结识新朋友的机会，例如，和朋友一起参加派对、音乐节、青年交流项目等。25 岁以后大多数人面临较大的工作压力，30 岁将会面临家庭责任，在一定程度上限制了他们的游玩活动参与率。随着年龄的增长，不仅健康和体力逐渐下降，个人对于游玩活动的偏好和兴趣也可能发生变化，30 岁以上通常注重休闲和放松，他们可能更倾向于选择度假和度假村，可能更注重舒适和便利，选择舒适的住宿、美食体验和养生活动，也可能对文化、历史和艺术方面更感兴趣，例如，参观博物馆、艺术展览、文化节庆等。此外，这类群体更注重与家人一起旅行，选择适合家庭的旅游目的地和活动。

单位组织的国内旅行在 25~29 岁年龄段的参与率达到峰值，这个阶段的年轻人通常对新的经历和知识充满渴望，单位组织的国内旅行为他们提供了扩展视野和增进学习的机会。而业务出差和研修活动则在 30~49 岁的年龄段更为常见。这个阶段通常是职业生涯的成熟阶段，人们更需要通过研修来提升自己在职业上的竞争力，业务出差和研修活动是为了提升技能、开阔视野、与其他同行交流等。

在一个人国内旅行活动中，20~29岁群体参与率最高，年轻人通常具有更高的好奇心和探索欲望，更喜欢冒险和体验式旅游，更倾向于选择背包旅行、探险旅游、自助旅行或参加青年旅游团体，并且希望通过旅行来拓宽视野、丰富经历。随着年龄增长，参与率呈下降趋势，但在60岁左右略有上升。更多的家庭和工作责任使旅行时间和机会相对减少，60岁左右的人群达到退休年龄，他们有更多的自由时间和经济资源来进行旅行。

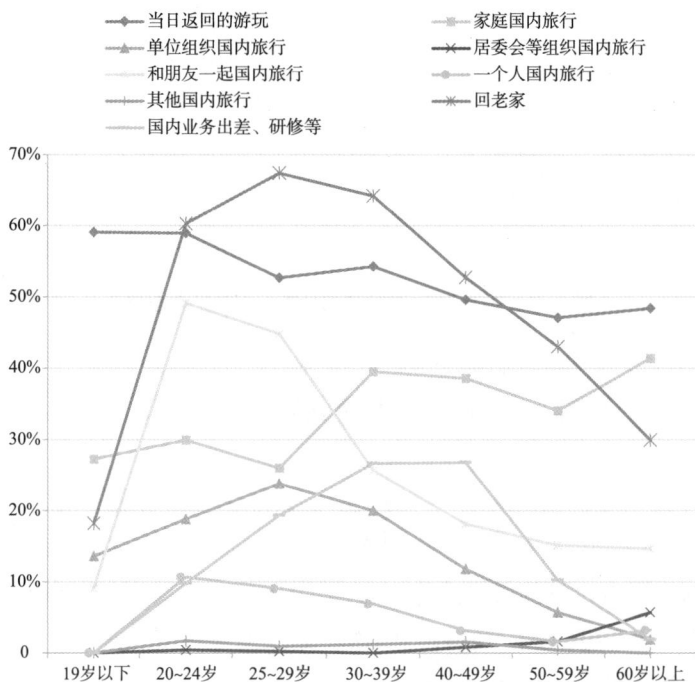

图2-5　不同年龄层受访者在一年中进行各类旅游活动的人数比例

（三）年轻女性旅游休闲消费能力强

从图2-6可以看到，25岁以下的女性人均旅游消费高于男性，而25岁以上的女性旅游消费相对较低。这种差异可能受到年龄、社会角色和责任的影响。在25岁以下的年龄段中，女性的旅游消费高于男性，这可能是因为年轻女性有更多的自由时间和旅行的机会，对体验和探索新事物的兴趣更高，愿意将更多的资金用于旅行和休闲活动。然而，在 25 岁以上的年龄段中，女性的旅游消费相对较低于男性。这可能与社会角色和责任的变化有关，许多女性在这个年龄段开始承担起家庭和职业的责任，可能有更多的经济需求和限制，因此旅游消费相对较低。

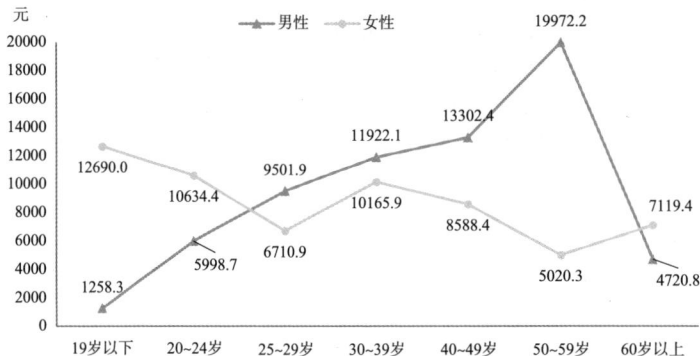

图 2-6　不同年龄和性别受访者的人均旅游消费比较

（四）无业者的旅游休闲活动少于有业者

　　旅游活动与就业状态存在一定的关联，有业者通常有更多的时间和资源来计划和参与旅行，可能更容易安排假期或休假，而无业者可能会面临经济压力或其他限制，没有足够的机会或能力参与旅行活动。然而并非绝对，有些人可能由于工作忙碌而无法参与旅行，同样，无业者也可以有很高的旅行参与率，因为他们有更多的自由度和灵活性。

　　在各年龄阶层上，对有业、无业和通学三种情况下居民旅游活动类型的选择进行比较。如图 2-7 所示，19 岁以下的受访者中学生群体的旅行类型主要集中在当日返回的游玩和家庭国内旅行活动。

　　无业者当日返回游玩的参与度更高。无业者可能更容易抽出时间并组织当日返回游玩，他们可以自由选择旅行的目的地和活动，并且可以根据个人的喜好和兴趣随时调整计划，这种灵活性使得他们在当日返回游玩方面的参与度更高。

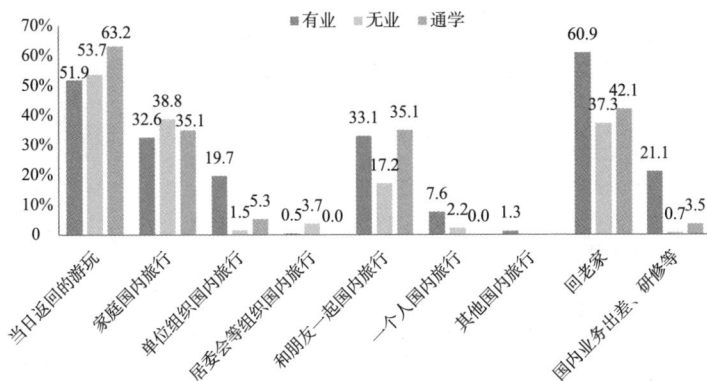

图 2-7　不同就业状态下受访者在一年中进行各类旅游活动的人数比例

　　50 岁以下有业者的家庭国内旅行参与度相较无业者更高。主要是受经济因素。对于 50 岁以下的有业者家庭来说，有业者可能拥有稳定的收入来源，能够更好地承担旅行费用，同时可能会利用年假、休假或周末等较短的假期时间来进行国内旅行，同时又不会耽误工作。50 岁以上受经济因素相对其他年龄段较小，家庭旅行参与度也比其他年龄段高，这个群体有更多的时间和机会积累财富，子女成年独立，有更多的资金和时间用于国内旅行，满足个人兴趣和享受生活。

　　居委会等组织国内旅行活动的群体主要集中在 60 岁以上年龄段，可以看出组织国内旅行活动还可以提供安全保障和专业的导游服务，对于 60 岁以上的人群来说尤为重要。

表2-1　各年龄阶层下不同就业状况受访者选择各类旅游类型的人数比例（%）

		人数	当日返回的游玩	家庭国内旅行	单位组织国内旅行	居委会等组织国内旅行	和朋友一起国内旅行	一个人国内旅行	其他国内旅行	回家乡	国内业务出差、研修等
19岁以下	有业	2	50.0	0.0	50.0	0.0	0.0	0.0	0.0	100.0	0.0
	无业	0	0.0	0.0	0.0	0.0	0.0	0.0	0.0	0.0	0.0
	通学	20	60.0	30.0	10.0	0.0	10.0	0.0	0.0	10.0	0.0

（续表）

		人数	当日返回的游玩	家庭国内旅行	单位组织国内旅行	居委会等组织国内旅行	和朋友一起国内旅行	一个人国内旅行	其他国内旅行	回家乡	国内业务出差、研修等
20~24岁	有业	205	57.6	27.8	21.5	0.5	49.3	12.2	2.0	60.5	11.2
	无业	5	80.0	20.0	0.0	0.0	40.0	0.0	0.0	40.0	0.0
	通学	24	66.7	50.0	0.0	0.0	50.0	0.0	0.0	62.5	0.0
25~29岁	有业	385	52.2	26.5	24.7	0.3	44.7	9.4	1.0	67.8	20.0
	无业	11	54.5	18.2	9.1	0.0	45.5	9.1	0.0	63.6	0.0
	通学	12	66.7	16.7	8.3	0.0	50.0	0.0	0.0	58.3	16.7
30~39岁	有业	394	54.3	39.8	20.6	0.0	25.9	6.9	1.3	64.5	27.4
	无业	10	60.0	30.0	0.0	0.0	20.0	10.0	0.0	60.0	0.0
	通学	1	0.0	0.0	0.0	0.0	0.0	0.0	0.0	0.0	0.0
40~49岁	有业	119	49.6	38.7	12.6	0.8	16.8	3.4	1.7	53.8	28.6
	无业	8	50.0	37.5	0.0	0.0	37.5	0.0	0.0	37.5	0.0
50~59岁	有业	146	42.5	32.2	8.9	1.4	15.8	2.7	0.7	39.7	15.8
	无业	98	54.1	36.7	1.0	2.0	14.3	0.0	0.0	48.0	2.0
60岁以上	有业	21	23.8	28.6	4.8	4.8	14.3	4.8	0.0	57.1	14.3
	无业	136	52.2	43.4	1.5	5.9	14.7	2.9	0.0	25.7	0.0

从总体上看，有业群体在和朋友一起以及个人旅行中都表现出更高的参与率。据统计，有业者参与两类活动的参与率分别为 33.1% 和 7.6%，分别高于无业者的 17.2% 和 2.2%。分年龄段来看，在 20~24 岁的年轻受访者中，有业者相对于无业者和学生而言，有更高的经济能力和资源，在旅行方面具有更高的自主性和自由度，他们可以更灵活地安排旅行计划，选择适合自己兴趣和偏好的目的地、旅行方式和住宿条件。25~29 岁学生群体的个人旅行参与度仍然较小。还是更多地选择和朋友一起。而 30~39 岁年龄段的无业者较有业者一个人旅行更多，40~59 岁年龄段的无业者和朋友一起出游更多。

（五）学历越高越会旅游休闲

如图 2-8 所示，总体来看，学历与旅游参与之间存在一定的正相关关系。首先，受过较高教育的人拥有更广泛的知识和更深入的学术背景，他们对于自己周围的世界和其他文化有更强的好奇心和求知欲。因此，他们更有可能参与旅游活动，以广泛了解和体验其他地方的文化、历史和风貌。其次，高学历通常会带来更好的工作机会和更高的薪资水平，这为旅游提供了更多的经济资源。相对于收入相对较低的人群，教育水平较高的人更有能力进行旅游，并承担旅行所需的费用。这样，他们更有机会参与各类旅游活动，包括国内外旅行、探险旅游、文化考察等。最后，高学历的人在追求自我实现和个人成长方面通常有更强的动力。旅游被视为一种能够提供新见闻、开阔眼界、丰富心灵的方式。对于那些追求个人成长和自我完善的人来说，旅游是一个重要的途径，因此他们更倾向于积极参与旅游活动。

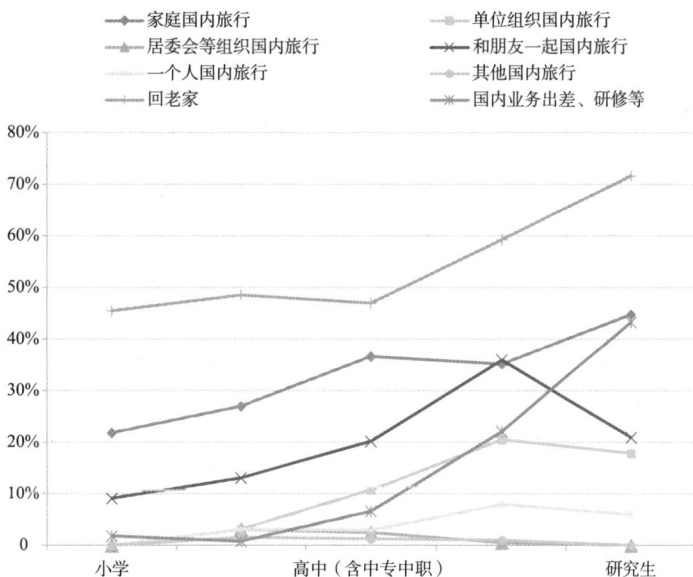

图 2-8　不同学历的受访者在一年中进行各类旅游活动的人数比例

注：此图仅统计已毕业人员。

四、结论与建议

（一）研究结论

通过对 2021 年北京市民旅游休闲活动的参与率、参与次数、人均消费和群体差异的分析，得出以下几个结论。

第一，短距离低耗时游玩在旅游行业中越来越受人们的喜爱，这一趋势在疫情影响下更加显著，人们更倾向于选择短距离低耗时的游玩方式，以安全、便利和高效的方式享受旅游活动。人们参与的频率增加并愿意在旅游活动上进行更高的投入。这反映出对于健康安全和方便性的考虑，以及对于优质旅游体验的需求。

第二，商务旅游有望成为休闲产业的新经济增长点，商务旅游市场的壮大将促进高端休闲旅游产品的开发，满足商务旅游者在休闲时享受高品质旅游体验的需求。对于不同性别人群，商务旅游的需求不同，男性的商务旅游参与黏性较高。

第三，随着人口老龄化的加剧，老年人群体对旅游休闲的需求增加，居委会和其他组织开始积极组织国内旅行活动，满足老年人的休闲和社交需求。这一趋势将为旅游行业带来新的市场机遇，并促使旅行服务商不断提升对老年人需求的理解和满足。

第四，家庭国内旅行和一个人国内旅行的人均消费支出减少，而单位组织国内旅行和与朋友一起的国内旅行活动的人均消费支出增加。不同性别需求有所不同，相对来说，女性可能更愿意与朋友一起旅行、参加团队活动，男性更愿意自主计划和体验旅行。

第五，在年龄、就业和学历方面都表现出差异性。随着年龄的增长，个人对于游玩活动的偏好和兴趣也可能发生变化，人们更关注休闲和文化方面的体验，并注重与家人共同度过美好的时光。年轻女性在旅行方面更有自由，而年龄逐渐增长后，社会角色的变化可能导致女性的旅游消费相对较低。无业者当日返回游玩的参与度更高，而有业群体在和朋友一起以及个人旅行中都表现出更高的参与率，且 50 岁以下群体的家庭旅行活动参与度相较无业者更高。学历与旅游参与之间存在着一定的正相关关系，反映出"学历越高越会休闲"的现象。

（二）促进国民旅游休闲的建议

首先，随着人们对于安全、便利和高效的注重，旅游行业可以提供多样化的短途旅游选择。如开发城市周边的自然景点、文化体验项目、户外运动活动，组织一日游、周末游或短途度假活动，覆盖不同的目的地和主题，以满足不同人群的兴趣和需求。同时，应特别强调安全和便利性，如提供专门的交通服务。提供更加灵活的行程安排，如提供可自由组合的项目或景点门票，让游客可以按照自己的喜好和时间安排来选择参与的活动。

其次，促进休闲产业转型升级，提供特定群体需求的旅游产品和服务，满足休闲消费需求。针对商务旅游者，旅游行业要了解不同性别人群的需求，创新高品质旅游产品，促进商务旅游与休闲旅游的结合，并加强营销与推广工作；针对老年群体，推出更注重休闲和文化体验的旅游线路，鼓励家庭旅行和多代同游活动，通过设计老年友好的旅游产品、提供便利的服务、加强员工培训和与居委会、老年组织等组织合作推广，满足老年人的休闲和社交需求；对于家庭国内旅行和一个人国内旅行，旅游行业可提供经济实惠和灵活个性化的服务，针对单位组织国内旅行和与朋友一起的国内旅行活动，可推出高品质的服务和团队旅游产品；对于学历较高的人群，旅游行业可以设计更加具有知识性和更加有体验深度的旅游产品，以满足他们对文化和学习的兴趣。

最后，利用文化融入与科技植入的双轮驱动模式，助力休闲产品提质升级。休闲产品的供给方应该充分考虑国民休闲多元化、线上化、沉浸式的消费需求，探索文化休闲新模式，如戏剧、博物馆等发展线上观览、线下体验，充分开发品牌资源，推出文创产品等，使居民的文化生活更加丰富便捷。同时，提高休闲服务质量，如加强专业技术培训、注重与客户的沟通和互动、利用科技创新提供更便捷的预订和支付方式，不断投资和改进设施等。

此外，在市场宣传和营销中，根据不同目标群体的特点和需求，采取针对性的推广策略。通过针对不同年龄、就业和学历的人群制定专门的宣传方案，以增加他们对旅游活动的兴趣和参与度。

北京文化休闲发展报告

冯星宇①

摘要 文化休闲是北京市民青睐的休闲方式，也是北京建设全国文化中心和历史文化名城的重要措施之一。2022 年，疫情出现反复，对文化休闲市场产生一定冲击，在北京市相关政府部门的共同努力下，基本保持文化休闲市场的整体稳定，并保证文化休闲产业在逆境中实现发展。相较于以往，2022 年北京文化休闲表现出以下特点：休闲路径方面，在数字化与新业态持续推动线上文化休闲产品供给提升的同时，北京市民对线下"微休闲"的休闲方式的偏好逐渐提升。在产品内容方面，北京文化休闲产品愈加注重文化底蕴的展现。在快速发展的同时，北京文化休闲产业也存在一些问题，如疫情对市场主体产生冲击；文化休闲产品供给广度受限；文化休闲消费持续能力较差。基于此，报告给出相应措施，以稳定文化休闲市场，扩大文化休闲产品广度，提升文化休闲消费，推动文化休闲产业的进一步发展。

关键字 文化休闲；市场稳定；休闲消费；数字化转型

"文化休闲"是指在人们日常生活中，通过参与各种文化相关的活动来丰富自己的精神生活、放松身心的一种休闲方式。文化休闲涵盖诸多领域，包括但不限于观赏艺术表演（如音乐会、戏剧、舞蹈等）、参观博物馆和艺术展览、阅读书籍和报刊、欣赏电影和电视节目、参与手工制作或艺术创作等。此外，还可以包括参加社区文化活动、旅游观光以及体育锻炼等形式。文化休闲不仅是一种个人的休闲方式，也是实现北京建设全国文化中心、创建文

---

① 冯星宇，社会科学文献出版社博士后，研究方向为文化经济学，数字经济与文旅融合。

化历史名城目标的重要手段之一。借助丰富多样的文化休闲活动，保护传统文化遗产，提升城市形象和软实力，北京将充分展示自身独有的魅力与历史文化底蕴。

一、北京文化休闲发展总体情况

2022 年，疫情不时出现反复，对国内经济及社会发展施加诸多压力。疫情环境下，北京市民对文化休闲的需求呈现持续上升趋势，但实际消费情况受疫情影响较大。为维护经济与社会基本稳定，北京市相关政府部门采取了一系列解危纾困政策。通过发挥释放政策利好，北京文旅市场保持了基本稳定，基本满足了持续上升的文化休闲需求；通过不断完善公共文化设施，打造新型文化空间，北京为市民提供了多元化的文化休闲产品与服务。面对严峻的疫情环境，北京积极发挥政策的引导作用，助力文化产品与服务的多样化供给，同时刺激市民的文化休闲消费，推动了文化休闲市场整体的"逆风发展"。

（一）文旅市场保持基本稳定，文化休闲诉求持续上涨

稳定有序的文旅市场是北京文化休闲发展的重要基石。2022 年，疫情出现反复，疫情叠加多种外生冲击导致北京文旅市场出现些许波动。为应对疫情冲击，一方面，北京市相关政府部门发布《北京市统筹疫情防控和稳定经济增长的实施方案》等措施，通过政策引导产业发展，维护文化产业正常发展；另一方面，北京市相关政府部门通过增加财政资金投入为文化部门提供必要经费支持，以保证文旅市场的稳定发展。数据显示，2022 年，北京市文化和旅游、文物部门所属机构的文化事业费用合计为 66.7 亿元，增长 2.3%[①]。在一系列的措施下，文旅市场收入与上年基本保持相同水平：2022 年，北京市规模以上文化及相关产业法人单位实现收入合计 17997.1 亿元，与上年持平。其中，规模以上文化企业实现营业收入 17555.3 亿元，同比增长 0.2%[②]。北京本

① 数据来源：文化产业评论 . 速递！2022 年北京市文化和旅游统计公报 [EB/OL]. 2023-07-14[2024-07-12]. https://mp.weixin.qq.com/s/mtoJmbv2eFYZVwFO2AvmlA.
② 数据来源：北京市统计局 . 2022 年全市规模以上文化产业收入与上年持平 [EB/OL]. 2023-02-01[2024-07-12]. https://tjj.beijing.gov.cn/zxfbu/202302/t20230201_2910199.html.

地演出团体收获票房 5.64 亿元；北京市属院团在国内演出中实现了 1.6 亿元的营收 ① （见表 3-1）。

表3-1　2022年文旅市场部分经营主体的收入情况

指标名称	2022 年 / 亿元	2021 年 / 亿元	同比增长（％）
规上文化产业收入	17997.1	17563.8	0.0
规上文化产业核心领域收入	17555.3	15848.3	0.2
全市演出场所票房收入	6.3	7.8	-0.2
北京本地团体演出票房收入	5.64	6.33	-0.1
13 家市属院团演出收入	1.6	1.9	-0.2

资料来源：《2021 年北京市文化和旅游统计公报》《2022 年北京市文化和旅游统计公报》

　　整体来看，北京规模以上文化产业的稳定发展使得北京文旅市场在疫情反复的外部环境下保持了整体平衡。具体到各细分领域，文化核心领域中的新闻信息服务、内容创作生产和文化娱乐休闲服务以及文化相关领域的文化消费终端生产等领域，在严峻的外部环境下实现了逆风发展，对冲了文化产业其他领域的下行趋势，维护了文化产业的整体稳定。文旅市场的整体稳定意味着在疫情冲击导致北京文旅市场主体略微下降的前提下，北京文旅市场的文化产品和文化服务的生产与供给能力依旧可以满足北京居民对文化产品和服务的需求。北京文旅市场在巨大外部冲击下展现出的强大生产与供给能力，是疫情环境下北京文化休闲得以发展的重要基础与前提。

　　基于此，北京文化休闲需求不断增长。数据显示，2022 年北京文化娱乐休闲服务的收入合计为 122.9 亿元，同比增长 8.1%，其中营业收入为 73.1 亿元，同比增长 14.0%。疫情暴发之前，北京文化娱乐休闲服务的收入为 106.7 亿元，疫情暴发后，北京文化娱乐休闲服务的收入出现较大幅度下降，但至 2021 年，疫情出现好转趋势，北京文化娱乐休闲服务的收入出现大幅度上升，并一度超过疫情前水平。2022 年，尽管疫情出现反复，但北京文化娱乐休闲服务的收入依旧保持增长趋势，并较 2019 年水平上升了 15.2%。这说明，在

① 北京本地演出团体共有 594 个，演出 19041 场，收获票房 5.64 亿元。2022 年北京市 13 家市属院团线下共演出场次 4505 场，比上年减少 9.9% 国内演出观众 124 万人次，减少 28.7%。演出收入 1.6 亿元，减少 13.7%。

人们逐渐适应疫情环境后，对文化休闲表现出较大需求；在疫情逐渐得到控制的过程中，人们对文化休闲的需求不断上升，推动北京文化娱乐休闲服务快速发展（见图3-1）。

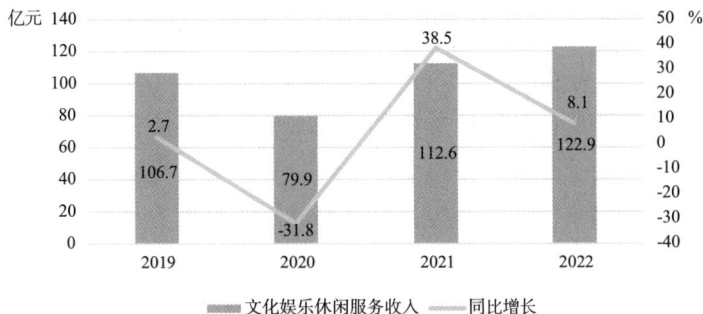

图 3-1　2019 年至 2022 年北京文化娱乐休闲服务收入情况

资料来源：北京市统计局，http://tjj.beijing.gov.cn/tjsj_31433/yjdsj_31440/wh/2023/index.html

（二）公共文化设施不断完善，公共文化休闲供给能力提升

北京一直重视公共文化设施的建设。疫情环境下，北京依旧坚持完善公共文化设施，为北京居民提供多元化公共文化休闲产品。在制度建设方面，2022年9月，北京市第十五届人民代表大会常务委员会第四十三次会议通过了《北京市公共文化服务保障条例》（以下简称《保障条例》），对北京公共文化服务的建设、管理、融合发展、保障措施等方面进行细致的规范与规定，为北京公共文化服务提供了制度保障，从而激发社会力量参与公共文化服务的热情，丰富优质公共文化产品与服务的供给。

在各类设施建设方面，截至2022年年末，北京共有公共图书馆21个，总流通769.5万人次；18个群众艺术馆和文化馆[①]，其中包括1个市级文化馆和17个区级文化馆，以及339个街道（乡镇）综合文化中心。各类文化馆、艺术馆当年提供线下文化服务次数6.7万次，惠及738.9万人次；举办线上群众

①数据来源：北京市统计局 国家统计局北京调查总队 . 北京市 2022 年国民经济和社会发展统计公报 [EB/OL].
2023-03-21[2024-07-12]. https://www.beijing.gov.cn/gongkai/shuju/tjgb/202304/t20230414_3032832.
html.

文化活动 1438 次，参加 4521 万人次[①]。至 2022 年 7 月，北京已建成市、区、街乡、社村四级公共文化设施共 6937 个[②]，至 2023 年年初，北京已拥有四级公共文化设施 7110 个，图书馆室 6135 个，室外文化广场 5616 个[③]，基本实现全覆盖，打造出北京"一刻钟公共文化服务圈"，极大地提升了北京居民获取文化休闲的便利程度，提升了北京居民的文化获得感与幸福感。

此外，北京十分重视新型文化公共空间的建设。2022 年 1 月，北京市市长陈吉宁在北京市十五届人大五次会议所作的《政府工作报告》指出，在 2022 年，要"支持建设新型公共文化空间，打造更具吸引力的一刻钟公共文化服务圈"。一年多来，北京各级相关政府部门积极探索，逐渐拓展出多种新型公共文化空间：东城区通过"四进"专项扶植政策引导实体书店进商场、进楼宇、进社区、进园区，在推动实体书店转型的过程中，持续盘活空间，提升公共文化服务的供需匹配度，满足大众的文化需求[④]。石景山区通过实践探索，将冬奥元素、工业遗产与公共文化空间巧妙结合，打造出一批诸如"瞭仓书房""图书馆银行""金玉良缘书房—酒店图书馆"等建筑独特、风格别致、环境雅致、配套齐全，集美观、实用、便捷为一体的特色文化场所，让市民可以休憩其中、享在其中、乐在其中[⑤]。昌平区采用社会化运营模式，将玉光寺打造为"寺锦·回龙观城市会客厅"（简称"寺锦"），融亲子露营、露天音乐会、春游骑行、古建筑写生等文化内容为一体的新型公共文化空间，为市民带来全新的文化体验。"寺锦"文化空间的建设受到市民的青睐，并被评为"2022 北京网红打卡地"[⑥]。通州区通运街道积极作为，构建了以通运街道综合文化中心、各社区综合文化室为基础，各街道社区文化馆、图书馆、儿童驿站、社区文化广场为延伸的公共文化服务设施体系，疫情期间为街道居民提供多场包括讲座培训、文艺演出等多种文化活动，丰富了居民的精神文化生

---

① 数据来自《2022 年北京市文化和旅游统计公报》。

② 静安社区治理汇．案例｜一刻钟"圈"出居民文化新生活［EB/OL］．2022-07-01［2023-07-21］．https://mp.weixin.qq.com/s/h1PVc2j9jq-X9JOXhFNA5g.

③ 北京人大．【关注】本市文化和旅游公共服务品质不断提升［EB/OL］．2023-03-24［2023-07-21］．https://mp.weixin.qq.com/s/yaZdLV628_wnWJ_KEOy5FA.

④ 公共文旅．文化观察｜北京两会关注新型公共文化空间建设［EB/OL］．2022-01-10［2023-07-23］．https://mp.weixin.qq.com/s/XYGoemOO8DlffxwFVxcG0g.

⑤ 石景山文旅．石景山区扮靓新型公共文化空间［EB/OL］．2022-07-29［2023-07-21］．https://mp.weixin.qq.com/s/BTuhWGTDbk1G6de0EgeoMw.

⑥ 非物质文化遗产记录工程．北京昌平回龙观街道：新型公共文化空间激活社区内生动力［EB/OL］．2023-06-29［2023-07-21］．https://mp.weixin.qq.com/s/96NrqkQk12Yv74xsGU9ZCg.

活①。2022 年年末，由文化和旅游部全国公共文化发展中心、中国文化馆协会主办，中国文化馆协会数字文化委员会、上海市群众艺术馆承办的"2022 最受欢迎公共文化空间短视频征集展示活动"中，北京海淀区文化馆（北馆）、房山区文化活动中心、天通苑文化艺术中心、老山街道综合文化中心朗园 PARK、角楼图书馆等公共文化空间荣登 TOP50 榜单②。各类公共文化空间建设，在现有资源情况下，最大限度上利用闲置资源，通过业态融合等路径推动实体书店等固有文化空间升级转型，提升了公共文化休闲产品与服务的供给能力，满足了疫情环境下人们对精神产品和文化休闲的需要。

（三）释放政策利好，引导文化休闲逆风增长

2022 年，疫情呈现总体下降趋势，但在部分时段，病毒变异等因素导致疫情出现短期反复，由此导致部分地区部分产业间歇性停产停工，人员无法自由流动，以致文化休闲发展出现波动。北京市统计局数据显示，2022 年各月文化娱乐休闲服务收入波动明显，在疫情出现反复的 3 月、5 月、9 月、11 月等月份，北京文化娱乐休闲服务的收入均出现较大幅度的下滑，在疫情较为平稳的 6 月至 8 月，北京文化娱乐休闲服务的收入呈现快速增长趋势，增幅180.3%（见图 3-2）。

面对严峻且复杂的防控形势，北京相关政府部门积极应对。在积极布控，闭环管理疫情的同时，为减轻疫情对经济的冲击，北京于 2022 年颁布多项政策措施，以稳定市场环境，鼓励企业复工复产，刺激消费。2022 年 3 月，北京先后发布关于印发《深入打造新时代首都城市复兴新地标 加快推动京西地区转型发展行动计划（2022—2025 年）》的通知、北京市人民政府办公厅关于印发《打造"双枢纽"国际消费桥头堡实施方案（2021—2025 年）》的通知，以稳定市民对未来经济社会稳定发展的预期，提升居民对未来美好生活的信心。面对 5 月的疫情严峻形势，在中央"动态清零"总方针下，北京市相关政府部门加紧疫情调度处置工作，逐步进入"动态清零"阶段，通过"快筛

① 通运社会工作 . 加强文化供给，不断提升居民幸福感、获得感 ——通运街道 2022 年公共文化服务年报［EB/OL］. 2023-06-30 ［2023-07-21］. https://mp.weixin.qq.com/s/FLj1Gt_V8xVRqzr9ymRTNA.
② 石景山文旅 . 2022"最受欢迎公共文化空间"TOP50！咱石景山榜上有名！［EB/OL］. 2022-12-13 ［2023-07-21］. https://mp.weixin.qq.com/s/YsjOOXN3YY3kTEhOiYMsxg.

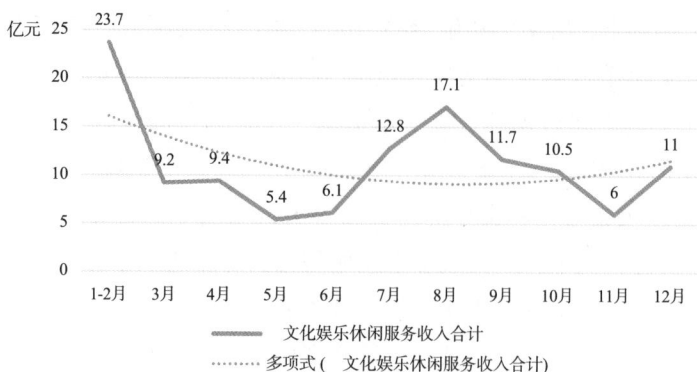

图 3-2　2022 年北京文化娱乐休闲服务收入情况

查、严管控、强保障"等措施对社会面病例进行严格管控①，同时保证管控区外的区域恢复正常生产生活秩序②。与此同时，北京发布《关于继续加大中小微企业帮扶力度加快困难企业恢复发展的若干措施》《北京市中小微企业首次贷款贴息及担保费用补助实施细则》，以帮助北京中小微企业渡过难关、复工复产。6 月，北京发布《北京市统筹疫情防控和稳定经济增长的实施方案》，通过 45 条具体措施在统筹疫情防控的同时，维护市场稳定与社会发展。当疫情放缓叠加防控及各项经济帮扶政策发挥作用后，6 月起，北京文化娱乐休闲收入由"降"转"升"。在此基础上，北京市相关政府部门一方面发布《关于助企纾困促进消费加快恢复的具体措施》，通过政策引导作用刺激企业与个人的各项消费，其中也包括文化娱乐休闲消费。另一方面发布《北京市助企纾困优化营商环境若干措施》等，以进一步优化营商环境、助力企业恢复生产，以保障文化休闲产品在内的各项产品的市场供给。9 月起，疫情再次出现反复，文化娱乐休闲收入出现连续下降。为保障文化产品与服务供给，10 月北京发布《北京市公共文化服务保障条例》，以提升公共文化服务供给能力，满足市民对文化休闲产品的需求；12 月，北京实行十条优化疫情防控工作措施，更加精准、灵活地进行疫情防控，减少疫情防控对生产生活

---

① 人民日报 . 毫不动摇坚持"动态清零"总方针北京严格落实防控措施［EB/OL］. 2022-05-07［2023-07-21］. https://politics.gmw.cn/2022-05/07/content_35716232.htm.
② 北京日报客户端 . 北京已经转入动态清零阶段［EB/OL］. 2022-06-03［2023-07-21］. http://www.news.cn/local/2022-06/03/c_1128711419.htm.

的冲击；同时发布《北京市积极应对疫情影响助企纾困的若干措施》，进一步支持企业复工复产。

表3-2　北京2022年发布的部分解危纾困政策

发布日期	政策文件
2022 年 3 月	关于印发《深入打造新时代首都城市复兴新地标 加快推动京西地区转型发展行动计划（2022—2025 年）》的通知
2022 年 3 月	北京市人民政府办公厅关于印发《打造"双枢纽"国际消费桥头堡实施方案（2021—2025 年）》的通知
2022 年 5 月	《关于继续加大中小微企业帮扶力度加快困难企业恢复发展的若干措施》
2022 年 5 月	《北京市中小微企业首次贷款贴息及担保费用补助实施细则》
2022 年 6 月	《北京市统筹疫情防控和稳定经济增长的实施方案》
2022 年 7 月	《关于助企纾困促进消费加快恢复的具体措施》
2022 年 7 月	《北京市优质中小企业梯度培育管理实施细则》
2022 年 8 月	《北京市助企纾困优化营商环境若干措施》
2022 年 10 月	《北京市公共文化服务保障条例》
2022 年 12 月	《北京市积极应对疫情影响助企纾困的若干措施》

数据来源北京市人民政府官网：https://www.beijing.gov.cn/

在严峻的疫情环境下，北京市各级政府在积极应对疫情的同时，通过政策"组合拳"，稳定了经济与社会发展，推动企业复工复产。通过释放政策利好，北京稳定了文旅市场及文化产品供给，并积极引导企业与个人的文化休闲消费，使北京文化休闲在疫情冲击下仍然出现了短期的"逆风增长"。

二、北京文化休闲主要特征

（一）数字化与新业态持续发展，线上文化休闲产品供给提升

推动数字经济建设，建设全球数字经济标杆城市是《北京"十四五"规划》提出的战略目标，受到北京各级政府的重视。继 2021 年发布《北京市促进数字经济创新发展行动纲要（2020—2022 年）》《北京市关于加快建设全球数字经济标杆城市的实施方案》等一系列政策后，2022 年北京市人民代表大会

常务委员会发布《北京市数字经济促进条例》，为地方政府发展数字经济提供立法保障；北京各区也纷纷制定行动方案，以政策指导实践，推动数字经济发展。

在文化休闲领域，北京市相关政府部门着力推动公共文化服务机构的数字化发展，提升数字文化产品的供给能力。博物馆建设方面，市文物局联合多部门推动博物馆数字化建设，推出多种数字化产品。例如，市文物局于"5·18国际博物馆日"启动"北京博物馆云"服务平台，为市民提供线上博物馆服务；市文物局联合北京广播电视台推出博物馆声音服务标准化体系——"北京之声·博物馆"，通过搭建云端"有声博物馆"矩阵，为市民提供丰富多样、便捷优质的视听服务；市文物局联合北京广播电视台出品中国首档文博探秘类文化互动真人秀节目《博物馆之城》，为市民沉浸式展示文博行业的基础工作，深入挖掘幕后故事，展现文物背后的文化。公共图书馆方面，为方便市民线上借阅图书，2022 年，北京公共图书馆提升了电子文本、图片文献资源的数量，达到 4411.9TB，同比增长 9.5%，在线服务 62894.3 万人次，增长 119.64%。市属院团、各类文化馆等群众文化机构在开展线下演出活动的同时，提供在线演出服务，为市民提供在线文化休闲路径。

在推动公共文化机构数字化发展的同时，北京同样注重经营性互联网文化单位的发展，为北京市民提供互联网文化休闲产品与服务。2022 年北京经营性互联网文化单位实现营业收入 4354.6 亿元，同比增长 4.4%。北京微播视界科技有限公司、北京快手科技有限公司两家企业旗下下设多个互联网娱乐运营平台，为大众提供多样化互联网文化娱乐休闲产品。抖音数据显示，2022 年月均热点视频播放量超 4000 亿，娱乐休闲是用户关注度最为聚焦的领域之一；"云端"模式被越来越多人认可，"云游"各地名胜景点、观看各地动物园直播成为疫情下人们"旅游"新方式，全年 38515 场动物园直播观看总数近 4 亿，累计观看人次同比增长 116%。戏剧演艺直播、地方戏曲演出、高校公开课等在线文化休闲产品的播放量均出现大幅度增长[1]。

此外，北京市文旅局评选出 14 个基于大数据、云计算、虚拟现实等技术的应用场景优秀案例[2]，以官方认证为优秀文旅技术创新应用场景赋能，提升

---

① 光明网.《2022 抖音数据报告》：成年"00 后"图书消费增幅最大 [EB/OL]. 2023-01-12 [2023-07-23]. https://it.gmw.cn/2023-01/12/content_36297755.htm.

② 北京市文化和旅游局. 关于公布 2022 年北京市文化和旅游技术创新应用场景优秀案例名单的通知 [EB/OL]. 2022-09-01 [2023-07-23]. http://whlyj.beijing.gov.cn/zwgk/tzgg/202209/t20220901_2806122.html.

瞭仓数字艺术馆、慢坐书局虚拟数字人融合文旅体验、大型演艺装备集成精准控制系统冬奥应用等数字化文旅场景的知名度，以数字化文旅休闲产品满足市民的文化休闲需求。

（二）线下出行偏好变化，"微休闲"方式备受青睐

为疫情防控需要，北京于 2022 年 5 月、6 月开始实行"动态清零"，与此同时，依旧加强监管，对人员集聚地区实行"限流"；各重点监控景区严格遵守北京疫情防控政策，自觉践行"限量、预约、错峰"等原则，降低人员集聚程度。数据显示，2022 年全国全年国内游客仅 25.3 亿人次，同比下降 22.1%[①]；北京市民在京游人数 9911.7 万人次，同比减少 21.4%，恢复至 2019 年的 78.9%[②]。这说明，2022 年人员整体流动较 2021 年有所下降，北京市民线下出行整体呈现下降趋势。在严格的监控措施下，北京各重点监控景区在春节、"五一""国庆"期间均未出现"人山人海"的火爆现象。

在疫情及防控监管等多种因素影响下，北京市民的出行频次和出行半径明显下降[③]。目的地与居住地距离较远、出行周期较长的长途休闲旅游度假等线下休闲方式与现实疫情环境与监管措施相冲突。相较之下，距离近、周期短的"微休闲"逐渐成为北京市民的主要线下文化休闲方式；相比于异地景区，北京市民更偏好距离家更近的公园、景区及开阔地，或是距离家更近的文化街道。"微休闲"的线下文化休闲方式，既可以满足北京市民的线下休闲需要，也极大地降低了出行带来的感染风险和负面影响。

在此背景下，北京市相关政府部门统筹疫情防控与促进线下文化休闲发展，采取多种方式打造"微休闲"品牌，鼓励人们线下文化休闲，带动线下文化休闲消费。一方面，市文旅局联合区政府相关部门打造多个"微休闲"文化品牌，以城区文化街区、胡同等分流重点监控各景区的人流量。例如，市文旅局联合东城区、门头沟区等区发布首批 6 个北京微度假目的地品牌，并通过与

---

① 数据来源：国家统计局 . 中华人民共和国 2022 年国民经济和社会发展统计公报 [EB/OL]. 2023-02-28[2024-07-12]. https://www.stats.gov.cn/sj/zxfb/202302/t20230228_1919011.html.

② 数据来自《2022 年北京市文化和旅游统计公报》。

③ 中国新闻网 . 五一假期北京旅游接待 306.1 万人次 市民出游频次明显下降 [EB/OL] . 2022-05-05 [2023-07-23] . https://www.chinanews.com.cn/cj/2022/05-05/9746502.shtml.

美团、携程、去哪儿网、同程旅行、首旅慧科联合打造的"北京微度假"品牌馆向市民推广北京微度假目的地品牌①，以满足北京市民多样化文化需求，引导市民前往进行线下文化"微休闲"；房山区发布 10 条精品旅游线路、10 个"夜京城"房山打卡地以及房山葡萄酒产区、酒庄等多类型的旅游产品②以吸引北京市民前往房山区进行短途"微休闲"。另一方面，市文旅局联合密云、延庆等区，开展系列文化休闲活动，吸引北京市民京郊游，以分担市中心线下文化休闲的客流量。例如北京市文旅局与各区相关政府部门联动，陆续开展"点亮北京·消夏延庆""休闲北京""品味北京"等系列活动，实施"文旅消费五十百千"工程等③，配合发布多种文化休闲产品，以吸引北京市民到延庆开展短期露营、滑雪等短期文化休闲活动。在市文旅局等相关政府部门的积极引导下，国庆期间，王府井、乐多港、首创奥莱休闲驿站、中粮·祥云小镇等各类充满文化气息"小而精"的"微休闲"目的地成为游客们的首选④。

表3-3 2019年、2022年北京旅游情况

变量名称	单位	2019 年	2022 年	较上年增长
全年接待旅游总人数	亿人次	3.22	1.8	-28.5
接待国内游客	亿人次	3.18	1.8	-28.6
接待入境游客	万人次	376.9	24.1	-1.6
全年实现旅游总收入	亿元	6224.6	2520.3	-39.5
国内旅游总收入	亿元	5866.2	2490.9	-39.8
国际旅游收入	亿美元	51.9	4.4	2.3

数据来源《北京市 2019 年国民经济和社会发展统计公报》《北京市 2022 年国民经济和社会发展统计公报》

---

① 文旅北京. 助力企业复工复产 促进文旅消费恢复 | 首批 6 个北京微度假目的地品牌正式发布 [EB/OL]. 2022-12-26 [2023-07-23]. https://mp.weixin.qq.com/s/T9fDnhiZolI22FLUMDH60w.

② 新浪财经. 微度假趣京郊系列活动暨北京户外生活节举行 [EB/OL]. 2022-08-19 [2023-07-23]. https://finance.sina.com.cn/jjxw/2022-08-19/doc-imizmscv6800299.shtml.

③ "文旅消费五十百千"工程：5 个具有引领示范效应的科技赋能文旅新消费项目、10 个北京微度假目的地品牌、100 个新晋网红打卡地、100 条特色游主题游路线、总长 1000 里（500 公里）的高品质骑游观光线路. 资料来自文旅北京."点亮北京·消夏延庆"暨 2022 北京市文旅促消费·微度假趣京郊系列活动启动仪式圆满举办 [EB/OL]. 2022-07-15 [2023-07023]. https://mp.weixin.qq.com/s/AMoFWhwJld0C2o0Z7pYOOQ.

④ 北京青年报. 国庆北京待客 689.3 万人次 延庆密云怀柔游客接待量居前三 [EB/OL]. 2022-10-08 [2023-07-23]. http://cul.china.com.cn/2022-10/08/content_42129103.htm.

（三）文化休闲凸显文化底蕴，高质量休闲产品不断涌现

北京文化资源丰富，文化休闲产品注重文化内涵的体现。

1. 文化休闲与文化遗产融合，展现悠久传统文化内涵

北京文化历史传统悠久，文化遗产资源丰富。截至 2022 年，北京拥有不可移动文物 3840 处，其中全国重点文物保护单位 135 处，市级文物保护单位 255 处，市县级文物保护单位 753 处。在加强文化遗产保护的同时，北京十分注重相关文化产品的开发。

（1）"北京中轴线"数字文化休闲产品开发。

北京计划将"北京中轴线"作为 2024 年世界文化遗产申报项目，目前正在积极推进北京中轴线档案中心、监测中心等管理、监管部门的建设以及文物修缮工作正合理有序推进。与此同时，北京积极开发相关文化产品：2022 年，"数字中轴"上线，通过人工智能、数字技术向北京中轴线保护与开发利用工作赋能，通过"云上中轴"小程序、北京中轴线官网、中轴线 App 等线上展示与线下数字沉浸式体验相结合，让市民多途径感受到北京中轴线的历史文化遗迹的厚重文化底蕴。例如，西城区文旅局携手北京河图打造的"万象中轴"数字文化体验项目，将钟鼓楼前、万宁古桥、紫禁之巅、皇城北门（地安门）、什刹海前海、火神灵阁、澄清上闸 7 个点位进行数字化开发，并于灵图游 App 上线，通过数字虚拟现实技术开展中轴线数字产品。市民既可以在线上完成在线的中轴线游览，也可以线下实地游览，并通过 App 获得虚拟导游"镇水小神兽"的专业讲解①。

另外，打造系列数字形象与 IP 产品，通过联动社会各界力量开发中轴线 IP 相关影视、音乐、游戏等产品，深度发掘中轴线的时代价值。例如，北京广播电视台、北京市文物局联合出品的文化音乐竞演真人秀《最美中轴线第二季》于 2022 年 10 月上线。作品以北京中轴线景点与文化遗产为内容，以文化音乐综艺为主要表达方式，促进传统文化和原创音乐实现有机融合，引导观众

---

① 北京新闻广播. 北京新闻广播［EB/OL］. 2023-01-21［2023-07-26］. https://mp.weixin.qq.com/s/lm1o-HtDuMeoiclaQzZnldw.

聆听中轴文脉，推动北京中轴线文化生生不息[①]。节目播出后收到各界广泛好评：全季节目在各视频平台播放量累计达 6 亿次，节目歌曲平均播放量均达 2000 万次，斩获全网热搜热榜 170 余个；微博主话题词"最美中轴线"阅读量超 36 亿次，频登微博热搜最高第 12 位[②]。在国家广电总局 2022 年第四季度推优中，北京卫视《最美中轴线（第二季）》入选"2022 年第四季度广播电视创新创优节目"[③]。

（2）"故宫以东"共创计划与文化休闲品牌打造。

北京东城区文旅局为打造区域旅游品牌和构建目的地形象，于 2018 年召开"故宫以东"品牌分享会，向公众推出"故宫以东"区域旅游品牌[④]。2022 年 9 月，东城区人民政府、东城区文旅局在时间博物馆举办"故宫以东"共创大会，并发布"故宫以东"共创计划。中国美术馆、北京人民艺术剧院、嘉德艺术中心、77 文创、王府中环、凯撒旅游等 14 家优质代表性企业、文化机构成为"故宫以东"共创合伙人，共同组成文商旅联盟，将故宫—王府井—隆福寺"文化金三角"打造为集平台吃、住、行、游、购、娱多维一体的一流文化场域，并通过与美团、腾讯等平台合作，提升品牌效应与热度。

"故宫以东"共创计划旨在推动文旅产业与其他产业跨界融合、协同发展，并延展产业链、催生新业态，创造新价值。通过内容共创、产品共创、金融共创、数字共创、科技共创、街区共创和"百达"计划，东城区积极树立区域文旅品牌，打造新型文化休闲目的地。"故宫以东·城市盲盒"数字沉浸式体验空间于 2021 年"五一"期间亮相王府井东方广场，多种主题空间将古典与现代、潮玩与科技、娱乐休闲与传统文化充分融合。6 月，"故宫以东"借助京东、腾讯等企业的数字平台与技术，在京东智臻链数字藏品平台"京东灵稀"上共同发行燕京八绝系列主题数字藏品，通过数字技术为文化资源赋予新的价值。此外，"故宫以东"向公众推出"文博艺术""戏剧演艺""传世非遗""书

---

① 首都广电.《最美中轴线》第二季：倾听中轴文脉 重塑文化音综［EB/OL］. 2023-02-02［2023-07-23］. https://mp.weixin.qq.com/s/ltMuVXtkjaG_pI0G0HvP-Q.
② 看电视.《最美中轴线》第二季收官，让世界听得到中轴线文脉的铿锵律动［EB/OL］. 2023-01-14［2023-07-26］. https://mp.weixin.qq.com/s/VR2EmSPMvkFmlkmqYrjMA.
③ 北京卫视. 恭喜!《最美中轴线》《桃花源里看十年》上榜"广电总局 2022 年第四季度推优"［EB/OL］. 2023-03-17［2023-07-26］. https://mp.weixin.qq.com/s/TpjfVTLyrK3TS3F8YwPdlw.
④ 人民网-北京频道. 北京东城打造"文化＋"新高地 "故宫以东"共创计划启动［EB/OL］. 2022-09-15 ［2023-07-26］. https://cnews.chinadaily.com.cn/a/202209/15/WS6322884fa310817f312ee1b5.html.

香致远"四条主题线路，为不同偏好的游客提供多样化文化休闲目的地[①]。

（3）"博物馆之城"建设与文化休闲产品开发。

北京博物馆数量众多，截至 2022 年，北京拥有备案博物馆 215 家，较 2021 年增加 11 座，其中，央属 66 家，市属 51 家，区属 47 家，非国有 51 家；博物馆文物藏品数共 98.9 万件（套）。北京的博物馆数量、博物馆藏品数量、馆藏珍贵文物数量方面均位列全国第一，领先优势明显[②]。借助博物馆及文物方面的丰富资源，以及基于建设全国文化中心的需要，北京近年来积极推动"博物馆之城"的建设，注重博物馆资源及文物资源的开发利用，积极探索相关文化休闲产品的开发。2022 年，国家文物局和北京市人民政府于"5·18 国际博物馆日"开幕式签订了《共建北京"博物馆之城"战略合作协议》，北京"博物馆之城"建设进入快速发展阶段。北京市相关政府部门立足顶层设计，高屋建瓴规划北京"博物馆之城"的未来建设；拟定未来陆续出台《北京博物馆之城建设发展规划》《北京市关于鼓励社会力量兴办博物馆的若干意见》等政策措施，积极引导社会力量推动博物馆建设；加强与科技文化企业合作，打造"线上＋线下""馆内＋馆外"的博物馆传播体系；实施"博物馆＋"战略，推动博物馆建设与教育医疗、科技创新、旅游商业等领域融合发展[③]。

在政策引导下，2022 年北京"博物馆之城"建设积极开展，并推出不少文化休闲产品：一方面，北京博物馆积极举办各类展览，为市民提供最为直接的文化休闲产品，或通过抖音等平台，发布线上产品，为市民提供游览路径。数据显示，北京 2022 年博物馆接待观众 917.2 万人次。抖音发布《2022 博物馆数据报告》显示，抖音上博物馆相关视频数量同比增加 70%，点赞量超过 12 亿次，播放量超过 394 亿次，相当于全国博物馆一年接待观众人次的 72 倍，其中，故宫博物院成为抖音上最受欢迎的博物馆[④]。另一方面，以博物馆为内容的影视节目的播出，向公众展示了博物馆文物背后的故事，为公众提供

[①] 东城区人民政府．东城区："故宫以东"共创计划正式启动 进一步激发文商旅融合消费活力［EB/OL］．2022-09-09［2023-07-23］．https://www.beijing.gov.cn/ywdt/gqrd/202209/t20220909_2812849.html.

[②] 新浪科技．瞭望智库：2022 年中国博物馆区域发展指数［EB/OL］．2022-05-20［2023-07-26］．https://finance.sina.com.cn/tech/2022-05-20/doc-imcwiwst8371838.shtml?finpagefr=p_114.

[③] 北京市文物局．奋力谱写北京博物馆之城建设新篇章［EB/OL］．2022-05-16［2023-07-26］．https://www.beijing.gov.cn/renwen/zt/2022gjbwgrv/yw/202205/t20220516_2711272.html.

[④] 中国经济网．抖音发布 2022 博物馆数据报告，过去一年文博内容获赞超 12 亿次［EB/OL］．2022-05-18［2023-07-26］．http://finance1.ce.cn/home/jrzq/dc/202205/18/t20220518_37593507.shtml.

了高质量的文化休闲产品。例如，北京卫视推出文博探秘类文化互动真人秀节目《博物馆之城第一季》，沉浸式带领观众深入博物馆内部，感受文物的历史、文化与时代价值[1]。节目播出后深受观众喜爱，并入选指尖榜《2022最受瞩目节目》，成为2022年度最具影响力的电视综艺节目之一[2]。此外，通过数字化技术，推动"博物馆之城"相关数字产品开发。例如，"北京博物馆云"微信小程序、"北京文博"公众号推介相关线上产品的开发与推广，为公众线上获取北京博物馆相关展览情况、在线参观等提供了有效路径。

2. 非遗创新传承与开发利用，休闲同时领略非遗技艺

北京非物质文化遗产数量丰富，截至2022年拥有国家级非遗代表性项目144个，市级非遗代表性项目303个。北京在积极保护的同时，推动非遗与现代生活和文化休闲相结合：北京市文旅局、北京文化艺术传承发展中心、北京烹饪协会等单位于"文化和自然遗产日"（6月11日）联合京东、抖音、北京时间等互联网平台，开展为期8天的"北京非遗购物节"，全聚德、同仁堂、内联升、六必居等18家非遗老字号参与本次购物节。购物节将非遗深厚的文化底蕴与当下流行的线上消费方式结合起来，广泛触达文化消费群体，营造"沉浸式"非遗线上购物体验，推动北京非遗"破圈"。消费者在放心购买到精美的非遗产品的同时，在沉浸式体验中领悟非遗内蕴、体验非遗技艺、感受中华优秀传统文化的魅力。抖音、北京时间、微博等平台相关话题阅读访问量近3000万次，非遗老字号京东店铺订单量突破11万件，销售额近3000万元，实现了北京非遗老字号品牌声誉及销量的双"爆发"。

3. 红色资源成为文化休闲资源，红色记忆成为文化休闲重要内容

北京红色资源丰富，截至2022年拥有红色旅游景区（点）102家[3]，市级

① 北京文博.文博要闻丨《博物馆之城》荣获综艺报2022年度节目［EB/OL］.2022-12-28［2023-07-26］.https://mp.weixin.qq.com/s/lXjClo4uRoGKHSGbsH1btA.
② 北京卫视.实至名归！北京卫视《博物馆之城》入选指尖榜2022年度影响力电视综艺［EB/OL］.2023-03-02［2023-07-26］.https://mp.weixin.qq.com/s/-Mb4YFvitOSZCwO-94GvEQ.
③ 北京市文化和旅游局.北京市文化和旅游局关于2022年北京市红色旅游景区（点）名单的公告［EB/OL］.2022-11-18［2023-07-27］.http://whlyj.beijing.gov.cn/zwgk/tzgg/202211/t20221118_2862219.html.

爱国主义教育基地已达 209 家，其中包含全国爱国主义教育示范基地 18 家[1]。诸多红色文化旅游资源为市民及游客提供了文化休闲场所，让市民及游客直观感受到北京浓厚的红色文化氛围与厚重历史内涵。《2022 年红色旅游数据分析报告》显示，2022 年 6 月以来，红色旅游开始升温，红色旅游逐渐大众化，在携程 App 上订景区门票的游客中，88% 的游客选择本地 + 周边的红色旅游景区作为旅游目的地，这说明"家门口"红色旅游已经常态化。

除公布红色旅游景区，设定红色旅游线路，将红色资源以旅游目的地形式展现给公众，让公众从游览中感受北京红色文化外，北京市还将红色文化资源开发为高质量文化艺术作品，让公众在观看艺术作品、享受文化休闲的同时领略北京的红色文化底蕴。《2022 中国电视／网络剧趋势报告》数据显示，近年来，优秀的重大题材电影不断涌现，《觉醒年代》《绝密使命》《大决战》《功勋》等影视作品在满足人民文化需求的同时，增强了人民的精神力量；重大题材的电视剧创作水平不断提升，主题提取、叙事掌控、人物塑造、细节把握、画面呈现等方面的审美意蕴不断提升，《山海情》《觉醒年代》《香山叶正红》等重大主题电视剧重现了中国近代诸多重大历史事件，彰显主题作品的严肃性，以及崇高之美、信仰之美[2]。不少高质量文化艺术作品不仅受到观众好评，还取得了诸多佳绩：舞剧《五星出东方》荣获第十六届精神文明建设"五个一工程"，并荣获第十七届文华大奖；话剧《香山之夜》、京剧《李大钊》、舞剧《天路》、音乐剧《在远方》、话剧《喜相逢》亮相第十三届中国艺术节。

4. 民俗文化展现真实城市风貌，成为文化休闲重要标志

北京市各级政府部门深度挖掘民俗文化内涵，推动传统与现代结合，以会展活动的方式向市民及游客展现北京的传统民间文化。2022 年春节期间，前门社区博物馆群落举办"招财进宝"春节民俗文化展。展览通过老照片、老物件，展现了老街的历史景象，唤起人们对以往的记忆与感知[3]。8 月，延庆区委

① 杜蒙旅行. 赓续红色血脉 |《北京市爱国主义教育基地全览》［EB/OL］. 2023-07-05［2023-07-27］. https://mp.weixin.qq.com/s/kKcyxG7fdqaP1WkfLYePMg.

② 传媒. 中国电视剧的新发展和新气象——2022 中国·北京电视剧盛典两大论坛综述［EB/OL］. 2023-02-03［2023-07-27］. https://mp.weixin.qq.com/s/7y1D_IybKav0OGkLGsxa_w.

③ 北京日报客户端. 老工程变身博物馆，春节民俗文化展再现老北京记忆［EB/OL］. 2022-02-01［2023-07-28］. https://baijiahao.baidu.com/s?id=1723526816375564449.

宣传部、八达岭镇政府主办了"2022年八达岭长城民俗文化节"。活动现场设置民俗展览、民俗市集、民俗体验、民俗美食四大板块，让游客在品尝传统美食，观看长城景色，欣赏表演中，感受到长城民俗的知识性、趣味性，领悟到长城文化的内涵[①]。9月，中共房山区委宣传部、房山区文化和旅游局等部门开展北京西山民俗文化节暨"月圆京城 情系中华"房山区中秋文化活动，向市民及游客沉浸式展现了民俗文化市集，部分深度文化项目逐步到节后[②]。

（四）产业融合不断深化，文化休闲外延不断延伸

随着文化、旅游、体育以及娱乐业的融合不断加深，文化休闲得到极大拓展，产业链不断延长，产业外延不断延伸。在文旅融合方面，北京市文化和旅游局主办2022北京市文化旅游体验基地发布活动，公布了2022年新增的16家北京市文化旅游体验基地名单，并进行了云上授牌[③]，为市民及游客提供了新的文旅高质量体验目的地，丰富了游客的文旅体验，也推动了文旅行业的复苏。在休闲产业与体育产业融合方面，北京市政府及相关政府部门一方面积极推进政策建设，发挥政策引导作用，助力文体休闲产业快速发展。自2022年5月起，北京先后发布《京张体育文化旅游带建设规划》《北京市2022年京张体育文化旅游带建设工作要点任务分工》等政策文件，以推动奥运场馆赛后可持续利用；全面释放冬奥会品牌效应，打造体育文化旅游融合发展新名片，为群众提供高质量冰雪旅游目的地，让发展成果惠及更多人。另一方面北京相关单位积极开展各类活动，以推广文化体育休闲，提升人们对文化体育休闲内容的接受程度。例如，北京于年初举办"北京2022"京城迎冬奥、非遗贺新春非遗主题系列宣传活动；通过展示"燕京八绝"技艺等为代表的近300件展品，让京张体育文化旅游带建设深入人心[④]；积极建设16个冬奥文化广场和91

①北京延庆. 赏民俗、观技艺、品美食，八达岭长城民俗文化节精彩纷呈！[EB/OL]. 2022-08-29[2023-07-28]. https://mp.weixin.qq.com/s/BiMQl6NVnqPmhgKVslwpxg.

②北京国际设计周. 2022北京西山民俗文化节开幕 亮点项目发布［EB/OL］. 2022-09-11［2023-07-28］. https://mp.weixin.qq.com/s/lptoa0lYsyXQME7_kw6nbw.

③北京市文化和旅游局. 丰富文旅体验 推动行业复苏——2022年北京市文化旅游体验基地发布活动成功举办［EB/OL］. 2022-12-16［2023-07-28］. https://www.beijing.gov.cn/renwen/sy/whkb/202212/t20221216_2879726.html.

④中国旅游新闻网新闻客户端. 用好冬奥遗产 推动体育文化旅游融合发展[EB/OL]. 2023-01-19[2023-07-28]. https://www.mct.gov.cn/whzx/whyw/202301/t20230119_938746.htm.

个冬奥示范设施建设，开展"相约北京"奥林匹克文化节等冬奥冬残奥城市文化活动 2.31 万场，6067 万人次参与，让更多市民与游客接触到文化体育休闲，从而提升了市民的接受度。北京延庆海陀滑雪旅游度假地入选国家级滑雪旅游度假地[①]，为公众提供高质量滑雪与休闲目的地。

三、北京文化休闲的问题

（一）文化休闲市场主体受疫情冲击而产生波动

从收入角度来看，北京 2022 年文旅市场的整体收入较 2021 年基本持平，但从市场主体角度来看，在疫情冲击下，北京文旅市场及文物市场主体出现一定程度的下降，市场整体规模出现轻微萎缩。《2022 年北京市文化和旅游统计公报》数据显示，2022 年文化和旅游市场的经营主体机构数量总计 5698 个，较上年减少 536 个，同比降幅 8.6%，其中不包括艺术院团和场馆的文化市场经营机构和艺术表演团体的下降最为明显，降幅分别为 –18.9% 和 –7.9%；文物单位机构数量 198 个，较去年减少 19 个，同比下降 8.8%。

这说明，疫情对文旅市场经营产生较大冲击，面对疫情长期反复，文化和旅游市场以及文物市场的发展都出现了不同程度的下滑。作为文化休闲市场的重要组成部分，文旅市场、文物市场在疫情下的下行趋势将对文化休闲市场的发展产生负向影响而发生波动（见表 3–4）。

表3-4　2022年纳入统计经营主体机构数量情况

机构	机构数量（个）	较上年增加（个）	增幅（%）
总　计	5896	-555	-8.6
一、文化和旅游合计	5698	-536	-8.6
艺术表演团体	456	-39	-7.9
艺术表演场馆	59	-5	-7.8

① 央视网．两部门公布国家级滑雪旅游度假地名单，北京延庆海陀滑雪旅游度假地等 12 地入选［EB/OL］．2022-01-26［2023-07-28］．https://news.cctv.com/2022/01/26/ARTIT1SaeCklEsM48Q0lNGkr220126.shtml.

机构	机构数量（个）	较上年增加（个）	增幅（％）
公共图书馆	20	0	0.0
文化馆	18	-1	-5.3
文化站	339	2	0.6
艺术展览创作机构	1	0	0.0
文化和旅游教育机构	2	0	0.0
文化市场经营机构 （不包括艺术院团和场馆）	2088	-487	-18.9
重点旅行社	1225	-14	-1.1
重点住宿业	1177	14	1.2
重点景区	254	-6	-2.3
文化和旅游行政部门	18	0	0.0
其他文化和旅游机构	41	0	0.0
二、文物合计	198	-19	-8.8
博物馆	82	3	3.8
文物保护管理机构	20	-7	-25.9
文物科研机构	1	-1	-50.0
文物行政部门	17	0	0.0
其他文物机构	78	-14	-15.2

注：数据来源《2022 年北京市文化和旅游统计公报》

（二）诸多因素影响文化休闲产品的供给广度

疫情环境下，防控政策虽然在积极调整，"动态清零"尽可能减小疫情防控对居民正常生活的影响，但总体来看，限制人员自由流动避免人员过度聚集仍是疫情防控的主要原则。重点监控景区依旧采取游客限流，通过错峰、错时等途径减少景区游客集聚情况。由此，线下文化休闲产品供给在人为限制下，供给广度缩小，文化休闲产品的顾客惠及面下降。在线上供给方面，疫情发生以来，数字经济快速发展，依托数字技术、虚拟现实技术等开展的线上路径成为人们进行文化休闲的重要补充方式。技术的发展有其自身规律，疫情等外部环境对数字技术发展虽然有一定倒逼作用，但终究不能替代技术自身的研发规律。目前文化休闲各项线上路径的供给人数有限，无法满足所有民众的游览诉求。因此，疫情环境下，多种因素导致文化休闲产品的供给广度下降。

（三）文化休闲需求旺盛但后续消费能力或不足

北京文化休闲需求旺盛。北京市统计局、北京市文化和旅游局的公开数据显示，在疫情较为严重的时段，如2022年5月、9月、11月至12月，受疫情反复影响人们出行受到限制，此时线上文化产品和服务的消费上升，致使文化产业的营业收入提高。在疫情稍稍缓和的时段，如3—4月、7—8月、10月份等，疫情放缓，防疫监管相对宽松，人们更倾向于线下出行进行文化休闲消费，因此这些时段旅游区的接待人流量出现明显上涨（见图3-3）。文化消费与景区游客数量在不同时段的变动，恰好说明人们的文化休闲需求十分旺盛，且在疫情程度不同时，对文化休闲的选择方式不同。《中国休闲发展年度报告2022~2023》的调查数据也显示：北京等城市城镇居民工作日的文化休闲占比较2019年增加3.7%；节假日文化休闲占比较2019年增加5.9%。

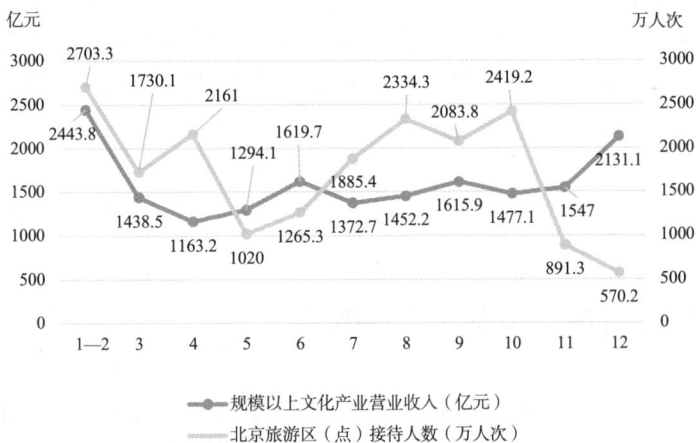

图3-3　北京2022年规上文化产业收入与旅游景区接待人数情况

注：数据来源北京市统计局北京调查总队官网：http://tjj.beijing.gov.cn/tjsj_31433/yjdsj_31440/wh/2022/ 北京市文化和旅游局官网：http://whlyj.beijing.gov.cn/zwgk/zxgs/tjxx/history/2022/lyqhd/202206/t20220608_2949668.html

考虑到休闲的其他条件，北京市民对文化休闲的后续消费能力或存在不足：一方面，疫情影响下，企业线下办公大幅度减少，而改为居家线上办公。

北京、上海、广州等城市的城乡居民的休闲平均时长增长 3.9~5.7 小时，城镇居民节假日的休闲时间达到 4.80 小时，占全天时间的 20.0%；城镇居民全年休闲时长达 1522.4 小时，较 2019 年增加 289.3 小时。在休闲时间增加的同时，北京居民的工作时间也出现上涨，2022 年城镇居民全年工作时间较 2021 年增加 192.6 小时。而疫情导致群众出行减少，交通时间同比减少 339.9 小时[1]。简言之，疫情冲击下，群众出行受限，由此导致交通时间下降，减少的交通时间转变为居家工作时间和休闲时间。换言之，当疫情结束，人们回归到正常生活后，交通时间恢复，疫情的"疤痕效应"或将导致人们的自主或被动地延长工作时长，以弥补疫情期间的收入消耗。由此，休闲时间可能减少。

此外，2022 年北京全市居民人均可支配收入同比增长 3.2%，其中，人均工资性收入同比上涨 4.6%，人均转移净收入同比上升 2.6%[2]。但在人均可支配收入上升的同时，北京居民的人均存款达 26.8 万，远超其他省市人均存款数量[3]。这说明，北京居民面对疫情反复，更倾向于储蓄资金，以应对持续的疫情。

综上所述，尽管人们对于文化休闲的需求不断上升，但由于疫情导致的休闲时间短暂性上升不具有持久性，北京居民对储蓄的偏好会挤占对文化休闲的实际支出。基于此，长期来看，北京文化休闲的后续消费能力可能会存在不足，疫情持续期间北京居民的文化休闲消费或难以出现大幅度、长时间的增长。

四、对应措施

（一）发挥政策优势，逆周期稳定市场

面对疫情冲击下，文旅市场主体的下降，文化休闲市场产生轻微动荡。基于这种波动，宜采取以下逆经济周期措施，以稳定文化休闲市场。

---

[1] 数据来自《中国休闲发展年度报告 2022—2023》，网址：https://hct.henan.gov.cn/2022/12-13/2656194.html.

[2] 数据来自北京市统计局《2022 年北京市居民人均可支配收入同比增长 3.2%》，网址：http://tjj.beijing.gov.cn/tjsj_31433/sjjd_31444/202301/t20230119_2905361.html.

[3] 数据来自新浪财经《关注 | 住户存款暴增 10 万亿！全国人均存款曝光：北京近 27 万，上海超 21 万！》，网址：https://finance.sina.com.cn/wm/2023-04-13/doc-imyqfwwa6801031.shtml.

1. 加大财政支持力度

针对受疫情影响较大的文化休闲企业，提供贷款贴息、税收减免等支持措施，降低其经营成本和资金压力。同时，设立专项资金用于支持文化休闲项目的开展和创新，为企业提供更多资源和资金支持，助其渡过难关，保持市场稳定。

2. 采取就业扶持措施以稳定文化休闲市场

在疫情期间，很多从业人员面临着失业风险。为了保障他们的就业权益和生计来源，政府可以通过培训补贴、就业援助等方式来帮助他们渡过难关，并鼓励他们继续从事文化休闲行业。这样不仅有利于保持市场稳定，也有助于缓解就业压力。

3. 推动文化休闲产业的数字化转型

鼓励文化休闲企业加快数字化升级和创新发展，在在线娱乐、虚拟体验等领域开拓新模式。同时，提供相关政策支持和技术指导，推动产业链上下游的协同发展。这将有助于适应疫情期间人们需求变化的趋势，并为文化休闲市场注入新的活力。

（二）持续提升产品供给能力，扩大产品供给广度

疫情叠加多种因素导致文化休闲市场产品供给受限，文化休闲产品供给广度降低。基于此，未来宜采取多种措施，提升文化休闲产业产品供给能力，提升产品的供给广度。

1. 加强对文化休闲产品的研发和产品创新

通过加大科研投入、设立专项资金以及鼓励企业进行自主创新，推动文化休闲产品的不断更新和升级。这包括开发具有创意和特色的艺术表演、音乐会、展览等活动，以及设计吸引人的主题公园、游乐设施等娱乐项目。通过持续提升产品质量和丰富度，能够满足消费者日益增长的需求。

2. 加强与相关产业的合作，拓宽文化休闲产品的供给广度

在旅游、餐饮、零售等领域与文化休闲产业进行深度融合，推出结合多种元素的综合性产品和服务。比如，在旅游景区增设艺术表演场所或开展主题活动，在餐厅提供音乐演奏或艺术展览等。这样不仅能够满足消费者多元化的需求，也能够促进相关产业的发展。

3. 借助数字化技术手段来扩大文化休闲产品的供给广度

通过线上平台提供音乐、电影、艺术品等数字化内容，并开展线上交流活动和互动体验，让更多人享受到优质的文化休闲服务。同时，推动数字创意产业与传统文化产业融合，打造新型的文化娱乐体验方式。

4. 加强与社会组织和民间力量合作

政府可以积极引导社会组织、非营利机构以及民间力量参与文化休闲产品的供给。鼓励各类文化团体、艺术家和志愿者组织开展公益性文化活动，丰富文化休闲产品的多样性。

（三）塑造市民乐观预期，刺激文化休闲消费

疫情冲击下，文化休闲消费不足，政府相关部门应采取多种途径向公众释放良好信号，稳定公众对未来的信心，并刺激公众进行文化休闲消费。

1. 通过宣传和媒体渠道积极传递正面信息

加强对文化休闲产业的宣传推广，介绍各类精彩活动和优质产品，让公众了解到丰富多样的文化休闲选择。同时，在疫情防控期间，及时发布相关政策、措施和安全保障措施等信息，以提升公众对于参与文化休闲活动的信心和安全感。

2. 加强对文化休闲产业发展的支持和引导

通过制定相关政策措施，优化营商环境，吸引更多投资者进入该领域。同时加大对文化创意产业的培育和支持力度，推动创新设计、原创作品以及科技应用在文化休闲领域的发展。

3. 加强企业、社会组织以及民间力量之间的合作

通过联合举办各类文化活动、展览和演出等，扩大文化休闲产品的供给广度和多样性。同时，鼓励社会组织和企业积极参与公益性文化项目，为公众提供免费或低价的文化休闲服务。

4. 推广数字化文化产品

在疫情期间，数字化平台成为人们获取文化休闲内容的主要途径。政府可以推广优质数字化内容，并给相关企业和个人从事数字创作。通过扩大数字文化产品的供给，满足公众在家中享受文化休闲的需求。

5. 与金融机构联合

加强与金融机构的合作，推出文化休闲消费贷款、信用卡分期付款等金融产品，为公众提供更多消费便利。通过降低购买门槛和分摊支付压力，鼓励公众增加文化休闲消费。

6. 推出刺激消费的政策

政府相关部门可推出系列政策以刺激消费。例如，减免文化休闲活动门票价格、提供购买补贴或折扣等优惠政策。此外，还可以鼓励企业开展促销活动、推出套票、会员制度等方式来吸引消费者增加文化休闲消费。同时，在财政预算中增加对文化休闲产业的投入力度，支持企业复工复产，提高产品质量和服务水平。

7. 引导公众养成良好的文化休闲习惯

政府可以通过开展宣传教育活动、推广文化素质培训等方式，引导公众养成积极参与文化休闲活动的习惯，并且提高公众对于文化艺术的欣赏水平和鉴赏能力。

北京乡村休闲发展报告

翟向坤　刘俏俏①

摘要　北京乡村休闲发展近年来呈现出快速增长的趋势，越来越多的城市居民选择到乡村中寻求休闲和度假的机会，这也为乡村经济的发展提供了新的动力。鉴于此，本文对有关乡村休闲概念进行阐释，以及从北京乡村休闲的发展历程、供给与需求分析等方面进行较为系统的探讨。同时，也结合北京乡村休闲发展的实际情况，分析了发展中所面临的主要问题，并给出了相应的发展对策：不断深化对休闲与休闲产业的认知与管理；完善基础设施，打造北京环城游憩带；高度重视区域休闲合作与发展；深入挖掘乡村休闲产品，提升从业人员素质；加强北京乡村休闲的特色与融合发展。

关键词　乡村休闲；北京；发展模式

一、相关概念界定

（一）休闲、游憩与旅游

1. 休闲

英文词汇"leisure"本意是指"被许可"或"空闲时间、闲暇""自由"，由此可以说休闲是"行动的自由"，即在被允许下，拥有自己的时间。Kelly（1990）认为休闲指的是在某一时间从事某项活动过程中所体验到的自由与内

---

① 翟向坤，中国劳动关系学院酒店管理学院教授，研究领域：旅游安全、旅游休闲、旅游产业规制。刘俏俏，四川农业大学商旅学院 2022 级研究生，研究领域：旅游休闲、乡村旅游。

生满意[1]。Neulinger（1974）这样定义休闲：休闲，就是参与以自身为目的的活动，去做一些给自己带来快乐和满足的事情，其中包括人之为人的最核心的部分[2]。休闲，就是做一个真正的自己，去发挥个人的天资、个人的才能、个人的潜力。因此，总的来说，休闲的含义可从三个方面界定，即闲暇时间、自由活动和放松愉悦的心态。闲暇时间指可自由支配的时间，自由活动指在闲暇时间里的自由活动，而放松愉悦的心态则指能够让自己满意的精神状态。

2. 游憩

Edginton[3]（1998）提出游憩（Recreation）源自拉丁文的"Recreatio"，意为恢复（restoration）、复原（recovery），亦指工作之余通过游憩活动来消除工作中的疲劳、枯燥和压力，使人恢复活力，或再造（recreate）活力[4]。不同学者对游憩的定义有所不同，保继刚认为游憩是指人们在闲暇时间进行的各种活动，可以恢复人的体力和精力，包括从在家看电视到外出度假等范围极其广泛的活动[5]。亦有学者认为，游憩是一种远离居所的合法行为，能给游憩者带来身心愉悦，有助于其体力和精力的恢复。虽然不同学者对活动范围的理解有所不同，但游憩的本质特征仍是在闲暇时间中达成精神和体力上的恢复。

3. 旅游

从学术角度来看，比较有代表性的旅游定义是由艾斯特提出的，即旅游是非定居者的旅行和暂时居留所引起的一切现象和关系的总和。这些人不会长期定居，并且不从事任何赚钱活动。吴必虎亦将旅游分为大旅游和小旅游两种，小旅游指外地旅游者到某地的过夜游或一日游，而大旅游则包括家庭内游憩、户外游憩、社区游憩、国内游和国际游等所有在闲暇时间中从事的游憩活动[6]。

① Kelly J R Leisure（2nd Ed）［M］.Englewood Cliffs，NJ Prentice Hall，1990.

② 林立球，王强.休闲概念之探析——兼谈对"休闲体育"的理解［J］.运动，2012（13）:144-145.

③ Edginton，B.，Hudson，S.，& Hales，D.（2015）.Recreation and the Concept of Leisure: A Philosophical Analysi s. Leisure Sciences，37（1），1-17.

④ 陈冠宏.游客对龙门露营区游憩活动体验之研究［D］.台北：世新大学观光系硕士论文，2004.

⑤ 保继刚，楚义芳编.旅游地理学［M］.北京：高等教育出版社，1999.

⑥ 吴必虎.浅谈旅游事业的发展.旅游学刊，1993（1）:1-4.

（二）乡村休闲

乡村休闲是以农村为休闲目的地，以乡村农业资源、乡村自然资源为依托的一种原生态的生活方式和休闲活动[①]。乡村休闲发展是以乡村旅游为基础，在乡村旅游发展基础之上的一种休闲方式，不等同于旅游，但以旅游景点为依托吸引客源。

二、北京乡村休闲发展现状

（一）产业发展基本情况

北京乡村休闲产业主要以农业观光园和乡村民俗旅游两大类为主。随着三年"疫情"已过，乡村休闲产业与旅游业进入全面复苏新阶段。据北京市统计局、国家统计局北京调查总队发布的数据，截至 2023 年第二季度，全市农业观光园接待游客 458.0 万人次，同比增长 65.0%；实现收入 108865.0 万元，同比增长 21.7%；接待量和收入均呈现上升趋势，这传递出乡村休闲产业迎来新发展上升的信号。另据统计，2021 年至 2023 年（第二季度同比），总收入呈逐年上升趋势（图 4-1）。

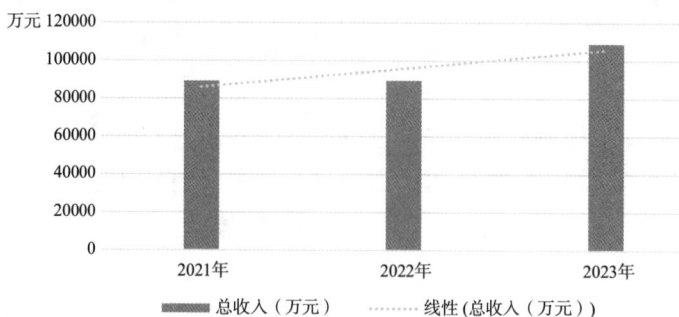

图 4-1　2021—2023 年（同季度：第二季度）北京市农业观光总收入对比

数据来源：北京市统计局　国家统计局北京调查总队．

---

① 史学楠．中国乡村休闲经济发展研究［D］．中央民族大学，2012．

另外，民俗旅游人均消费也实现了增长。2023 年全市民俗旅游接待游客 1273.9 万人次，同比增长 17.9%；实现收入 149700.9 万元，同比增长 9.1%。另外从统计数据看出，虽然 2022 年乡村旅游收入和接待人次较 2021 年下降，但下降幅度较小，且 2023 年收入增加；乡村旅游市场较稳定，随着精品乡村民宿的涌现，其市场占有率增加明显（见图 4-2 和图 4-3）。

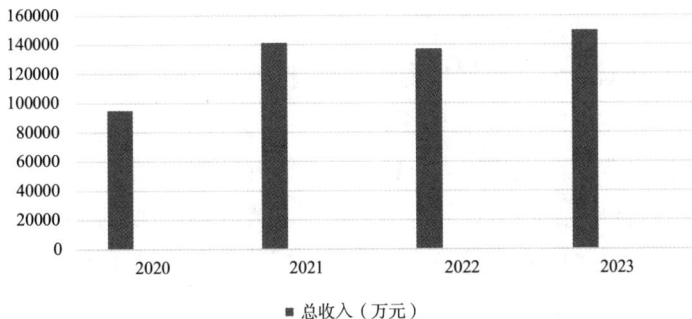

图 4-2　2020—2023 年北京市乡村旅游总收入对比

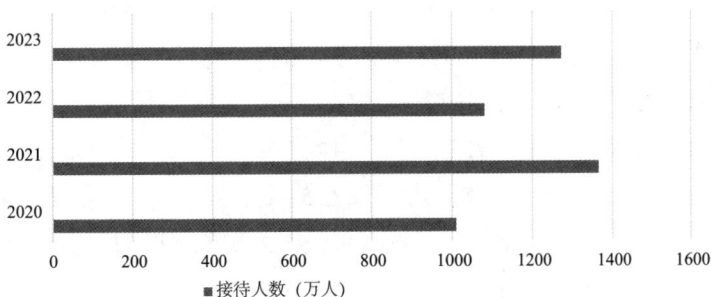

图 4-3　2020—2023 年北京市乡村旅游接待人数对比

数据来源：北京市统计局 - 国家统计局北京调查总队

（二）发展历程

1. 萌芽自发阶段

20 世纪 90 年代中期，随着北京城市化进程的不断发展，城市的居住环境、自然生态环境质量急剧下降[①]。因此，不少城市居民开始想要去乡村体验清新的田园风光和浓郁的乡土风情，北京乡村休闲已然萌芽。农民自主经营是当时乡村休闲的主要特色，以乡村观光、学生郊游和农家乐为主要形式；但缺乏乡村休闲基础设施、相关的规范标准与制度，基本处于自发状态。

2. 政府引导阶段

1998 年 8 月，北京市人民政府首次召开全市观光农业工作会议，制定并下发了《北京市观光农业发展规划》。之后作为观光的一种类型，以"住农家院、吃农家饭、体农家风情"为主要内容的乡村休闲活动迅速发展。主要特征是：乡村休闲产业规模迅速扩大，持续开展乡村休闲接待活动；乡村休闲产品亦逐渐丰富，提供了多种形式的产品，包括观光采摘、民俗体验、特色餐饮和休闲度假等；乡村休闲基础设施逐渐完善，接待服务也日益提高，整体朝良好方向发展。

3. 规范管理阶段

2003 年 6 月，北京市政府制定并实施推进了北京郊区农业现代化发展的"221 行动计划"，为乡村休闲的发展指明了方向。这项计划旨在促进农业现代化，推动郊区经济转型，实现城乡一体化，为北京乡村休闲的发展提供良好的基础。同时，在该计划的框架下，北京市政府承诺投入巨额资金，提供各种优惠政策和支持，以推进乡村休闲进入规范发展阶段。这一阶段的主要特征是：乡村休闲的相关标准、法律法规基本完善；因为相关标准的制定，市场竞争逐渐规范，乡村休闲在这一时期逐步走向"有序发展"的道路。

4. 品质提升阶段

近年来，随着人民生活质量的提高和对生态环境的关注，游客对乡村休闲的需求从观光体验型逐渐提升到对品质的要求，因而促进北京乡村休闲进入品质提升阶段。鉴于此，北京市政府加大了对乡村休闲的投入力度，提高了乡村休闲的基础设施建设水平[②]。如政府投资修建了一批乡村休闲公路，提升了乡

---

① 田健 . 国内乡村休闲旅游发展研究［J］. 市场周刊，2020，33（7）:67-68,105.
②《北京城市总体规划（2016 年—2035 年）》，2017 年 9 月 29 日。

村休闲交通的便利性。同时，政府还投资建设了一批乡村休闲服务中心，提高了服务质量和游客的体验感。另外，北京市政府也加强了对乡村休闲的产业化发展，提高了乡村休闲的经济效益和社会效益。政府鼓励乡村休闲企业进行产业转型升级，提高产品质量和服务水平。政府还加强了对乡村休闲从业人员的培训和管理，提高了从业人员的素质和专业水平，使得北京乡村休闲品质向良好方向发展。

（三）供求分析

1. 供给分析

随着城市化进程的加速，人们对乡村休闲的需求越来越强烈。北京市作为我国的首都，其周边乡村休闲资源非常丰富，主要包括自然景观、人文景观、民俗文化等。其中，自然景观以妙峰山、密云水库等山水景观为主，人文景观以古北水镇、慕田峪长城等历史文化景点为主，民俗文化以农家乐、采摘园等为主。此外，近年来，一些创意休闲项目也不断涌现，如草原帐篷、星空露营等。

总的来看，北京乡村数量众多（100 余个），但目前乡村休闲产品供给仍主要以农家乐、采摘园和民宿为主：（1）农家乐：北京市周边地区的农民开设的农家乐数量众多，提供了丰富的民俗风情和美食体验。（2）采摘园：北京市周边地区的采摘园数量也很多，主要以水果采摘为主，如草莓、蓝莓、樱桃、桃子等。（3）民宿：北京市周边地区的民宿数量也在不断增加，提供了更加舒适的住宿环境，让游客更好地感受乡村生活。

2. 需求分析

随着社会的不断发展，人们对休闲的需求不断增加，而城市居民有的迫于城市压力，有的为了寻求新鲜体验，亲近自然，有的则希望能够在乡村中享受悠闲的生活等原因，开始将休闲的目光转向乡村，从而使得乡村休闲的需求不断攀升。而乡村休闲的发展有很多种模式，本文仅以乡村休闲民宿为研究对象，对北京乡村休闲需求进行简单分析。

根据北京市统计局乡村民宿需求调研数据：从京郊游频次来看（见图4-4），平均每年和每季去京郊观光旅游一次的市民占比居多，分别为 36.4% 和

20.9%，选择平均每 1~2 月和每 1~2 周去京郊观光旅游一次的市民占比分别为 18.8%、11.3%。从出游时间来看（见图 4-5），51.9 的市民选择周六、周日出游，20.1% 的市民选择小长假（3 天及以上）、黄金周出游，9% 的市民选择周一至周五出游，选择年休假和寒暑假出游占比分别为 5.6% 和 5%。

从以上的数据中可知：超过一半的居民会选择在周末去乡村体验休闲活动，人数以及频次都很高，这也从侧面反映出居民对乡村休闲的需求很大。

■平均每年　■平均每季　■平均每1-2月　■平均每1-2周

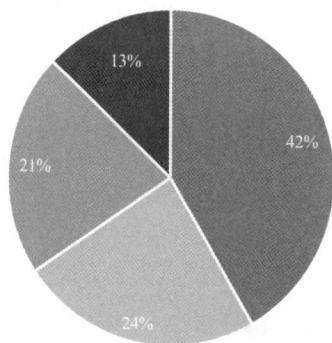

图 4-4　京郊游频率

数据来源：北京市统计局 - 国家统计局北京调查总队

■周六、日　■小长假（3天及以上）　■周一至周五　■年休假　■寒暑假

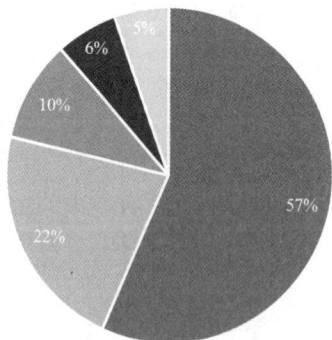

图 4-5　出游时间

数据来源：北京市统计局 - 国家统计局北京调查总队

根据北京市乡村民宿需求调研数据可知，在2023年"五一"有京郊游意向的市民中，表示会入住乡村民宿（非酒店、露营等）的占87.5%，原因在于乡村民宿主题特色突出，更让人休闲放松（47.8%）、距离景区近（47.2%），以及可以更好地观景、体验乡村文化特色、风俗氛围及乡村生活方式（36.8%）。由此衍生，可以看出游客越来越注重个性化、特殊化，而乡村休闲的发展模式刚好契合游客的体验需求，从而使得乡村休闲更快地发展；因此游客对乡村休闲的需求越来越大。

综上可见，北京乡村休闲的供求还有很大的发展空间与潜力，需要政府、企业和社会各界共同努力，加强基础设施建设、提高服务水平、推动旅游产品创新等方面的工作，以满足不同层面城市居民不断增长的休闲需求。

（四）发展模式

1.休闲农场模式

休闲农场是指依托生态田园般的自然乡村环境，有一定的边界范围，将传统的农业生产和现代的休闲旅游相结合，集生态农业、乡村旅游、养生度假、休闲体验、科普教育等功能为一体，实现经济价值、社会价值和生态价值的现代农业创新经营体制和新型农业旅游产业综合体[1]。具有以下特征：一是以农场为单元；二是以农业为主体；三是特色突出。

北京市休闲农场发展模式比较典型的园区有弗莱农庄（海淀区）、意大利农场（顺义区）、奥肯尼克农场（大兴区）、三生万物农场（昌平区）、耘泽谷农场（怀柔区）、喜鹊登科生态农业观光园（怀柔区）、青山园（延庆区）等。

2.亲子农业模式

作为乡村休闲的一种，亲子农业是在休闲农业中融合亲子教育的一种模式。该模式利用农业景观资源和生产条件，结合传统农业文化、科技和文化创意，发展休闲、旅游和教育，是一种现代化的农业模式[2]。具有以下特征：一是市场定向性；二是产业融合性；三是功能多样性；四是高安全属性。

① 肖熙.台湾地区休闲农场建设的经验［J］.世界农业，2015（11）:228-230.
② 郑莹，王恒.供给侧结构性改革背景下我国亲子农业创新发展研究［J］.农业经济，2018（2）:70-71.

北京市亲子农业模式比较典型的园区有田妈妈蘑法森林（海淀区）、飞鸟与鸣虫农场（密云区）、摩登家庭农场（通州区）、共享花田亲子农场（昌平区）等。

3.教育农园模式

教育农园指的是：农场经营者以农业生产、自然生态、农村生活文化等资源为内涵，对中小学生或一般游客设计体验活动，经由翔实的解说服务方式，满足游客知性的需求，完成自然教育，同时促进城乡交流的一种休闲农业经营形态。

北京市教育农园模式比较典型的园区有北京阳光少年教育实践基地（朝阳区）、中国农业机械化科学研究院北京农机试验站（昌平区）、北京农业职业学院学农教育基地（昌平区）、中华耕织园（大兴区）等。

4.乡村民宿模式

乡村民宿是指利用位于农村地区的居民自有住宅或其他合法建筑，结合本地人文环境、自然景观、生态资源及生产、生活方式，为旅游者提供住宿、餐饮服务的场所[①]。具有如下特征：一是闲置农宅整体打造；二是高端度假品牌塑造；三是村民参与方式营造；四是受众群体定位在城市中高端人群[②]。

北京市统计局统计数据显示，民俗旅游人均消费实现增长。2023 年第二季度，全市民俗旅游接待游客 560.5 万人次，同比增长 48.5%；实现收入 65411.8 万元，同比增长 48.6%。另外，从统计数据看出，虽然 2022 年乡村旅游收入和接待人数较 2021 年下降，但下降幅度较小，且 2023 年同季度收入增加；乡村旅游市场较稳定，随着精品乡村民宿的涌现，其市场占有率增加明显。

北京市乡村民宿比较典型的有山里寒舍（密云区）、大城小院（密云区）、老友季（密云区）、隐居乡里（延庆区、房山区）、原乡里（延庆区）、左邻右舍（延庆区）、渤海镇民宿群落（怀柔区）、创艺乡居（门头沟区）、槐井石舍（门头沟区）等。

---

① 北京市《关于促进乡村民宿发展的指导意见》，2019 年 12 月 26 日。
② 王洛坤，冯维波.乡村民宿可持续发展路径研究——以重庆城口县河鱼乡为例［J/OL］.中国农业资源与区划:1-12［2023-06-11］.

5. 田园综合体模式

《北京城市总体规划（2016年—2035年）》提出，"利用现有农业资源、生态资源以及集体建设用地腾退后的空间，探索推广集循环农业、创意农业、农事体验为一体的田园综合体模式"[①]。田园综合体具有以下特征：一是业态多样化；二是功能复合性；三是开发园区化；四是主体多元化。田园综合体模式在北京还处于探索阶段，如密云区溪翁庄镇金叵罗村、延庆区旧县镇东龙湾村、顺义区龙湾屯镇柳庄户村等村庄，正在积极规划田园综合体建设[②]。

三、北京乡村休闲发展中存在的主要问题

（一）宏观管理力度与认知明显不够

北京市乡村休闲还在上升期，管理体制不健全，且没有科学的规划，产业的带动能力较弱，难以推进乡村休闲的持续性发展。从宏观管理角度研究发现，乡村休闲管理存在管理主体不明确，宏观管理力度不够的问题；因为乡村休闲的管理涉及面较广，包括文旅、农业农村、环保及社区等多个部门在内。很多经营者缺乏大局观念，局限于自身小圈子，根本没有将整个区域资源进行整合开发经营管理的理念，宏观管理力度也不够，从而导致乡村休闲效益日益低下，影响其健康发展[③]。

（二）基础设施不足，休闲资源与环境破坏严重

基础设施有待提高。尽管在开发北京市乡村休闲时对基础设施的建设投入较大，但由于乡村经济整体发展水平相对落后，大部分的基础设施仍然适应不了日益发展的游客需求[④]。例如，很多景点缺乏一些必要的室内外设施，如路牌、照明、卫生间等。景区内卫生状况亦不尽如人意，由于人们的生活习惯、

---

①《北京城市总体规划（2016年—2035年）》，2017年9月29日。
② 史修艺，徐盈之. 田园综合体建设、农村三产融合与农村居民增收 [J]. 中国地质大学学报（社会科学版），2023，23（2）:57-72.
③ 薛欣飞. 我国乡村休闲旅游发展问题与策略研究 [J]. 江西电力职业技术学院学报，2021，34（12）:167-168.
④ 黄国成，肖靖，郑益智. 供给侧改革视角下打造高端热作产业若干思考 [J]. 中国热带农业，2017（3）:4-6.

卫生意识以及设施设备不完善等多方面因素，导致景区卫生状况不佳。基础设施和配套不能达到基本的标准，会制约北京乡村休闲的可持续发展。

另外，在开发过程中，没有注重对休闲资源和环境的保护，导致在乡村休闲发展过程中，游客垃圾和废水不能被妥善处理、开发商留下的建筑垃圾在乡村休闲区随处可见、游客的大量涌入带来了噪声污染等，这些严重破坏了北京乡村休闲资源和生态环境，影响了当地居民的生活环境和质量[1]。除此之外，随着游客数量的增多，当地文化受到外来文化的冲击，使得许多优秀的乡村休闲传统文化过度商业化，导致当地人文环境特色弱化甚至有可能恶化。

（三）区域休闲合作与发展有待完善

随着人们生活水平的提高，乡村休闲已经成为一种时尚和生活方式。为了更好地满足人们的需求，各区域之间的休闲合作与发展也变得越来越重要。然而，北京目前乡村各区域休闲情况有所不同，各区域的利益存在一定的冲突，区域合作关系不稳定。各区域在乡村休闲方面的政策、法规及标准都不尽相同；资本、技术、人力资本、信息等高级生产要素分配不合理，彼此间的优势无法及时实现互补最大化，从而实现共赢的效果；因此区域休闲合作与发展还有待改善。

（四）从业人员素质偏低

乡村休闲经营管理人员大多数是原来从事农业生产的农民，缺乏休闲农业发展经历及经验；园区内部的从业人员普遍学历较低、老龄化严重，专业化程度不高。许多从业人员没有接受过专业的培训和教育，对工作的了解和掌握程度不够。这导致他们在服务过程中可能会出现一些错误和疏漏，影响了顾客的体验感和满意度[2]。

---

[1] 邵小慧，陈爱梅.海南休闲农业节庆活动发展现状及问题研究 [J].农业与技术，2015，35（13）:177-180.
[2] 罗成，段晓明，陈沧桑，蒋欣.发展休闲农业推进四川省农业供给侧结构性改革 [J].四川农业科技，2018（3）:71-73.

（五）本土文化特色严重缺失，产业融合欠缺

随着北京乡村休闲的持续性发展，城乡文化之间产生了激烈的碰撞，带有强势侵入特征的城市文化不断冲击着乡村传统文化，同时也改变着乡村人员的文化意识和理念。面对着新颖的城市文化，乡村人员对传统的民俗文化与艺术表演逐渐失去了往日的兴趣和耐心，使得传统文化面临无人传承的风险。有的乡村甚至对传统房屋进行改造，使其更具城市现代化气息，但在这个过程中，使得原有的民俗特色消失，房屋千篇一律，本土文化特色严重缺失，使得城市游客失去旅游的兴致，最终导致乡村休闲停滞发展[1]。

另外，乡村休闲是以乡村休闲特色资源为依托，感受并体验乡村文化的活动，它具备了将城乡要素资源、将乡村一、二、三产业融合在一起的自然属性。但是，从发展的角度来看，产业融合欠缺；尽管农业取得了很大的进步，但是二、三产业却没有得到很好的发展，尤其是仓储运输和农产品加工业的发展相对滞后[2]；对农业的多元化发展还不够充分，农村生态文明的价值还没有被完全发掘出来；缺乏促进"三产"融合的平台和机制，一、二、三产业的深度融合对乡村产业的带动作用较弱。

四、北京乡村休闲发展的对策分析

（一）不断深化对休闲与休闲产业的认知与管理

理论指导实践，只有对休闲与乡村休闲产业的相关知识与认知达到一定程度，才能推进当地乡村休闲的不断发展，解决发展过程中的相关问题，促进乡村休闲良好健康的持续性发展。

深化对休闲产业的认知与管理可以帮助企业更好地开展业务。休闲产业的经营需要考虑到顾客需求、市场变化、人力资源等多个方面，需要进行全面而有效的管理。通过不断深化对休闲产业的管理，企业可以更好地把握市场机

① 邵小慧，陈爱梅.海南休闲农业节庆活动发展现状及问题研究［J］.农业与技术，2015，35（13）:177-180.
② 林朝晖.乡村振兴战略下体育旅游休闲基地高质量发展的理论逻辑与实践进路——以福建省为例［J］.企业经济，2023，42（5）:104-114.

遇，提高服务质量，增强核心竞争力。建议北京市各级旅游主管部门在制定发展规划纲要时，能切实加强对休闲与休闲产业等问题的认识，并将其纳入发展规划纲要之中[①]。

（二）完善基础设施，打造北京环城游憩带

乡村休闲产业的发展需要不断更新才能满足旅游市场日新月异的需求，北京市乡村休闲产业的发展需要持续性资金的投入，来逐渐完善基础设施。提高乡村休闲交通公共服务能力，提高乡村的可进入性；有安全隐患的设施要定期检查并更换，做好记录，保证设施的安全；卫生间的设置地点规划，确保干净卫生无异味；路标、景点线路图要清晰易懂；要保证做到无安全隐患，让游客放心，舒心，安心休闲旅游[②]。

环城游憩带的主题通常是回归自然，旨在提供一个与城市生活不同的自然环境，以供人们休闲和恢复身心健康。这些区域通常包含乡村旅游区、度假区、生态观光等休闲活动场所，也可能包含服务于外来旅游者的资源与设施景观。因此北京市政府可通过相关政策推动以及资金的支持，在乡村休闲发展的辅助作用下，整合乡村休闲资源，将地域上、相邻特色上相近的景点景区进行统一的规划设计，开发打造环城休闲产品体系；同时与郊区的其他类型旅游景点相串联，利用都市圈内部发达的交通网络，将郊区各景点项目，包括康体休闲娱乐中心、体育盛会和演出、会议展览博览、购物中心等，连点成线，连线成面组成环城游憩带。

（三）高度重视区域休闲合作与发展

区域合作机制的建立是区域合作规范化有序运行的重要保障，因此北京乡村休闲要想持续良好地发展，就必须高度重视区域休闲合作发展，促进区域之间的交流协作，推动乡村休闲的发展。在区域合作过程中，各地区可以共同开

① 李露霏. 十三五时期林业旅游与休闲产业发展分析 [J]. 农业与技术，2023，43（3）:160-162.
② 林朝晖. 乡村振兴战略下体育旅游休闲基地高质量发展的理论逻辑与实践进路——以福建省为例 [J]. 企业经济，2023，42（5）:104-114.

发休闲资源，推出各种各样的休闲产品，满足游客的需求。此外，区域休闲合作有助于延长休闲产业链条，增强产业体系的整体竞争力，实现乡村休闲产业的可持续发展；合理利用各方的休闲资源与环境，形成合理的分工和产业链条。因此，高度重视区域休闲合作与发展是一个非常重要的举措，需要各地区共同努力，实现共赢。

（四）深入挖掘乡村休闲产品，提升从业人员素质

北京乡村休闲的发展要从旅游服务质量、安全系统、文化内涵、营销推广和景区品牌化形象等直接影响因素入手，着力提升乡村休闲的服务质量和安全管理水平；深入挖掘乡村休闲产品的文化内涵，打造乡村休闲品牌，提高乡村休闲产品的文化营销效果。拓宽乡村休闲市场，全方位打造乡村休闲的品牌建设；以建设乡村休闲产品购物为中心，不断完善休闲商品销售网络，延伸商品生态链，并增加乡村休闲商品的附加值。

另外，对相关从业人员需进行乡村休闲产业知识的专业培训，坚持定期培训、持证上岗原则。保证这部分从业人员素质水平的提高和工作的服务质量。与此同时，建立完善的管理和培训机制，实施人才培训计划。进一步加强政府、企业和学校的合作，培养优秀的服务型人才，引进和培训高端乡村休闲人才，提升从业人员的整体素质[1]。

（五）加强北京乡村休闲的特色与融合发展

北京乡村休闲的发展，应紧扣"乡村"二字，打好乡村"特色牌"，让更多"头回客"变为"回头客"，是乡村休闲保持持久吸引力的前提。依托乡村特色休闲资源，开发乡宿、乡游、乡食、乡购、乡娱等特色休闲体验项目，发展具有历史特征、地域特点、民族特色的乡村休闲项目[2]。另外，要加强乡村与城市的融合发展，促进乡村振兴。乡村与城市的融合发展是乡村振兴的重要途径，也是发展乡村休闲的重要手段；可以通过开展文化交流、人才引

---

① 道吉仁青.以乡村旅游助力乡村经济振兴的探讨［J］.营销界，2023（2）:77-79.
② 贾田天.产业融合背景下农村特色旅游业发展路径探究［J］.农业经济，2023（3）:138-140.

进、产业合作等方式，促进乡村与城市的融合发展，实现乡村振兴和城乡共同发展。

总之，加强北京乡村休闲的特色与融合发展，需要充分发挥乡村的文化和自然资源优势，注重旅游服务质量和生态环境保护，加强城乡融合发展，实现乡村振兴和城乡共同发展。

北京康养休闲发展报告

邹统钎　胡晓荣①

摘要　本报告详细探讨了康养休闲在北京地区的现状和未来发展，涵盖了康养休闲的概念、国际趋势、业态类型以及未来趋势，为北京地区康养休闲的未来发展提供了有益的参考。北京康养休闲业态多样化，包括森林、温泉、医疗等，满足了市民和游客的不同需求。

关键词　康养休闲；北京；康养业态

康养旅游（Health and Wellness Tourism）的定义在国内外存在差异。国外将其拆分为"康"旅游（Medical Tourism）和"养"旅游（Wellness Tourism）。"康"旅游注重治疗身心健康不足，人们前往特定地点接受医疗服务、手术或治疗，通过医疗干预来改善健康状况。"养"旅游则侧重于维持和强化个人健康，强调身心健康、放松和幸福感的提升②。水疗、温泉、瑜伽、健康饮食等活动常见于"养"旅游。在我国，根据《国家康养旅游示范基地标准》，康养旅游是指通过养颜健体、营养膳食、修身养性、关爱环境等各种手段，使人在身体、心智和精神上都达到自然和谐的优良状态的各种旅游活动的总和（LB/T 051—2016.3.17）。

---

① 邹统钎，教授、博士生导师，北京第二外国语学院校长助理，中国文化和旅游产业研究院院长，研究方向为文化遗产管理、文化旅游发展政策等；胡晓荣，北京第二外国语学院旅游科学学院硕士研究生，研究方向为旅游目的地管理与旅游规划等。

② Global Wellness Institute，Global Wellness Tourism Economy，2013 & 2018.

一、国际康养的变化和趋势

（一）自然疗法：将自然环境融入康养 [1]

人们渴望逃离城市喧嚣，强调与大自然接触和接纳自然的土壤、泥土的疗愈作用。泥浴疗法、森林浴和温泉疗法等自然疗法方式被广泛应用，帮助人们减轻压力、改善免疫系统功能和促进身心放松。在大流行后，人们对大自然目的地的兴趣增加，从城市向更深层次的自然环境转移。然而，随着城市的复苏，城市健康度假村的概念也在重新兴起。一些知名品牌已经开始推出城市健康度假村，如安缦、六善和 One & Only。这些度假村不仅提供水疗中心，还与住宅和当地会员俱乐部结合，为旅行者提供全面的健康、健身和社交体验。此外，一些城市酒店品牌也开始关注健康旅游市场，推出具有健康元素的城市酒店。例如，Kerzner International 公司推出了新的健康酒店品牌 SIRO Hotels，包括健身、营养、户外活动和恢复实验室。德国的 Therme 集团也致力于在全球城市推出水，热和自然游乐场。

（二）科技应用：从健康科技到科技康养

从健康监测设备到虚拟现实技术，科技正帮助人们更好地管理和改善自己的健康。一是技术健康意识增强。人们开始认识到更重要的是如何以及多久与技术打交道，将健康置于使用技术的方式和频率的核心。二是政府对技术监管加强。许多政府都在制定法律来限制科技和社交媒体平台的行为，以解决屏幕成瘾和有害内容的问题。新技术作为现有技术的解毒剂。新的技术和平台出现，旨在解决现有技术引起的问题，例如，测量数字营养、创建毒性较小的社交媒体平台等。三是注销运动的兴起。人们越来越多地参与注销运动，试图从技术的沉重精神负担中解脱出来。该趋势反映了人们对技术与健康之间关系的关注，并呼吁政府、科技公司和个人采取行动来解决技术对心理健康的潜在负面影响。

---

[1] http://globalwellnessinstitute.org.

（三）性别平等：针对女性的个性化措施

传统医学研究往往忽视女性，导致许多女性健康问题没有得到充分研究和理解。然而，现在越来越多的公司和研究机构正在利用人工智能、应用程序和可穿戴设备等技术收集女性健康数据，并为女性提供个性化的干预措施和解决方案。包括使用智能胸罩进行心脏健康监测、经期跟踪应用程序收集月经数据以及开发针对特定女性需求的虚拟试验。预计到 2025 年，全球将有超过 10 亿女性经历更年期，形成了一个 6000 亿美元的庞大市场机会。目前，许多地方提供了创新的更年期静修会，注重教育、个性化关注、分享经验和社区的力量。各地的示例包括意大利的 Preidelhof、西班牙的马贝拉俱乐部、奥地利的曼迪拉、瑞士的青草地疗养院、英国的 Menoheaven 等。

（四）跨时代关注：社区共享生活方式

人们寻求与其他人分享康养经验、建立支持网络和参与集体活动。康养休闲场所将提供社区感和群体互动的机会，通过组织团体运动、群体冥想或社交活动，促进人们之间的交流和联系。城市澡堂的兴起是一个积极的趋势，它为城市居民提供了身体和心理健康的选择。这些澡堂不仅提供清洁和治疗的功能，还成为社交和交流的场所，有助于改善城市居民的生活质量。康养休闲不再局限于特定年龄段的人群，而是关注跨时代的健康与福祉。无论是年轻人还是老年人，人们都意识到康养休闲对于全面健康的重要性。全球范围内涌现了各种创新的社区模式，注重跨代交流和社区融合，如共同住房、以大学为基础的退休社区（UBRC）和袖珍社区，旨在促进年轻人和老年人之间的互动和福祉。

（五）更昂贵的健康：新健康消费者崛起

大流行病导致了对不那么精英化的健康市场的新需求，但也加剧了财富分配不均的问题，这导致了比以往更加昂贵、独特的健康产品和服务的兴起。新兴的健康酒店每晚价格高达 4000 美元，健康公寓售价高达 7500 万美元，整容手术费用高达 20 万美元。这种趋势反映了对新型健康消费者的需求，他们对健康作为精英主义消费主义的疲劳感到厌倦，希望能够更轻松地获取和负担得起健康产品和服务。由于大流行病对经济的实际影响，富人在奢侈品和健康上疯狂地花钱，而其他人则面临通货膨胀和紧缩。这种趋势引发了一些问题。比如，健康市场是否将更多地聚焦于富人，而忽视普通消费者对健康产品的需求？过度关注富裕人群可能使那些真正需要健康关注和资源支持的人被忽视。这引发了对公平性和包容性的关注，以确保健康资源的公正分配，确保健康市场能够满足不同层次的需求。

（六）专业人员：健康与保健教练认证

认证健康与保健教练的崛起是医疗保健和健康领域的重要趋势。全球每年在医疗保健上的支出高达 8.3 万亿美元，但慢性病的潮流仍无法遏制。行为改变是解决这个问题的难题，而认证的健康与保健教练（HWC）提供了专业培训来帮助人们实现健康行为改变。与传统医疗和健康模式不同，教练注重激发内在的动力和行为改变，并通过细致入微的对话过程帮助个人培养信心和实现健康目标。他们的方法已被证明减少心脏病和糖尿病的危险因素，促进运动和健康饮食。认证健康与保健教练的培训计划在全球范围内不断发展，许多知名机构和保险公司提供这些培训。其中独立教练组织，如新加坡的 The Coach Partnership 和 Wellness Coaching Australia；保险公司，如 Aetna 和 UnitedHealth Group；初级保健公司，如 One Medical 和 Vera Whole Health。初级保健初创企业和公共卫生计划也开始将教练视为重要的护理团队成员。数字健康平台的增长进一步强调了个性化健康指导的重要性。总体而言，认证健康与保健教练填补了医疗保健和健康领域的空白，并成为促进健康行为改变的重要力量。

二、北京康养休闲的业态类型

从康养旅游资源来看，北京市的森林康养旅游资源、温泉康养旅游资源和医疗康养旅游资源为游客提供了丰富多样的选择，可以满足他们在康养旅游方面的需求。北京市作为中国的首都，拥有现代化的基础设施和丰富的文化资源，使得康养旅游体验更加完善。无论是寻求自然与宁静的森林康养，还是追求身体健康和康复，享受温泉疗养或专业医疗服务，北京市都能满足不同游客的需求，并提供独特而难忘的康养旅游体验。

（一）森林康养

根据《中国森林康养需求分析及需求导向的产业供给研究》的数据，预计到2023年，全国森林康养客户将超过16亿人次，市场规模预计将达到2.4万亿元以上。北京作为中国的首都，虽然是一个繁忙的城市，但也拥有一些优美的森林和自然保护区，提供了一定的森林康养资源。如八达岭、密云水库等，这些地区通常提供清新的空气、美丽的自然风景和宜人的气候，有助于人们放松身心，缓解压力以及开展户外活动。2022年新增造林绿化10200公顷。森林覆盖率达到44.8%，比上年提高0.2个百分点。城市绿化覆盖率为49.3%，提高0.01个百分点。全市人均公园绿地面积为16.89平方米，增加0.27平方米。在这些森林中，人们可以进行各种康养活动，如森林散步、户外瑜伽、冥想、森林浴等。北京市在森林康养方面进行了积极的探索和发展，如在西山、松山等地建立森林康养基地，为市民提供了接近自然环境、享受森林康养的机会。这些基地设计有多样化的康养设施和活动，如散步道、瑜伽区、康复设施等，使人们可以在自然的背景下进行身心健康的活动。北京市还建设了一大批森林公园，如西山国家森林公园、八达岭国家森林公园、十三陵国家森林公园等。市民可以在这些公园中散步、骑行、野餐等，享受大自然的美好和康养的益处。截至2022年，北京市已有31家森林公园。除了森林公园外，北京市还建设了多个形态的森林康养示范区，旨在推广和展示森林康养的理念和实践。这些示范区涵盖了不同的康养主题和活动，如森林浴、自然疗法、农耕体验等，为市民提供了多样化的康养选择。为了方便市民接触大自然和进行森林康养活动，北京市陆续修建了多条森林步道。例如，2022年在十三陵国家森林公园、八达岭国家森林公园、上方山国家森林公园、京西林场和密云锥峰山林场修建了5条森林步道，总长度达到100公里。

（二）温泉康养

北京市周边地区有许多温泉度假村和温泉疗养中心，如房山区、延庆区等，提供独特的温泉康养旅游资源。温泉被认为具有疗效，可以放松肌肉、促进血液循环、缓解身体疲劳和改善皮肤健康。游客可以享受温泉浴、按摩、泥浆疗法等，以及周边的康体活动如瑜伽和太极拳。昌平区作为温泉之都，拥有悠久的温泉历史和丰富的温泉资源。早在 1500 年前的《水经注》中就有关于昌平温泉的记载，"又东迳昌平县故城南，又谓之昌平水"。在宋元明清时期，小汤山已经成为皇室贵族的疗养胜地，镇域内留下了乾隆皇帝的御笔"九华兮秀"和慈禧太后沐浴的浴池遗址。小汤山温泉是中国十大温泉之一，位于北京市昌平区东小汤山镇。它位于元古界雾迷山组灰岩裂隙中，水温大部分在 40℃至 60℃间，最高可达 76℃。温泉水中含有锶、锂、硒、偏硅酸等多种对人体健康有益的矿物质和微量元素。小汤山温泉最早的历史记载见于《大元一统志》，距今已有 700 多年。自元代起，它就成为皇家园林，供历代封建帝王专享。现在，在昌平区还可以找到九华山庄、红栌尚汤温泉、龙脉温泉、小汤一瓢等私汤以及各具特色的温泉民宿，形成了一个温泉水世界。为了推广昌平区丰富的温泉资源和深厚的历史文化底蕴，成为北京市民理想的度假胜地，昌平区从 2004 年开始每年都举办温泉文化节。第十八届北京昌平温泉文化节以"昌平汤泉 温暖相见"为主题，推出了"爱上昌平 泡汤之旅"线路。根据携程平台的数据显示，2023 年清明假期的温泉酒店预订中，"80后"和"90后"用户的预订量占据了近 80%。"80后"和"90后"是当代年轻人的主要群体，他们更加注重身心健康，对于温泉养生的兴趣逐渐增长。他们希望通过泡温泉来缓解工作压力、放松身心、提高睡眠质量，以及享受温泉带来的益处，如矿物质的吸收和皮肤的滋养。此外，温泉度假也提供了一种与自然亲近、远离喧嚣的休闲方式，符合年轻一代对自然环境和绿色旅游的追求。这也为昌平区的温泉旅游业带来了新的发展机遇，促使相关温泉度假区和酒店更加注重满足年轻人的需求，提供更多创新和个性化的服务体验。

（三）医疗康养

中医药旅游是我国医疗康养的特色品牌。北京是中医药的高地，汇聚了自元朝开始就拥有悠久的皇家养生文化和宫廷茶饮膳食传统，以及百年老字号的中医药机构和各类特色医馆、博物馆等康养资源。一些代表性的康养资源包括北京中药炮制技术博物馆、广誉远中医药历史文化博物馆、北京温榆河公园"温榆国风"区等。作为中医药文化和国学文化氛围浓厚的生态文化体验区，北京温榆河公园的"温榆国风"区内种植了近百种具有观赏和科普功能的中草药特色植物。该区的"杏林泉清""紫花谷""国花台""方湖静赏"景点分别展示了中医药特色的"医""药""典""养"，打造了北京独特的中草药科普教育示范基地。此外，北京市还拥有一流的医疗机构和专业的康复中心，提供中医养生、针灸、按摩、物理疗法等各种康复和医疗服务。2022年年末共有医疗卫生机构12211个、床位13.4万张[1]，卫生技术人员32.2万人。其中，执业（助理）医师12.5万人，注册护士14.3万人。医疗机构总诊疗人次为23102.4万人次[2]。通过接受这些专业的医疗服务，人们可以促进身体健康和康复。北京市已经在中医药健康养老服务保障体系建设方面取得了一定成就。目前，这一体系已经覆盖了北京市的16个区，建成了200个中医养老联合体、27个区级综合养老服务圈、65个社区级养老服务圈和108个机构养老服务圈，初步形成了首都特色的中医药医养结合模式。为了推广中医药康养旅游，北京市文化和旅游局推出了名为"2023欢乐春节 畅享京城"的主题系列活动，其中包括8条中医药康养旅游线路。这些线路涵盖了宫廷医药文化展示、药膳品尝、中医养生保健、中药温泉疗养、中草药科普等内容。此外，北京市还致力于加强中医药健康养老工作。2021年，开展了第五批评审工作，评选出20个北京市文化和旅游行业科普体验资源点，被认定为"北京中医药文化旅游示范基地"。2022年，中共北京市委、北京市人民政府印发了《关于加强新时代首都老龄工作的实施意见》，其中明确要求构建综合连续的老年健康支撑体系，持续开展北京中医药健康养老身边工程，促进优质中医药资源向社区、家庭延伸。总体而言，北京市以其丰富的中医药康养资源和专业

---

[1] 注：卫生机构和卫生技术人员等相关数据均含驻京部队、武警医院数据，床位数不含。
[2] 北京市统计局《北京市2022年国民经济和社会发展统计公报》，2023年3月21日。

的医疗康复服务，成为中医药旅游的热门目的地，吸引着国内外游客前来体验中医药的养生和康养文化。

三、北京康养休闲发展总体状况

（一）老龄化浪潮冲击，旅居康养潜力巨大

老龄化是中国未来较长时期的基本国情。2020 年数据显示，我国康养旅游人数已经达到了 6750 万人次。老年旅游正逐渐从福利事业转型为旅游产业，并从小众市场迈向主流市场。根据《北京市老龄事业发展报告（2021）》提供的数据，截至 2021 年年末，北京市常住人口为 2188.6 万人，其中 60 岁及以上的常住人口为 441.6 万人，占常住总人口的 20.18%，65 岁及以上常住人口 311.6 万人，占常住总人口的 14.24%。这一数据显示，北京市的老龄化形势十分严峻。根据联合国对老龄化的划分标准，当 60 岁以上人口占总人口比重超过 20% 或 65 岁以上人口占比超过 14% 时，表示社会进入了中度老龄化阶段。考虑到北京市 60 岁及以上人口已经占总人口的 20.18%，可以得出结论，北京市已经进入了中度老龄化社会。这一趋势意味着北京市将面临老龄人口增加、养老需求增加以及劳动力减少等挑战。因此，北京市及时制定并实施相关战略，提供高质量的养老服务，促进积极老龄化，以确保老年人的健康、幸福和社会参与，成为应对老龄化挑战的重要任务。旅居康养成为他们追求幸福晚年的重要选择之一。老年人可以在北京游览名胜古迹、参观博物馆，感受中华文化的博大精深，也可以在北京的公园、自然保护区和湖泊等地欣赏美丽的自然景观，进行健身锻炼和休闲活动。北京也有许多康养度假村和养生机构，提供各种康养项目和服务，如温泉疗养、中医养生、养生饮食等，满足老年人的康养需求。最后，北京的医疗系统发达，拥有一流的医院和专业的医疗团队，提供优质的医疗服务和康复护理，为旅居康养提供了可靠的保障。

（二）多元创新康养项目，满足不同健康需求

在北京康养休闲领域，存在着不同类型的项目，包括机构类项目、社区类

项目和小镇类项目。这些项目的兴起标志着北京康养休闲领域的蓬勃发展，为人们创造了更多选择，提升了生活质量。首先，是机构类项目，如诚和敬长者公馆·通州。这个项目是一个以社区为基础的养老居所，专注于为高龄、失能和失智老人提供生活照料服务，提供优质的护理和关怀。其次，社区类项目则以香河大爱城为代表。这个项目是一个综合性社区，是中国社工联合会全国首家实践创新基地，旨在打造一个美好社区计划，为社区居民提供全方位的健康和幸福。它提供了一系列的服务和设施，包括养老服务、健康管理、教育资源、农业产业、酒店设施和地产开发等。此外，还有小镇类项目，如金海湖121 长寿小镇。这个项目依托世界抗衰老生物医学会的资源整合能力，致力于打通国际先进健康抗衰技术的共享通路。它结合了功能医学、再生医学、基因检测、细胞抗衰、荷尔蒙平衡、立体排毒等尖端技术，并与中医方药、灵修养生等传统方式有机结合。此外，金海湖 121 长寿小镇还提供马术、水上游乐、SPA、瑜伽等私享式修身养性项目，为消费者提供个性化的健康管理方案。这些项目展示了北京康养休闲领域的多样性和创新性。无论是机构类项目、社区类项目还是小镇类项目，它们都以满足人们不同阶段的健康和幸福需求为目标，并通过整合各种资源和技术，提供个性化的服务和管理方案，以确保每个个体都能获得他们所需的照料和关怀。

（三）森林康养基地评定，职业师资纳典引领

森林康养以森林为根基、以健康为目的，是一种环境友好、资源节约型的生活方式、养生方式。北京森林康养领域正在蓬勃发展，通过评定森林康养旅游示范基地和纳入职业分类大典中的森林康养师和园林康养师，为这一领域的发展提供了有力支持。首先，依据《森林康养基地质量评定》（LY/T 2934—2018）标准、北京市地方标准《乡村旅游特色业态基本要求及评定第 5 部分：养生山居》，北京市文化和旅游局评审了 9 个 2022 年森林康养旅游示范基地，这些基地分布在不同区域，覆盖了丰台区、门头沟区、房山区、通州区、昌平区、平谷区、怀柔区、密云区和延庆区。这表明北京市政府对森林康养的重视程度，以及各区域在森林康养旅游发展方面的努力。其次，2022 年 9 月，人社部发布了新修订的《中华人民共和国职业分类大典》。森林康养师作为新增

职业岗位正式纳入《中华人民共和国职业分类大典》，在小类康养、休闲服务人员中新增森林园林康养师职业，下设森林康养师、园林康养师两个工种。森林康养师和园林康养师指从事森林或园林康养方案设计、环境评估和场所选择、康养服务、效果评估、咨询指导等工作任务，以提供专业的森林康养服务，帮助人们改善身心健康。这意味着北京开始关注森林康养的人才培养和专业服务，为森林康养师和园林康养师提供了明确的职业定位和发展机会。这些措施共同促进了北京森林康养领域的健康发展。森林康养旅游示范基地的建立为游客提供了优质的森林康养体验，各区域在不同的森林康养特色上展现出多样性。同时，有资质的森林康养师和园林康养师能够运用专业的理论、技术和方法，为人们提供个性化的康养服务，帮助改善他们的身心健康。随着人们对健康生活方式的追求和对自然环境的关注不断增加，可以预见北京的森林康养领域将持续发展壮大。

（四）温泉康养体验，独特优势和品牌发展

温泉资源是北京市的独特优势之一，包括天然温泉、地热温泉和人工温泉。北京市周边地区分布着多个温泉资源点，如大兴区、房山区、怀柔区、朝阳区等。这些温泉资源以其独特的水质和疗效受到游客的喜爱。例如，大兴区庞各庄镇的龙熙温泉水世界、朝阳区日坛北路的花溪沐汤泉、昌平区小汤山镇的御林汤泉。越来越多的温泉度假村、温泉酒店在北京地区兴起，它们结合了温泉疗养和休闲娱乐设施，提供了综合性的度假体验。密云海湾半山酒店经过世界养生酒店联盟评估，成为了 HHOW 在中国的第一家白金级成员酒店。酒店内设有专业的养生中心，可以体验到源自古印度（阿育吠陀）西方和中医疗法的治疗与习俗。在过去几年里，北京市政府加大了对温泉旅游业的支持力度，致力于打造温泉旅游的品牌形象和旅游产品。政府采取了一系列措施，包括提高温泉设施和服务质量，提升景区环境和设施建设，推广温泉文化和疗养理念等。同时，北京市还积极开展了与温泉旅游相关的推广活动和宣传策略。通过举办温泉文化节、温泉旅游节等活动，吸引了更多的游客和投资者参与其中。此外，通过与周边地区的合作，进一步扩大了北京温泉旅游的影响力和知名度。

四、北京康养休闲的发展趋势

（一）跨界转型：助力智慧康养发展

北京是中国的国家首都和经济中心，拥有庞大的中高收入人群，正逐渐成为康养产业融合发展的重要地区。随着人们对健康养生的关注日益增长，康养旅游在北京的需求也随之增加。各个行业纷纷将康养产业融入其转型发展战略，这成为行业转型的新方向。在科技企业领域，阿里健康推出了天猫医药服务和支付宝的"未来医院"项目，旨在利用互联网和智能手机等技术手段，为用户提供便捷的健康管理和医疗服务。腾讯也积极推进"腾爱医疗"战略，将智能终端、医生平台、金融医保和健康大数据相互融合，为用户打造全方位的智能医疗服务。金融领域的企业如泰康、中国平安等通过自建、投资并购和跨界合作等方式，积极布局大健康领域。同时，房地产行业也将目光投向康养产业，积极探索"康养 + 地产"跨界大健康项目。万科、绿城、远洋等知名房地产企业纷纷参与康养项目的布局，致力于满足人们对健康养老的需求。智慧健康养老领域已经积累了大量专利，涵盖互联网、物联网、人工智能、虚拟现实等新型技术。未来，国家和科技企业将继续关注智慧康养领域，致力于打造智能化、数字化和科技化的康养产品，并提供全面的康养服务，以满足广大老年用户的需求。

（二）康养市场：多元化发展与创新需求

随着人民生活水平的普遍提高，康养的概念已经超越了传统的养老范畴，发展成为更加广泛的"泛康养"概念。人们对健康和福祉的关注度逐渐增加，康养不再是老年人的专属领域，不同年龄层的人们都对康养有着不同的需求和理解。除了传统的老年人群体，儿童、青少年和母婴等其他人群的康养需求也在不断扩大。儿童群体作为康养市场中的重要一部分，其康养需求也不容忽视。除了儿童医药、儿童保健品和儿童健康用品，还有其他产品和服务可以满足他们的康养需求。例如，基础保健对于儿童的身体和健康发展至关重要，因此可以开发出相关的基础保健产品。此外，早期的教育和培养对儿童的康养也起到至关重要的作用，因此可以提供幼儿早教等相关产品和服务。青少年群体可能更加关注身心健康、情绪管理和社交技能的培养，而母婴群体则注重孕期健康、新生儿护理、母乳喂养和亲子互动等方面。在北京，青少年面临着学业压力、心理健康等方面的挑战，因此市场上涌现了一些提供心理咨询、青少年成长辅导和体验式康养活动的机构。北京市提倡母乳喂养和关注孕期健康，因此相关的产品和服务得到了广泛的关注。市场上涌现了一些提供产前护理、产后恢复、婴幼儿护理等服务的机构，以满足母婴群体的康养需求。随着康养意识的不断提高，北京市的康养市场将继续扩大，并为人们提供更多元化和个性化的康养产品和服务。

（三）社区康养：全面关注居民身心健康

在北京，社区康养的发展趋势正在逐渐扩展。社区康养的发展是城市化进程中人们对社区功能的重新定位和需求的反映。随着城市化的快速发展，社区不再只是居住的地方，而是成为人们生活的核心空间。首先，社区开始建立健康管理中心，以提供居民健康评估和个性化的健康管理方案，使居民能够更好地管理自身的健康。其次，社区通过丰富的养生文化活动，社区提供了多样化的选择，满足不同居民对康养方式的需求。太极拳、瑜伽、舞蹈等活动帮助居民强身健体，传统中医养生讲座和培训课程则传授居民养生知识。此外，社区康养设施也得到了进一步的完善。健身房、游泳池、SPA 中心等设施的建设使居民可以更加便捷地进行健身和休闲活动，无须长途跋涉，减少了外出的时间和成本。这种便利性的提升鼓励了居民更加积极地参与康养活动，增强了康养的可持续性。同时，社区康养也注重推广健康饮食理念，组织健康饮食培训和烹饪示范活动，以改善居民的营养意识和饮食习惯。此外，社区康养强调社交互动和社区参与。通过组织康养活动和加强社区互动，居民之间建立了更紧密的联系和支持网络。最后，社区医疗合作也得到加强，医疗机构定期提供健康讲座和义诊活动，为居民解答健康问题，并提供及时的医疗服务。北京的社区康养正朝着综合、多元化和个性化发展的方向不断扩展，为居民提供更加贴心、便捷和个性化的健康管理方式。

（四）森林康养：稳步发展迈入新阶段

北京将会加大对森林康养的发展力度，增加专门的森林康养场地，包括森林公园、自然保护区和专门设计的康养中心。首先，森林地区建设康养度假村将成为一种趋势。这些度假村将提供全面的康养服务，包括温泉疗法、森林浴、瑜伽、冥想等，让人们在自然环境中得到全面的身心放松和恢复。其次，为了满足不断增长的需求，预计将有更多的森林康养设施在北京地区建设和改进。这些设施将提供丰富多样的康养项目，如生态步道、自然疗法等。森林康养可能与其他领域相结合，形成更综合的健康和福祉解决方案。例如，森林康养可以与医疗旅游、心理健康咨询、草药疗法等结合，形成更全面的康养体系。科技的发展将为森林康养带来更多可能性。虚拟现实技术可以为无法亲临森林的人们提供类似森林体验，人工智能可以用于提供个性化的康养方案和指导，智能穿戴设备可以监测人体生理指标和提供实时反馈。森林康养也可以成为文化和艺术活动的一部分，与文化节庆、艺术展览等相结合。例如，在森林中举办户外音乐会、戏剧表演、艺术工作坊等，将自然与艺术相融合，创造独特的体验和情感连接。最后，科学研究将更加关注这个领域。研究人员将探索森林康养的影响机制和效果，包括呼吸空气中负氧离子的益处、森林中的气味对情绪的影响以及森林步行对身心的积极作用等。这些研究结果将进一步支持森林康养的发展和应用。北京作为一个国际化的城市，可以与其他国家和地区的森林康养机构进行交流与合作。这种国际合作可以促进经验共享、技术交流和合作项目的开展，进一步推动北京森林康养事业的发展。

6 北京冰雪休闲发展报告

蒋依依，郭佳明，黄佩莹①

摘要 2022 年北京冰雪休闲的发展现状主要体现在：顶层设计持续指明发展方向；冰雪休闲进入大众化新时代；冬奥场馆赛后利用成效显著；冰雪运动推广取得更大进展；冰雪旅游发展势头更加强劲。建议扩容提质，塑造特色品牌；共享传承，厚植冰雪文化；动态发展，强调可持续能力。

关键词 冰雪休闲；冰雪旅游；冰雪文化；可持续

一、北京冰雪休闲的发展现状

2022 年 2 月，第 24 届冬季奥林匹克运动会及冬季残疾人奥林匹克运动会（后文简称北京冬奥会及冬残奥会）在北京举办，冰雪休闲活动乘冬奥东风飞速发展，为北京市经济发展注入了新的活力。2022 年 12 月，中国疫情全面解封②，居民消费信心快速恢复，冰雪休闲消费市场潜力巨大。2022 年以来，北京市政府积极筹划、发布系列政策文件，以冬奥遗产为重要抓手，以群众冰雪休闲需求为导向，持续扩大优化群众冰雪休闲供给，实现北京冰雪休闲高质量发展，打造国际一流的冰雪休闲城市。

---

① 蒋依依（1978—），女，北京体育大学体育休闲与旅游学院副院长、教授、博士生导师，研究方向为体育旅游、奥运遗产、旅游政策等；郭佳明（1999—），女，北京体育大学体育休闲与旅游学院硕士研究生；黄佩莹（2003—），女，北京体育大学体育休闲与旅游学院本科生。
② 国家卫生健康委. 公告 2022 年第 7 号 [EB/OL]. 中华人民共和国国家卫生健康委员会（2022-12-26）[2024-07-09].http://www.nhc.gov.cn/xcs/zhengcwj/202212/6630916374874368b9fea6c2253289e1.shtml.

（一）顶层设计持续指明发展方向

为促进北京冰雪休闲高质量发展，满足大众冰雪休闲需求，北京市政府出台系列冰雪休闲发展文件，以北京冬奥会及冬残奥会为抓手，围绕冬奥遗产开发利用、冰雪运动场地设施提质升级、群众冰雪休闲需求满足、青少年冰雪休闲兴趣培养、冰雪运动赛事引进举办、冰雪体育产业推进发展等方面进行统筹规划。在保障群众冰雪休闲需求的同时，结合商旅文体提出指导性意见，旨在实现北京冰雪休闲运动普及化发展、北京冰雪休闲产业现代化建设、北京冰雪休闲高质量化格局打造，为北京市冰雪休闲发展指明了新的发展方向（见表6-1）。

表6-1 北京市有关冰雪休闲的主要文件[①]

发布时间	重要文件	相关任务
2021年 12月22日	《国务院关于印发"十四五"旅游业发展规划的通知》	推进冰雪旅游发展；完善冰雪旅游服务设施体系；加快冰雪旅游与冰雪运动、冰雪文化、冰雪装备制造等融合发展；打造国家级滑雪旅游度假地和冰雪旅游基地
2022年 2月18日	《北京市体育局 北京市发展和改革委员会 北京市规划和自然资源委员会 北京市住房和城乡建设委员会 北京市园林绿化局关于印发《北京市全民健身场地设施建设补短板五年行动计划（2021年—2025年）》的通知》	持续推动冰雪场地设施建设和利用，到2025年，全市有效冰面面积不小于1800平方米室内标准冰场数量达到50块以上，每个区至少建有1块有效冰面面积不小于1800平方米室内标准冰场；建设室外滑冰场、嬉雪场地；建设室内冰雪设施；按照"一场一策"原则，推进解决滑雪场建设规划问题，促进滑雪场提质升级；做好冬奥场馆赛后开放，满足人民群众日常冰雪健身需求。 推进京张体育文化旅游带户外设施建设；以举办2022年冬奥会和冬残奥会为契机，充分利用冬奥冰雪资源带动京张及周边地区体育产业发展
2022年 2月28日	《关于印发深入打造新时代首都城市复兴新地标 加快推动京西地区转型发展行动计划（2022-2025年）的通知》	利用冬奥场馆发展冰雪休闲、业态；举办世界级滑雪体育赛事和中国数字冰雪运动会等活动；创建"带动三亿人参与冰雪运动"示范区，持续开展"欢乐冰雪季"主题系列活动；建设一批冰雪社区、冰雪学校，推广普及群众性冰雪运动

[①] 北京市体育局

（续表）

发布时间	重要文件	相关任务
2022 年 3 月 23 日	《中共中央办公厅 / 国务院办公厅印发〈关于构建更高水平的全民健身公共服务体系的意见〉》	完善冰雪户外运动配套设施；加强冰雪运动等紧缺领域教练员培养
2022 年 4 月 25 日	《国务院办公厅关于进一步释放消费潜力促进消费持续恢复的意见》	持续拓展文化和旅游消费，组织实施冰雪旅游发展行动计划
2022 年 6 月 25 日	《北京市发展和改革委员会 北京市商务局 北京市财政局 北京市经济和信息化局 北京市文化和旅游局 北京市民政局 北京市体育局 北京市住房和城乡建设委员会关于印发助企纾困促进消费加快恢复具体措施的通知》	举办第九届北京市民快乐冰雪季活动，发放冰雪体验券 10 万张
2023 年 1 月 6 日	《中共北京市委 北京市人民政府关于新时代高质量推动生态涵养区生态保护和绿色发展的实施方案》	用好冬奥遗产，大力发展冰雪产业，实现"冰天雪地也是金山银山"
2023 年 1 月 15 日	《关于北京市 2022 年国民经济和社会发展计划执行情况与 2023 年国民经济和社会发展计划的报告》	加强后冬奥冰雪运动发展，实现项目落地；在冬奥场馆举办国际高端赛事，举办市民快乐冰雪季活动；出台"冰雪丝路"高质量发展实施方案，打造"冰雪丝路"北京 - 河北支撑带；打造最美冬奥城和国际知名休闲度假旅游目的地，拓展冬奥景区全季全时全民旅游，实现奥运场馆四季运营
2023 年 1 月 21 日	《中共北京市委 北京市人民政府关于贯彻落实〈质量强国建设纲要〉的意见（2023 年 1 月 21 日）》	完善冰雪旅游等特色领域品牌孵化体系
2023 年 1 月 31 日	《北京市人民政府关于印发〈2023 年市政府工作报告重点任务清单〉的通知》	加强商旅文体等消费跨界融合，用好雪场资源和室内冰雪场馆资源，大力发展冰雪消费；用好北京冬奥遗产，大力发展冰雪产业，持续普及冰雪运动，协同建设京张体育文化旅游带，实现冬奥遗产利用效益最大化
2023 年 3 月 14 日	《北京市体育局印发〈关于落实助企纾困政策加快促进体育行业企业恢复发展的若干措施〉的通知》	举办 2022—2023 年北京冰雪运动消费季系列活动；发布 2023 年度北京冰雪消费地图

发布时间	重要文件	相关任务
2023 年 4 月 17 日	《北京市商务局关于印发〈加快恢复和扩大消费持续发力北京国际消费中心城市建设 2023 年行动方案〉的通知》	打造冰雪消费名片，推进奥运场馆向社会开放，实现奥运场馆四季运营；结合延庆"国际滑雪度假旅游胜地"规划布局，大力推进京张体育文化旅游带建设；办好 2022—2023 冰雪运动消费季活动，在场馆运营、赛事举办、旅游休闲、品牌培育等方面加大促进力度；办好第九届市民快乐冰雪季和大众冰雪北京公开赛，广泛开展各类大众冰雪活动；积极推动冰雪运动进校园，办好北京市第二届冬季运动会以及青少年冬季项目系列赛事；积极申办国际冰雪赛事，力争更多赛事落户北京
2023 年 7 月 24 日	《北京市进一步促进冰雪消费三年行动方案（2023—2025年）》	持续扩大冰雪运动与冰雪消费人口；持续推进冰雪场地设施建设；持续丰富冰雪赛事多元供给；持续提升冬奥场馆综合利用效益；加快推进冰雪商文旅体融合发展

（二）冰雪休闲进入大众化新时代

随着北京市居民收入逐年增长与疫情政策逐步放开，大众冰雪休闲参与热度持续升温。据北京市统计局数据，北京市 2022 年全年实现地区生产总值 41610.9 亿元，比上年增长 0.7%，北京市人均可支配收入为 77415 元，比上年增长 3.2%，居民收入持续增长。疫情政策逐步放开，居民消费信心快速恢复，消费水平稳步提升。由于疫情影响，居民对于健康的需求日益增加，呈现出重健康消费、关注体育锻炼、休闲运动的趋势。在冬奥效应的引领下，越来越多的居民加入冰雪休闲活动中来。2021—2022 年雪季，北京市冰雪运动场馆共接待 296.5 万人次，实现收入 5.3 亿元，比 2020—2021 年雪季分别增长 66.8% 和 69.9%[①]。延庆区自冬奥会申办成功以来，接待冰雪旅游和冰雪运动游客 1100 余万人次，实现旅游收入 8 亿余元；2022 年春节期间，河北张家口市崇礼区雪场接待游客 15.7 万人[②]。《北京 2022 年冬奥会和冬残奥会遗产报告（赛后）》指出，全国冰雪运动参与人数达到 3.46 亿人，"带动三亿人参与冰雪运动"已从愿景变为了现实。北京市冰雪休闲活动逐步开启低门

①北京市统计局.重点区域加速协同 彰显示范引领效果——数说京津冀协同发展九年成效系列之四[EB/OL]. (2023-02-22)[2024-07-09]. https://tjj.beijing.gov.cn/zt/jjjjdzl/sdjd_4304/202302/t20230222_2921538.html.

②统计局 . 北京市统计局赴张家口市调研京张冰雪产业协同发展情况 [EB/OL]. (2023-01-31)[2024-07-09]. http://tjj.zjk.gov.cn/content.thtml?contentId=194001.

槛、重体验、普及化、大众化发展新时代（见表6-2）。

表6-2　2018—2022年北京市全市居民人均可支配收入及增长速度

年份	居民人均可支配收入（元）	增长速度（%）
2018	62361	9.0
2019	67756	8.7
2020	69434	2.5
2021	75002	8.0
2022	77415	3.2

（三）冬奥场馆赛后利用成效显著

北京冬奥会和冬残奥会场馆赛后利用工作是北京冬奥会筹办工作的重要组成部分。北京冬奥会各场馆在建设改造之初就充分考虑场馆的赛后用途，既注重满足赛时需求，又提前谋划场馆的赛后利用。便民惠民，是冬奥场馆赛后综合利用的发展方向。北京冬奥会使用的竞赛场馆，不仅为北京冬奥会提供了优质的比赛场地，也为市民提供了丰富的冰雪休闲活动场所，成为市民休闲娱乐的重要场所。2022 年，所有北京冬奥会竞赛场馆完成全部面向公众开放，并组织开展了形式多样的冬奥项目体验、体育展示、参观游览等活动。其中，国家游泳中心开放首日即接待游客 3000 多人次[①]；立足于生态涵养区的定位，延庆区历时 36 天，让冬奥场馆完成"赛区"向"景区"的转变，并于 2022 年"五一"正式向公众开放[②]；2023 年元旦后，国家雪车雪橇中心训练馆"冰屋"及主赛道也陆续向公众开放；延庆奥林匹克园区陆续推出冬奥文化体验、研学教育、"海陀之夜"等特色活动，推出党建、团建等"点单式"服务，强化

---

① 董兆瑞.《北京 2022 年冬奥会和冬残奥会遗产报告（赛后）》发布 [EB/OL]. (2023-02-04)[2024-07-10]. http://bj.people.com.cn/n2/2023/0204/c14540-40288963.html.

② 北京市延庆区人民政府.奥林匹克园区 2022 年"五一"开园 [EB/OL]. (2021-12-09)[2024-07-09]. https://www.beijing.gov.cn/fuwu/bmfw/sy/jrts/202112/t20211209_2556923.html.

"北京冬奥精神"的延续传承[1]；2023 年元旦，首钢滑雪大跳台举办首个冰雪嘉年华项目，为市民提供丰富多样的冰雪体验活动（见表 6–3）。

表6–3　冬奥场馆遗产

用途	场馆遗产	位置
竞赛	国家游泳中心	北京赛区
竞赛	国家体育馆	北京赛区
竞赛	五棵松体育中心	北京赛区
竞赛	国家速滑馆	北京赛区
竞赛	首都体育馆	北京赛区
竞赛	首钢滑雪大跳台	北京赛区
竞赛	国家高山滑雪中心	延庆赛区
竞赛	国家雪车雪橇中心	延庆赛区
竞赛	云顶滑雪公园	张家口赛区
竞赛	国家跳台滑雪中心	张家口赛区
竞赛	国家冬季两项中心	张家口赛区
竞赛	国家越野滑雪中心	张家口赛区
训练	五棵松冰球训练馆	北京赛区
训练	首体花样滑冰训练馆	北京赛区
训练	首体短道速滑训练馆	北京赛区
非竞赛	冬奥村 / 冬残奥村	北京赛区、张家口赛区、延庆赛区
非竞赛	主媒体中心	北京赛区

[1] 北京冬奥组委《北京 2022 年冬奥会和冬残奥会遗产报告集（2022）》，2022 年 1 月 19 日。

（四）冰雪运动推广取得更大进展

北京市体育局发布的《2022 年北京市体育场地主要指标数据公报》显示，2022 年，全市冰雪运动场地 157 个，其中，滑冰场地 124 个，占 78.98%；滑雪场地 33 个，占 21.02%。相比 2021 年，2022 年冰雪场地均有增长。根据习近平总书记"带动三亿人参与冰雪运动"的指示要求，为落实北京市"1000 万人参与冰雪运动"的目标，北京市广泛开展群众性冰雪运动，不断丰富形式和内容，连续举办 9 届"北京市民快乐冰雪季"，累计开展各级各类活动 3.24 万余场，参与人数达 6754 余万人次[1]。2022 年全市建成 30 个青少年校外冰雪活动中心，"冰雪运动进校园"实现 16 个区全覆盖，青少年冬季项目赛事快速发展，冰球俱乐部联赛赛事规模继续保持亚洲第一，青少年冰雪运动蓬勃发展。2023–2024 北京冰雪运动消费季期间将举办北京市第二届冬季运动会、北京市青少年（短道速滑、花样滑冰、冰球、冰壶）锦标赛、2023 年北京市中小学生冬季运动系列比赛、北京市中小学生冬季运动会、北京市中小学生校际冰球联赛、首都高校大学生滑雪比赛、滑冰比赛、冰壶比赛、滑雪追逐赛、北京市冰上龙舟大赛、北京市冰蹴球比赛等市级群众冰雪运动赛事，推进本市冰雪运动快速发展[2]。"2022 北京冰雪消费地图""2023 北京冰雪消费地图""2023 北京健身消费地图"陆续发布，整合全市近百个冰雪运动休闲目的地资源，为市民提供智能指引和数字化消费推荐服务，首次通过冰雪体育明星代言的方式促进冰雪消费，用数字化平台赋能全民健身。

（五）冰雪旅游发展势头更加强劲

中国旅游研究院发布的《中国冰雪旅游消费大数据报告（2023）》显示，2022 年以来我国冰雪旅游保持快速增长态势，2022 年全国冰雪旅游消费总额同比 2021 年全年增长 36.3%，全国冰雪旅游订单人数同比 2021 年全年增长 37.1%，预计 2023 年我国冰雪旅游消费将有更大的增长空间。2022 年，文化

---

[1] 北京市政府新闻办公室. "北京市贯彻落实党的二十大精神"系列主题新闻发布会 [EB/OL]. (2023-07-27) [2024-07-09]. http://www.scio.gov.cn/xwfb/dfxwfb/gssfbh/bj_13826/202308/t20230803_749529.html.

[2] 北京市体育局. 第九届北京市民快乐冰雪季启动 [EB/OL]. (2022-12-25)[2024-07-10]. https://www.beijing.gov.cn/fuwu/bmfw/sy/jrts/202212/t20221225_2883849.html.

和旅游部、国家发展改革委、国家体育总局三部委联合印发《京张体育文化旅游带建设规划》，明确了京张体育文化旅游带的规划范围、建设目标等，持续推进京张体育文化旅游带建设。2022 年春节和北京冬奥会举办期间，北京全市开展了"北京 2022"京城迎冬奥、非遗贺新春非遗主题系列宣传活动，北京市文化和旅游局配合北京冬奥组委文化活动部围绕冰雪、春节和长城等主题，展示了以"燕京八绝"技艺等为代表的近 300 件展品，让京张体育文化旅游带建设深入人心[①]。北京延庆海陀滑雪旅游度假地、河北崇礼滑雪旅游度假地被评定为国家级滑雪旅游度假地，延庆北京世园公园、张家口富龙四季小镇被认定为国家体育旅游示范基地；文化和旅游部发布 8 条长城主题国家级旅游线路和 62 条长城主题精品线路，其中，"长城冬奥冰雪运动之旅"线路串联起冬奥场馆和京张两地的长城景区，另有 6 条线路涉及京张沿线区域。

二、北京冰雪休闲发展建议

随着冬奥会圆满结束，要抓住"后冬奥时代"的发展契机，利用好冬奥遗产，继续推动体育旅游文化产业融合，助力京张体育旅游文化带建设，继续扩大优质冰雪产品供给，挖掘群众消费潜力，打造特色化冰雪品牌，厚植冰雪文化，助力冰雪休闲可持续发展，打造北京为世界冰雪旅游目的地。

（一）扩容提质，塑造特色品牌

北京冬奥会红利效应持续释放，北京群众冰雪体育取得了飞快发展，冰雪运动逐步普及，人民群众对冰雪运动和冰雪消费产生的需求转向多样化、特色化与深度体验。继续整合现有冰雪旅游资源，举办具有影响力的冰雪体育表演、体育竞赛活动，通过"冰雪 +""+ 冰雪"，推进冰雪运动与文化、旅游、休闲、研学、文创、商业等产业融合，形成特色的冰雪文化游、冰雪旅游、冰雪商务游、冰雪休闲度假游、冰雪研学、会议会展、冰雪演艺等品牌，加强产业链融合，延展群众冰雪休闲体验，精准定位和细分市场，塑造特色化冰雪休

---

① 北京市文化和旅游局."北京 2022"京城迎冬奥、非遗贺新春系列宣传活动启动 [EB/OL]. (2022-01-14)[2024-07-10]. https://www.beijing.gov.cn/renwen/sy/whkb/202201/t20220114_2591233.html.

闲品牌。同时，对高质量管理与服务严格把关，把流量变为"留量"，既引得来，又留得下，让更多"头回客"成为"回头客"。不断创新冰雪品牌宣传营销模式，通过开展全方位、多渠道、个性化的宣传营销，不断拓展客源市场，将冰雪"冷资源"转化为带动高质量发展的"热经济"。

（二）共享传承，厚植冰雪文化

冬奥会的举办与群众冰雪休闲活动的广泛开展，形成了良好的冬奥氛围，冰雪文化与中国传统文化相结合，形成具有中国特色的冰雪文化。北京的冰雪运动已经持续 1000 多年，政府政策引领，通过市区联动，实现本土冰雪文化挖掘，开发特色冰雪资源，融合旅游、文化、休闲等业态，丰富大众冰雪休闲体验。深入探索北京本土冰嬉、"冰龙舟"、冰蹴球等传统冰雪活动，举办内容丰富、形式多样等冰嬉、冰雪主题文化活动，开展传统冰嬉表演及精品冰嬉赛事，推进北京冰雪历史传统及特色冰嬉文化展示，让冰雪运动更具"京味儿"，为群众提供丰富的本土化冰雪体验，吸引带动更多群众参与冰雪运动。继续以冬奥遗产为抓手，加强对冰雪运动知识、冰雪赛事活动的宣传，充分发挥各级各类新闻媒体特别是新媒体作用，办好冰雪运动节目和专栏，组织创作一批冰雪题材影视作品，建设奥运主题博物馆，与中华优秀传统文化融合交流。继续促进冰雪教育与校园文化融合，加强对冰雪运动知识、冰雪赛事活动的宣传和组织，将奥林匹克教育、体育文化融入到校园教育中。积极发挥优秀运动员的榜样力量，传播冰雪运动正能量，持续促进中国特色冰雪文化深入人心。

（三）动态发展，强调可持续能力

我国冰雪运动发展起步晚、基础薄，则需更加扎实做好后冬奥文章，设计完善政策框架体系，协同多主体多角度发力，把握引导群众持续参与冰雪运动，实现北京冰雪休闲运动进一步普及、提质，促进北京冰雪休闲持续健康发展。当下，我国冰雪产业得到长足的发展，但仍处于初步阶段，抗风险能力较差，应持续发力延长冰雪产业链、建设旅游业复原力，以应对突发事件并采取适应和恢复的策略及措施，从而更好地应对全球性破坏并迅速恢复，从供给、需求、市场品牌建设三方入手增强北京冰雪休闲产业韧性及抗风险能力，实现整体产业动态促进、可持续发展。鼓励冬奥场馆增加健身休闲、文化娱乐、展览展示、社会公益等综合服务供给，建设全季运营的体育服务综合体。加快推进北京奥运博物馆建设，打造传播奥林匹克精神、传承奥运遗产的主阵地。用数字化平台赋能全民健身，满足人民多样化健身需求的路径和重要渠道，助力冰雪休闲可持续发展。

北京休闲发展报告
2023

专 题 篇

北京市居民兴趣爱好休闲活动研究

王琪延　张珊①

摘要　参加兴趣爱好休闲活动是满足居民不断增长的精神文化需求的重要方式。本报告将兴趣爱好休闲活动分为消磨时光类、棋艺类、鉴赏类、技艺类和其他类，分析了休闲活动的参与总况，各类活动的参与频率和消费情况，以及居民的群体差异。结果发现，休闲活动主要以消遣为目的，技艺休闲活动较少，不同兴趣爱好休闲活动的参与频率、陪伴者特征和消费金额存在差异，不同性别、收入和教育群体的兴趣爱好休闲活动存在参与偏好差异。

关键字　兴趣爱好休闲活动；休闲消费；群体差异

消除疲倦、追求快乐、享受生活是人们进行休闲活动最直接的诉求，而兴趣爱好类休闲活动是满足这一诉求的最直接载体，是休闲活动的重要类型之一。分析兴趣爱好类休闲活动的参与现状，一定程度上可以揭示居民的休闲消费能力和休闲活动偏好。中国人民大学休闲经济研究中心每五年进行一次居民生活时间分配调查，调查方法采用多阶段随机抽样，调查内容涉及多种休闲活动。本文基于2021年北京市居民生活时间分配调查数据，对居民兴趣爱好类休闲活动参与情况进行测度与统计分析。

① 王琪延（1959—），男，河北衡水人，中国人民大学休闲经济研究中心主任、中国人民大学统计学院教授，博士生导师，研究方向为休闲经济；张珊（1993—），女，河北唐山人，中国人民大学统计学院博士研究生，研究方向为时间分配、经济统计。

一、兴趣爱好休闲活动的参与总况分析

兴趣爱好类休闲活动，是指休闲主体在闲暇时间内进行的能够使人感到轻松、愉悦的非严肃性活动，通过参与丰富多彩的娱乐项目和培养各式各样的休闲技能来实现幸福与快乐的生活体验。调查问卷中兴趣爱好活动的类型主要包括网上消遣、体育观览、电影鉴赏等 24 项。基于分析的需要，结合调查中各类兴趣爱好活动的特征及形式，以及受访者的活动目的，将 24 项活动大致划分为消磨时光、棋艺、鉴赏、技艺和其他五类，既包含了经典的线下面对面活动，又包含基于虚拟世界的网络休闲活动，具体如表 7-1 所示。

表7-1　兴趣爱好休闲活动分类

一级分类	二级分类	具体内容
消磨时光类	—	网上消遣（网络游戏除外）；电子游戏（网络游戏除外）；打扑克；麻将
棋艺类	—	跳棋（网络游戏除外）；象棋（网络游戏除外）；围棋（网络游戏除外）；军棋（网络游戏除外）
鉴赏类	听觉艺术鉴赏	唱声；磁带和音乐鉴赏
	视觉艺术鉴赏	体育观览（电视节目除外）；舞蹈鉴赏（电视节目除外）；美术鉴赏（电视节目除外）
	视听艺术鉴赏	电影鉴赏（电视节目除外）；演唱会；音乐会；戏剧鉴赏（电视节目除外）
技艺类	生活技艺	烹饪；剪裁
	传统文化技艺	绘画；书法
	表演技艺	乐器演奏
	传统手工技艺	绘画与雕刻；针织与刺绣
其他类	—	卡拉 OK、诗词创作、社交舞会、收集活动等

问卷中，对受访者"在过去一年是否去过或进行过上述 24 项兴趣爱好活动"进行调查，以进行过的人数比例作为某项活动的参与率，整理结果如图 7-1 所示。其中仅为消磨时光类而进行的一系列活动的居民参与率最高，所包含的网上消遣、电子游戏、打扑克和打麻将 4 项活动的参与人数比例均排在前

七位，人数比例最高的是电子游戏（40.5%）和网上消遣（39.6%），人数比例最低的是打麻将（19.2%）。一方面，这与 2021 年新冠疫情的影响有一定的关系，由于国家防疫防控的要求，人们居家时间增多，大多数人通过"宅娱乐""宅休闲"消遣时光。另一方面，在网络制式变迁和移动互联网发展日益成熟的背景下，网络早已渗透到人们生活的方方面面，基于移动客户端的影音、游戏等休闲娱乐类 App 逐渐成为人们日常休闲生活的重要组成部分，利用网络消遣时光受到大众尤其是年轻人越来越多的偏爱，"机不离手"成了对当下很多人日常兴趣爱好生活的生动描绘，这一趋势在未来很长一段时间内将继续延续。

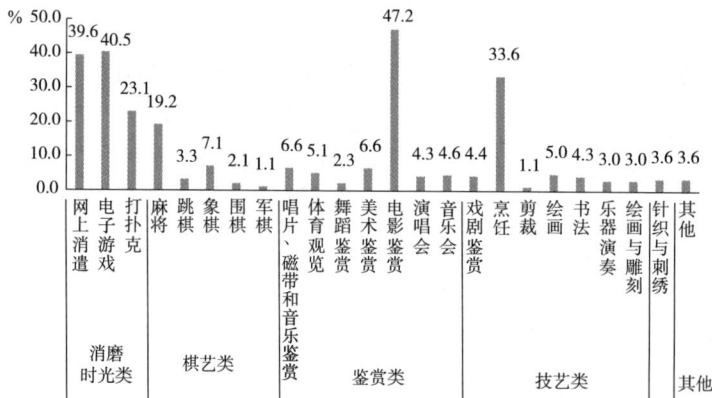

图 7-1　一年中进行过各类兴趣爱好活动的居民比率

鉴赏类兴趣爱好休闲活动的人数不是很高，其中视听结合的形式更受人们青睐。电影鉴赏的人数比例一枝独秀（47.2%），遥遥领先于其他鉴赏类活动，是最受居民偏爱的兴趣爱好活动。近年来电影技术越来越发达，电影进出口的限制越来越少，政策环境相对宽松，促进了电影业的快速发展。同时，基于网络新媒体渠道的电影宣传越来越到位，看电影成为大众群体愉悦生活、放松休闲的重要方式。鉴赏观影方式也不再拘泥于传统的线下实体电影院，日常居家也能轻松看电影。很多人把看电影当作一种学习工作之余的首选兴趣爱好休闲活动，在快节奏的生活方式下，周末能拿出几个小时来看电影也是十分奢侈的。而单纯的视觉或听觉类鉴赏活动的参与度不够理想，美术鉴赏、唱片、磁带和音乐鉴赏、体育观览、音乐会、戏剧鉴赏、演唱会、和舞蹈欣赏的人数比例逐渐降低，且均不足 7.0%，尤其是舞蹈鉴赏类人数比例仅为 2.3%。

技艺类兴趣爱好休闲活动的人数较少，其中烹饪活动的人数比例相对较高，超过 1/3 的受访者在一年中进行过这些活动。这与近些年人们生活品位的提高、需求的多元化以及对新兴的健康饮食文化推崇有很大的关系，一顿餐食早已不仅仅是为了填饱肚子，其作为休闲兴趣爱好的重要组成部分，早已随着社会的进步逐渐发展成为一种社交的手段、一种兴趣爱好的类型、一种陶冶心情和修身养性的方式。而书法、针织与刺绣、绘画与雕刻、乐器演奏和剪裁这几项活动选择的人数比例都比较低，均不足 5.0%，尤其是剪裁，参与人数排在最后。针织与刺绣、绘画与雕刻这两种休闲活动，拥有较为深厚的文化底蕴，同时对于技艺要求很高，也需要长期的时间精力投入，极大程度限制了参与。书法、绘画和乐器演奏一直是比较主流的、大众群体都可以学习的传统文化表演技艺，但从参与人数比例来看，也并不理想，一年中只有约 4.0% 的受访者进行过此类兴趣爱好活动，从而也揭示出传统文化、手工技艺的传承所面临的现实困境。

最后，棋艺类兴趣爱好休闲活动整体表现不佳，一年中进行过此类活动的人数比例最高的是象棋，也仅有 7.1%，其次是跳棋，仅有 3.3%，而围棋和军棋几乎垫底。

二、兴趣爱好休闲活动的参与频率及消费情况分析

（一）消遣活动更受青睐，技艺休闲参与较少

各项兴趣爱好休闲活动的参与频率一定程度反映了居民的休闲偏好特征。对受访者"在一年中进行各类兴趣爱好活动的天数"进行问询，共划分 7 个时间区间进行选择，以此作为对居民各项兴趣爱好活动参与频率的测度，并在此基础上，进一步计算各类兴趣爱好活动类型的年均活动天数，以比较不同类型兴趣爱好活动的居民参与频率，间接揭示居民对不同活动类型的偏好。各兴趣爱好活动年均天数及频率计算结果整理如图 7-2、表 7-2 所示。

表7-2　一年中不同时长下居民进行各类兴趣爱好的频率分布表（%）

一级分类	二级分类	项目	一年进行的天数比例						
			年1~4日	年5~9日	年10~19天	年20~39天	年40~99天	年100~199天	年>200天
消磨时光类	—	网上消遣	2.9	5.6	8.4	11.3	16.7	21.4	33.8
		电子游戏	4.0	7.1	14.4	14.9	18.9	18.0	22.8
		打扑克	30.1	28.7	20.9	11.4	6.5	1.6	0.8
		麻将	28.7	32.2	22.1	8.8	5.9	1.0	1.3
棋艺类	—	跳棋	40.4	25.0	23.1	3.8	7.7	0.0	0.0
		象棋	30.4	20.9	13.9	12.2	13.0	6.1	3.5
		围棋	33.3	16.7	19.4	13.9	11.1	2.8	2.8
		军棋	26.3	42.1	10.5	10.5	5.3	5.3	0.0
鉴赏类	听觉艺术鉴赏	唱片、磁带和音乐鉴赏	17.1	12.4	14.3	13.3	13.3	15.2	14.3
	视觉艺术鉴赏	体育观览	60.2	18.1	14.5	6.0	1.2	0.0	0.0
		舞蹈鉴赏	63.9	27.8	8.3	0.0	0.0	0.0	0.0
		美术鉴赏	70.8	18.9	5.7	1.9	1.9	0.9	0.0
	视听艺术鉴赏	电影鉴赏	40.6	33.3	16.8	6.2	2.3	0.4	0.4
		演唱会	91.3	7.2	0.0	0.0	1.4	0.0	0.0
		音乐会	83.8	13.5	2.7	0.0	0.0	0.0	0.0
		戏剧鉴赏	70.4	15.5	7.0	1.4	2.8	1.4	1.4
技艺类	生活技艺	烹饪	8.8	7.5	16.8	15.9	17.9	12.7	20.4
		剪裁	52.6	21.1	15.8	5.3	5.3	0.0	0.0
	传统文化技艺	绘画	30.4	17.7	17.7	17.7	13.9	2.5	0.0
		书法	20.6	19.1	14.7	23.5	10.3	4.4	7.4
	表演技艺	乐器演奏	34.7	18.4	10.2	16.3	10.2	8.2	2.0
	传统手工技艺	绘画与雕刻	30.0	28.0	10.0	16.0	12.0	4.0	0.0
		针织与刺绣	25.4	22.0	18.6	15.3	11.9	1.7	5.1
其他类	—	—	31.0	27.6	13.8	5.2	3.4	3.4	15.5

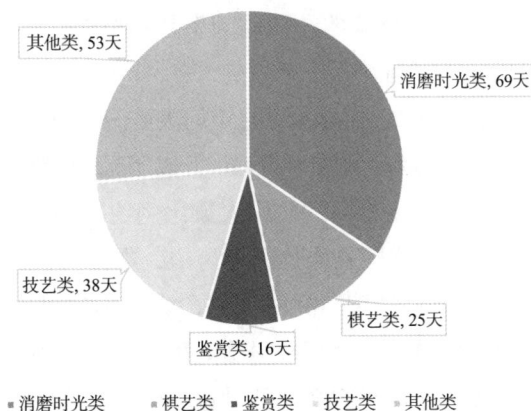

图7-2　各大类兴趣爱好休闲活动类型年均活动天数

由图 7-2 可知：

第一，兴趣爱好休闲活动六大类型中，年均活动天数最多的是消磨时光类活动，网上消遣、电子游戏、打扑克和麻将 4 项兴趣爱好活动的年平均活动天数为 69 天，从这 4 项活动在各时长区间内的参与人数比例来看（详见表 7-2），网上消遣和电子游戏均有超过 60.0% 的受访者活动频率是在年 40 天以上，而网上消遣的这一比例甚至超过了 70.0%，且分别有 33.8% 和 22.8% 的受访者活动频率在 200 天以上。而打扑克和麻将活动则分别有 79.7% 和 83.1% 的受访者活动频率在一年 20 天以下，且 30.1% 和 28.7% 的受访者活动频率是在年均 1~4 天。即网上消遣和电子游戏是人们在消磨时光时会首要选择的活动，因为这两类活动有更强的趣味性、便捷性，而打扑克和玩麻将这一传统兴趣爱好活动，在互联网迅猛发展的冲击下渐渐淡出了人们尤其是年轻人的兴趣爱好市场。可见基于互联网进行的兴趣爱好活动在很大程度上替代了传统线下休闲兴趣爱好活动，数字时代下人们的日常兴趣爱好活动与网络世界紧密相连。

第二，技艺类兴趣爱好活动的综合年均时长达 38 天，所包含的烹饪、剪裁、绘画、书法、乐器演奏、雕刻和针织刺绣 7 项活动在各时长区间下有不同的表现特征，详见表 7-2。其中，烹饪的参与频率明显高于其他几项技艺类活动，20.4% 的受访者活动频率在年 200 天以上，而同样作为生活技艺的剪裁活动，则有 73.7% 的受访者活动频率在年 10 天以下，活动频率很低，绘画、书法、乐器演奏等传统文化技艺表现出相似的特征。最后，作为传统手工技艺的绘画雕刻和针织刺绣，受众群体的活动频率基本集中在年 40 天以下，人数比例分别达到 68.0% 和 66.0%。

第三，棋艺类兴趣爱好休闲活动的年均天数只有 25 天，跳棋、象棋、围棋和军棋四项活动中，活动频率在年 20 天以下的，跳棋有近 90.0% 的受访者，围棋的人数比例超过 69.0%，象棋人数比例约 65.0%，军棋的人数比例则达到 78.9%。棋艺文化在我国具有悠久的历史，在古代被作为文化修养的必修课。棋艺之中融合了天象易理、兵法策略，弈棋不仅可以陶冶情操、抒发意境、修身养性，同时也可生慧增智、思悟人生。而随着现代兴趣爱好活动的丰富化、多样性，传统的文化兴趣爱好活动也受到了极大的冲击。

第四，艺术鉴赏类兴趣爱好休闲活动的年平均天数最少，所包含 8 项活动的平均天数只有 16 天，其中，唱片磁带音乐鉴赏和电影鉴赏在较高频率区间的人数比例相对较高，舞蹈鉴赏、演唱会和音乐会在年 9 天以下的人数比例超过 90.0%。这类活动的爱好者通常不仅需要具有一定审美能力、文化程度和时间精力，还需要具有休闲消费的意愿和能力，因而活动频率较低。而电影观赏、音乐鉴赏在经济投入上相对较低，在时间上也相对自由，因而会有相对较高的活动频率。

表7-3　各项兴趣爱好活动下选择不同陪伴者的人数比例（%）

一级分类	二级分类	项目	同谁一起参加						
			家人	同事	同学	邻居	朋友	一人	其他
消磨时光类	—	网上消遣	5.3	0.3	0.5	0.7	7.6	82.1	3.4
		电子游戏	6.9	2.2	0.4	0.6	39.3	47.4	3.3
		打扑克	40.5	5.7	1.3	6.0	43.1	2.0	1.3
		麻将	46.2	3.2	1.2	3.2	44.5	1.6	0.0
棋艺类	—	跳棋	61.2	2.0	4.1	4.1	26.5	0.0	2.0
		象棋	30.7	9.9	0.0	16.8	37.6	2.0	3.0
		围棋	51.7	0.0	6.9	10.3	24.1	3.4	3.4
		军棋	47.1	0.0	0.0	5.9	41.2	0.0	5.9

（续表）

一级分类	二级分类	项目	同谁一起参加						
			家人	同事	同学	邻居	朋友	一人	其他
鉴赏类	听觉艺术鉴赏	唱片、磁带和音乐鉴赏	13.6	1.1	1.1	0.0	13.6	70.5	0.0
	视觉艺术鉴赏	体育观览	31.2	1.3	3.9	0.0	49.4	14.3	0.0
		舞蹈鉴赏	24.3	18.9	2.7	5.4	40.5	5.4	2.7
		美术鉴赏	33.0	4.0	3.0	1.0	44.0	15.0	0.0
	视听艺术鉴赏	电影鉴赏	45.4	2.7	1.3	0.1	41.2	8.4	0.7
		演唱会	26.6	0.0	1.6	0.0	62.5	3.1	6.3
		音乐会	45.1	5.6	4.2	1.4	32.4	11.3	0.0
		戏剧鉴赏	41.5	9.2	3.1	1.5	32.3	10.8	1.5
技艺类	生活技艺	烹饪	61.4	1.7	0.0	1.1	9.0	26.2	0.6
		剪裁	36.8	0.0	0.0	5.3	5.3	47.4	5.3
	传统文化技艺	绘画	30.3	1.3	5.3	1.3	11.8	50.0	0.0
		书法	21.5	1.5	0.0	3.1	16.9	56.9	0.0
	表演技艺	乐器演奏	22.7	4.5	0.0	0.0	15.9	54.5	2.3
	传统手工技艺	绘画与雕刻	26.1	2.2	6.5	0.0	13.0	52.2	0.0
		针织与刺绣	14.3	1.8	0.0	3.6	8.9	71.4	0.0
其他类	—	—	10.9	4.3	0.0	2.2	67.4	13.0	2.2

（二）休闲陪伴多为亲友，或者选择独自进行

调查问卷中对受访者"在一年中和谁一起进行各类兴趣爱好活动"进行问询，共划分 7 种类型进行选择，以此分析居民在过去一年进行各项兴趣爱好活动时的陪伴者选择偏好，如表 7-3 所示。总体来说，人们进行不同兴趣爱好活动时，在陪伴者的选择上都比较倾向于家人、朋友或是一个人。而选择同事、同学或是邻居一起进行兴趣爱好活动的人数比例明显低于前面三种类型。

第一，对于消磨时光类的兴趣爱好休闲活动，网上消遣多是一人独自进行，选择人数比例超过 80.0%。而电子游戏既可以组队参与，也可以单打独斗，因而选择朋友陪伴和一人独自完成的人数比例最多，分别达到 39.3% 和

47.4%。打扑克和玩麻将是传统兴趣爱好活动，在陪伴者的选择上都会比较倾向于选择家人或朋友，其中，打扑克选择家人和朋友的比例均低于玩麻将，而替代的陪伴者多为同事或邻居。这两种活动也有助于增进亲友关系，比较适合多人聚会场合。

第二，不同棋艺类兴趣爱好活动的受众群体一定程度上决定了陪伴者选择倾向的差异。跳棋是一项老少皆宜、流传广泛的益智型棋类游戏，也是一项比较受欢迎的多人参与游戏。61.2% 的受访群体选择了家人陪伴，26.5% 的人选择了与朋友一起进行。象棋，选择朋友的人数比例达到 37.6%；其次为选择家人的人数比例，达到 30.7%；选择邻居的人数也相对较多，为 16.8%，是这几项棋类活动中，选择与邻居一起进行的人数比例最高的，这也符合日常见到一群老大爷一起下象棋的情况。对于象棋这项活动来说，家人、朋友和邻居都是比较合适的陪伴者。而围棋和军棋，这两项活动的爱好群体本身偏少，比较而言，对于朋友和家人的陪伴偏好更强，还有部分会和同学一起进行。总体来说，相较于其他类活动，棋类活动的陪伴者对家人和朋友的选择倾向性最强，十分适合亲友间进行。

第三，对于鉴赏类兴趣爱好活动，也有比较明显的偏好家人、朋友陪伴的特征。其中，体育观览、舞蹈鉴赏、美术鉴赏和演唱会 4 类活动，均是以朋友陪伴为第一选择，选择人数比例均在 40.0% 以上，家人也均是 4 项活动的次位选择；电影鉴赏、音乐会和戏剧鉴赏 3 类活动则与上述 4 类活动刚好相反，陪伴者的第一选择均是家人，选择人数比例最低 41.5%，最高达到 45.4%。只有唱片、磁带和音乐鉴赏这一听觉鉴赏类活动，因其自身特征而更多的是独自一人进行，人数比例超过 70.5%，其次选择家人作为陪伴的比例相同，均为 13.6%。

第四，对于技艺类兴趣爱好活动，除烹饪这种活动是以家人为第一陪伴者的选择之外，绘画等其余 6 项活动均是选择独自一人进行的人数比例最高。在位次选择上，烹饪偏好独自一人；其他 6 项活动选择与家人同行的比例最高。

（三）休闲消费水平较低，个别活动花费较高

通过分析受访者一年中在兴趣爱好活动方面的支出，进一步揭示居民兴趣

爱好休闲活动的消费水平。根据图 7-3，休闲消费水平总体较低，但个别兴趣爱好活动比较突出。消费水平最高的两项兴趣娱乐休闲活动分别为网上消遣（达到 6273.4 元）和烹饪（5336.2 元），远远超出其他活动的消费金额。其他兴趣爱好活动、电子游戏、演唱会和绘画的休闲消费水平也较高，均在 1500 元以上。但其余休闲活动，尤其是棋艺类兴趣爱好活动年均消费普遍较低。说明不同活动间的休闲消费不平衡，休闲消费仍有较大的培育潜力。

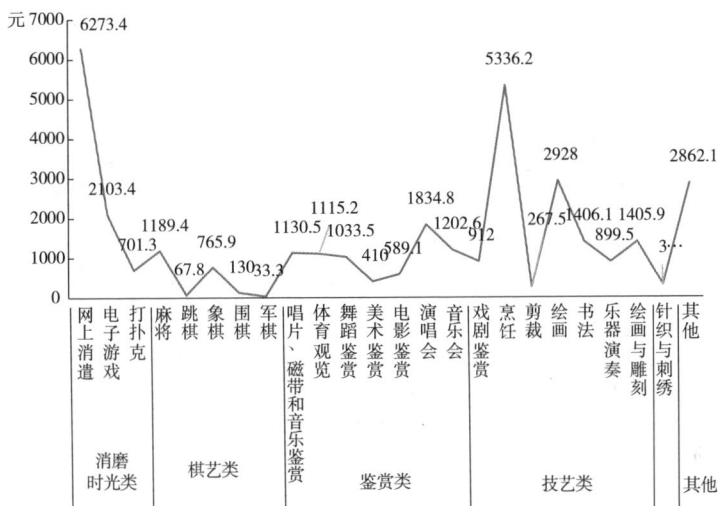

图 7-3　居民兴趣爱好活动的平均花费

三、兴趣爱好休闲活动参与群体的差异分析

（一）参与群体性别差异

1. 男性偏爱网络活动，女性倾向文艺活动

对不同性别群体的兴趣爱好休闲活动参与人数进行计算和比较，结果如图 7-4 所示。男性和女性群体参加兴趣爱好休闲娱乐活动的总人数差距不大，但在具体活动类别上差距较大。比较受男性群体偏爱的活动有电子游戏、打扑克、象棋和体育观览，而女性群体则更青睐于针织刺绣、烹饪、绘画和网上消遣。其中，差异程度最大的是电子游戏，参与人数相差 196 人，其他活动的参

与比例虽然也存在差异，但差异程度均在 20 人以下，尤其是书法、围棋、乐器演奏，男女之间参与人数的差异程度在 5 人以下。男性和女性各自偏爱的活动类型前三名分别为电子游戏、电影鉴赏、网上消遣和电影鉴赏、网上消遣、烹饪。可见，无论男女都偏爱电影鉴赏和网上消遣。两性群体的区别主要体现在男性对电子游戏的偏爱较大，而女性承担了更多的家庭责任，也对烹饪表现出更大的热爱。

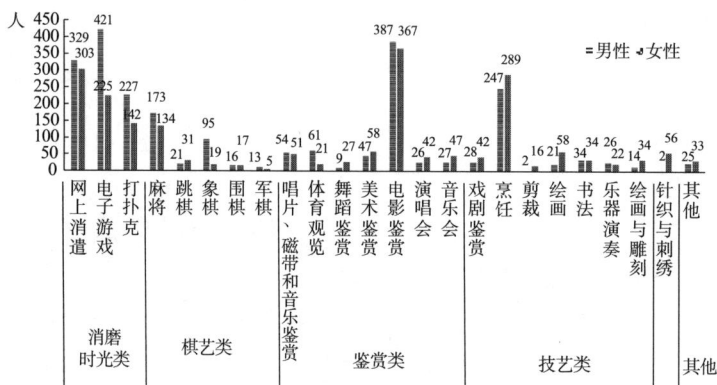

图 7-4　一年中受访者在各项兴趣爱好活动上的参与人数

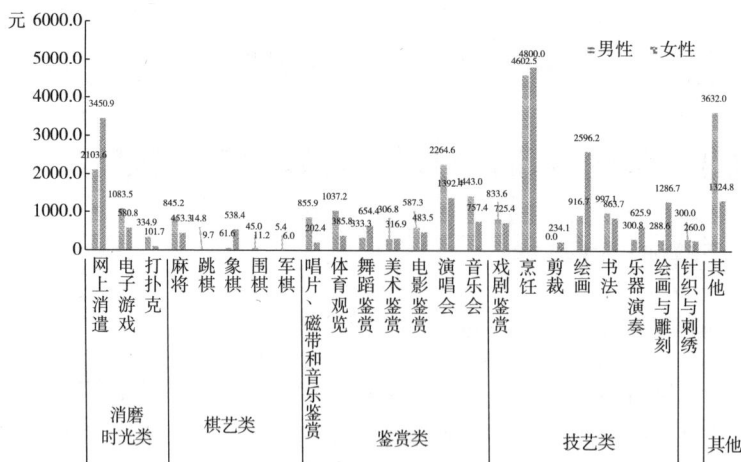

图 7-5　一年中受访者在各项兴趣爱好活动上的消费金额

2. 女性消费水平更高，男性音乐支出更多

将男女群体一年中各兴趣爱好休闲活动的花费绘制成图 7-5，对比可以看出，女性平均消费总金额高于男性。女性的花费高于男性的活动包括绘画、网上消遣和绘画雕刻，均超过近 1000 元，而男性的花费高于女性的兴趣爱好活动包括其他、演唱会、音乐会，均超过 600 元。男性和女性花费金额最多的三项活动分别为做菜肴烹饪、其他、演唱会和做菜肴烹饪、网上消遣和绘画。其中做菜肴烹饪的花费分别为 4602.5 元和 4800 元，说明不同性别群体都愿意在饮食上投入更多资金。但男性更倾向于音乐的支出，女性更倾向于绘画的支出，体现出由性别差异带来的兴趣爱好偏差。

（二）参与群体收入差异

1. 收入越高休闲活动人数越少

按年收入将受访者划分为五个群体，分析收入差异对兴趣爱好休闲活动参与人数的影响，如表 7-4 所示。除 0~4.99 万元收入群体外，随着收入的增加，居民在各项兴趣爱好休闲娱乐活动上的参与人数不断减少。收入较高和较低的群体分别面临着较大的工作或生活压力，难以有时间或金钱参与休闲活动。但不同收入群体对不同兴趣爱好休闲活动的偏好差距较大，差距最大的是电影鉴赏、电子游戏和网上消遣，其次为烹饪、打扑克和麻将，差距最小的分别为剪裁、军棋、舞蹈鉴赏和乐器演奏。说明中等收入居民有更多的时间参与耗时较长的休闲活动，但棋艺类、鉴赏类和技艺类活动的参与人数均较少。

表7-4　不同收入群体各项兴趣爱好活动参与人数（人）

一级分类	二级分类	项目	各项活动参与人数				
			0~4.99 万元	5 万~14.99 万元	15 万~24.99 万元	25 万~49.99 万元	50 万元
消磨时光类	—	网上消遣	29	229	202	134	38
		电子游戏	24	255	207	122	38
		打扑克	18	138	115	76	22
		麻将	13	111	91	73	19

（续表）

一级 分类	二级分类	项目	各项活动参与人数				
			0~4.99 万元	5万~14.99 万元	15万~24.99 万元	25万~49.99 万元	50 万元
棋艺类	—	跳棋	4	20	11	12	5
		象棋	7	43	31	24	9
		围棋	1	14	7	10	1
		军棋	1	6	4	6	1
鉴赏类	听觉艺术 鉴赏	唱片、磁带 和音乐鉴赏	10	37	27	24	7
	视觉艺术 鉴赏	体育观览	1	27	28	21	5
		舞蹈鉴赏	4	11	9	9	3
		美术鉴赏	1	38	29	26	11
	视听艺术 鉴赏	电影鉴赏	33	275	242	150	54
		演唱会	1	22	21	16	8
		音乐会	3	28	16	15	12
		戏剧鉴赏	6	15	25	22	2
技艺类	生活技艺	烹饪	24	184	165	122	41
		剪裁	3	6	5	4	0
	传统文化 技艺	绘画	1	25	22	25	6
		书法	2	24	20	13	9
	表演技艺	乐器演奏	4	14	13	14	3
	传统手工 技艺	绘画与雕刻	2	17	19	10	0
		针织与刺绣	8	12	23	12	3
其他类	—		3	25	13	15	2
平均值			9	70	60	43	13

2. 收入越高休闲消费金额越高

收入差异对兴趣爱好休闲活动消费金额的影响如表 7-5 所示。总的来说，人们的收入与在兴趣爱好休闲娱乐活动上的支出成正比。对比表 7-4 和表 7-5 发现，除 0~4.99 万元收入的群体外，不同收入群体的消费金额与参与人数成反比，进一步说明虽然高收入群体的休闲时间较短，但具有较高的消费能力。

不同收入群体对不同兴趣爱好休闲活动的消费偏好差距较大，其中差距最大的活动是绘画、体育观览和烹饪，差距最小的活动是跳棋、军棋和围棋。低收入群体（0~4.99 万元）倾向于烹饪、演唱会和打麻将的消费，高收入群体（50万元）倾向于绘画、烹饪和体育观览的消费。由此可见，低收入群体的消费能力较低，倾向于带来直接娱乐感受的休闲活动，高收入群体的消费能力较高，更倾向于通过培养兴趣爱好满足休闲需求。

表7-5　不同收入群体各项兴趣爱好活动消费金额（元）

一级分类	二级分类	项目	各项活动消费金额				
			0~4.99 万元	5 万 ~14.99 万元	15 万 ~24.99 万元	25 万 ~49.99 万元	50 万元
消磨时光类	—	网上消遣	422.7	2259.8	3041.6	3571.6	3025.3
		电子游戏	406.3	624.4	1015.2	1270.6	1386.8
		打扑克	72.2	120.2	171.6	441.2	877.7
		麻将	457.8	468.7	772.4	733.4	1323.7
棋艺类	—	跳棋	25.0	8.5	14.5	6.7	20.0
		象棋	14.3	5.1	141.5	452.1	58.9
		围棋	0.0	6.4	42.9	52.0	0.0
		军棋	0.0	3.3	0.0	8.3	30.0
鉴赏类	听觉艺术鉴赏	唱片、磁带和音乐鉴赏	50.0	163.9	1427.8	430.2	157.1
	视觉艺术鉴赏	体育观览	0.0	409.6	953.3	481.9	4700.0
		舞蹈鉴赏	50.0	233.6	522.2	1222.2	733.3
		美术鉴赏	100.0	282.9	305.6	366.9	322.7
	视听艺术鉴赏	电影鉴赏	304.7	424.7	600.7	698.0	515.5
		演唱会	1000.0	1324.5	1712.5	2300.0	1807.5
		音乐会	100.0	461.0	1139.5	1586.7	1610.0
		戏剧鉴赏	160.0	365.3	862.3	1105.0	750.0

（续表）

一级分类	二级分类	项目	各项活动消费金额				
			0~4.99万元	5万~14.99万元	15万~24.99万元	25万~49.99万元	50万元
技艺类	生活技艺	烹饪	5229.2	3875.5	4307.7	5202.1	8292.7
		剪裁	133.3	88.3	200.0	453.8	0.0
	传统文化技艺	绘画	200.0	590.0	1443.5	2440.8	10350.0
		书法	50.0	282.0	671.9	1161.5	3095.6
	表演技艺	乐器演奏	25.0	459.2	811.5	271.4	236.7
	传统手工技艺	绘画与雕刻	0.0	378.8	422.5	3332.0	0.0
		针织与刺绣	185.6	160.0	327.6	218.3	533.3
其他类	—	—	270.0	3056.3	1653.8	1933.3	3400.0
平均值			391.1	653.0	937.7	1206.0	—

（三）参与群体受教育程度差异

1. 大学生休闲活动参与人数最多

按受教育程度将受访者划分为五个群体，分析其对兴趣爱好休闲活动参与人数的影响，如表7-6所示。其中除研究生学历外，兴趣爱好休闲活动的参与人数随教育水平的增加而增加。并且大学学历的居民参与休闲活动的比例明显高于其他学历居民。一方面说明大学生有较多的时间参加休闲活动，另一方面说明受过大学教育的居民更懂得将更多的时间分配给休闲活动，以提升生活品质。但研究生学历的居民休闲比例明显偏低，这反映了我国居民休闲生活与受教育程度不匹配的现象。拥有研究生学历的居民往往拥有较高的收入和工作压力，休闲时间受到严重挤压。

2. 受教育程度越高休闲消费金额越高

受教育程度差异对兴趣爱好休闲活动消费金额的影响如表7-7所示。除小学学历外，居民的休闲消费金额随受教育程度的增加而增加。研究生学历的居民与较高收入者的情况相似，即虽然休闲活动的参与人数较少，但休闲消费水平较高。休闲消费金额最高的三项活动（除其他类外）分别为网上消遣、绘画和演唱会，说明研究生学历居民同时注重休闲消遣和休闲技能的学习。小学学历居民的较高休闲消费水平与休闲消费偏好有关，其消费最高的休闲活动为烹饪，属于生活技能的一种。而这项休闲活动的消费支出随着受教育程度的增加而下降，说明低受教育程度群体更多依靠自身厨艺的提高满足美食享受，而高受教育程度群体有更多满足美食享受的选择。

表7-6　不同受教育程度群体各项兴趣爱好休闲活动参与人数（人）

一级分类	二级分类	项目	各项活动参与人数				
			小学	初中	高中	大学	研究生
消磨时光类	—	网上消遣	14	40	80	450	46
		电子游戏	3	17	81	510	35
		打扑克	8	26	58	260	16
		麻将	10	21	47	214	15
棋艺类	—	跳棋	0	1	5	44	2
		象棋	5	11	26	66	6
		围棋	0	1	6	24	2
		军棋	0	1	4	10	3
鉴赏类	听觉艺术鉴赏	唱片、磁带和音乐鉴赏	2	4	12	74	12
	视觉艺术鉴赏	体育观览	0	2	14	64	2
		舞蹈鉴赏	1	3	4	22	6
		美术鉴赏	1	0	6	84	13
	视听艺术鉴赏	电影鉴赏	7	20	81	585	60
		演唱会	0	0	5	58	5
		音乐会	1	3	7	56	7
		戏剧鉴赏	3	1	10	47	9

（续表）

一级分类	二级分类	项目	各项活动参与人数				
			小学	初中	高中	大学	研究生
技艺类	生活技艺	做菜肴、烹饪	18	34	91	359	30
		剪裁	2	3	1	11	1
	传统文化技艺	绘画	1	2	6	63	7
		书法	2	2	11	47	6
	表演技艺	乐器演奏	0	1	10	31	6
	传统手工技艺	绘画与雕刻	0	3	3	37	5
		针织与刺绣	4	9	14	26	3
其他类	—	—	2	3	2	47	3
平均值			3	9	25	142	14

表7-7　不同受教育程度群体各项兴趣爱好活动消费金额（元）

一级分类	二级分类	项目	各项活动消费金额				
			小学	初中	高中	大学	研究生
消磨时光类	—	网上消遣	1139.3	907.9	2676.5	2778.8	3062.6
		电子游戏	0.0	100.0	553.3	1094.9	921.7
		打扑克	107.5	352.0	329.2	270.8	12.0
		麻将	1890.0	688.1	867.8	706.5	400.0
棋艺类	—	跳棋	0.0	0.0	6.7	15.8	0.0
		象棋	0.0	0.0	20.4	48.8	750.0
		围棋	0.0	0.0	130.0	23.1	0.0
		军棋	0.0	0.0	6.7	7.1	0.0
鉴赏类	听觉艺术鉴赏	唱片、磁带和音乐鉴赏	700.0	66.7	131.5	785.3	118.8
	视觉艺术鉴赏	体育观览	0.0	0.0	318.2	777.3	1500.0
		舞蹈鉴赏	3600.0	400.0	0.0	514.3	1000.0
		美术鉴赏	500.0	0.0	266.7	307.1	267.5

(续表)

一级分类	二级分类	项目	各项活动消费金额				
			小学	初中	高中	大学	研究生
鉴赏类	视听艺术鉴赏	电影鉴赏	128.6	173.1	760.5	547.2	428.0
		演唱会	0.0	0.0	1510.0	1941.4	2353.3
		音乐会	500.0	444.0	650.0	1435.9	840.0
		戏剧鉴赏	333.3	0.0	908.9	761.2	1340.0
技艺类	生活技艺	烹饪	10011.1	10410.3	6910.8	3861.0	2035.4
		剪裁	300.0	200.0	1000.0	68.1	0.0
	传统文化技艺	绘画	1000.0	0.0	812.5	937.5	2650.0
		书法	750.0	0.0	644.4	681.6	2222.0
	表演技艺	乐器演奏	0.0	0.0	53.3	489.1	60.0
	传统手工技艺	绘画与雕刻	0.0	100.0	0.0	570.6	1050.3
		针织与刺绣	375.0	394.4	296.5	301.2	133.3
其他类	—	—	500.0	433.3	300.0	2641.0	10000.0
平均值			873.9	626.7	780.6	885.9	1275.2

四、兴趣爱好休闲活动研究的结论与建议

(一)兴趣爱好休闲活动研究的结论

通过对2021年北京市居民兴趣爱好休闲活动的分析，可得出以下结论。

第一，居民的休闲活动主要以消遣为目的，技艺休闲活动较少。居民的兴趣爱好休闲活动主要为电影鉴赏、电子游戏、网上消遣和菜肴烹饪，消磨时光类活动参与比率最高，棋艺类、鉴赏类和技艺类的活动参与比率较低。

第二，不同兴趣爱好休闲活动的参与频率、陪伴者特征和消费金额存在差异。居民休闲活动的参与频率与参与比率类似，都倾向于消磨时光类活动。大多休闲活动都倾向于亲友陪伴或是一人进行，选择与工作单位的人、学校的人或是邻居陪伴的人数较少。休闲消费的整体水平偏低，网上消遣、烹饪和绘画活动的消费金额相对较高。

第三，不同性别、收入和教育群体的兴趣爱好休闲活动存在参与偏好差异。不同性别群体的休闲活动参与人数差距不大，但不同活动的参与偏好差距较大。不同收入和学历群体的休闲活动参与人数和不同活动的参与偏好差距均较大，且高收入群体和高学历群体均存在参与人数较低但消费金额较高的现象。

（二）促进兴趣爱好休闲活动参与的建议

第一，提供多样化休闲产品和服务。目前我国的休闲供给仍然以大众化的电视电影娱乐、棋牌娱乐、电子游戏为主，无法适应生活节奏加快休闲时间减少，但休闲需求尤其是高品质休闲需求增加的趋势。因此，企业要为消费者提供省时、质优的产品和服务，如集餐饮、娱乐、康体为一体的休闲场所，保证消费者有效利用其休闲时间。另外，应该把新科技不断应用于休闲领域，不断创造出新的休闲产品和休闲方式，满足居民多样化的休闲需求。

第二，提高居民休闲意识。要对居民进行宣传教育，不要因工作本位、工作优先而放弃休闲。事实上，合理地将空闲时间转化为有效休闲时间可以激发人的创造性，提高人的生产效率。

第三，提升居民休闲能力。提倡俱乐部方式休闲，通过专业的指导和交流以提高居民的休闲知识水平和技能。增加居民鉴赏类、技艺类活动参与比率，改善居民休闲活动结构，让人们能够有效、充分地利用休闲活动提升生活品质。

北京市居民学习研究休闲活动分析

8

王琪延　杨仕雄[①]

摘要　基于中国人民大学休闲经济研究中心 2021 年北京市居民生活时间分配调查数据，分析了居民学习研究休闲活动的参与情况。从参与度看，通过媒体学习的人最多，但通过俱乐部学习的人最少，外语和计算机为热门学科；从消费支出看，居民在参与各种学校与成教培训上花费的时间和支出最多；分组别看，高收入、高学历者的活动参与度更高且消费支出更多，40 岁以下群体的消费支出较高，男、女性分别偏爱理工类、文艺类学习活动。基于研究结果，认为应从激发休闲学习需求、提高学习服务供给两方面促进居民参与学习研究休闲活动。

关键字　学习休闲活动；休闲时间；休闲消费

休闲方式的逐步大众化、多样化，不仅丰富了居民的休闲生活，也促进全民休闲模式从以纯娱乐为主的浅休闲向深度休闲过渡和转变。作为深度休闲的重要实现途径，学习研究休闲活动逐渐受到人们的关注和推崇。随着社会发展、科技进步，人们进行学习研究休闲活动的形式、媒介和内容等都发生了较大的变化。本文基于中国人民大学休闲经济研究中心 2021 年北京市居民生活时间分配调查数据，从居民对学习研究休闲活动的参与程度、途径、内容、消费以及不同类型居民群体活动偏好的差异进行统计分析，揭示居民的活动参与现状，以期为引导居民深度休闲提供参考。

---

① 王琪延（1959—），男，中国人民大学休闲经济研究中心主任，教授，博士生导师，研究方向为休闲经济；杨仕雄（1996—），男，中国人民大学统计学院在读博士生，研究方向为经济统计。

一、居民参与学习研究休闲活动的概况

学习研究休闲活动指居民在闲暇时间出于兴趣爱好或提升自我修养的目的而进行的学习活动，旨在重视学习过程中的享受和放松，没有功利性的牵绊。我们对居民获取知识的来源途径或学习的场所进行了调查，问卷中的学习途径包括各种学校、职业训练学校、成人高等教育、用电视广播学习、在单位学习、在俱乐部学习、一个人和其他。同时对受访者在上述不同学习情境下学习的时长、内容以及花费进行进一步的调查统计，具体分析如下。

（一）通过媒体学习的人较多

对受访者"在过去一年是否有进行过上述学习活动"进行调查，并以选择"是"的人数比例作为某项学习活动的参与程度。同时，记录每个受访者参与各项学习活动的天数，并算得各项学习活动受访者参与的平均天数，如图8-1所示。

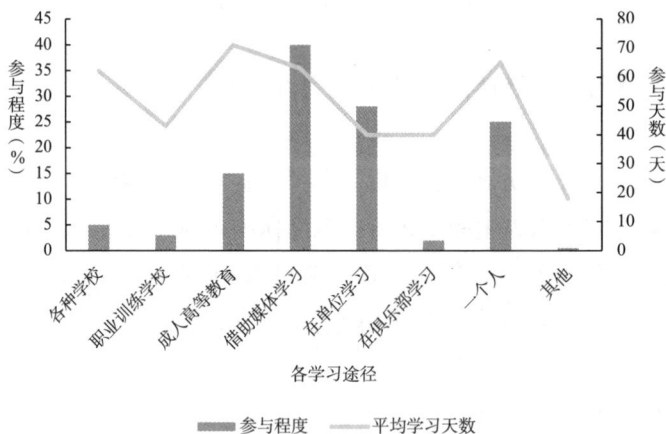

图 8-1　各学习途径的参与程度和天数

注：借助媒体学习：指借助电视、广播、手机、平板、电脑进行学习

根据图8-1，从参与程度可以看到，第一，在学习途径或平台的选择上，借助媒体进行学习的人数比例是最高的，约达到总体的40%。电视、广播、

手机、平板、电脑等大众媒体作为传播知识的重要平台，对于学习时间和空间的限制相对要小，人们获取知识的选择更加自由，因而受到一部分人的青睐。尤其是近年来在互联网技术、移动客户端迅猛发展的推动下，知识付费平台也迅速崛起，为各类媒体知识传播开拓了新的市场空间。知识付费是一种为了满足自我发展需要而去购买信息知识的互联网经济模式，知识付费产品供给形式灵活多样，互联网、移动客户端是其发展的最主要平台，视频、音频是主要的知识供给形式。此外，2021年疫情反复不断，居民的居家时间增多，很多人会利用媒体平台学习自己感兴趣的内容，给自己充电，这也是借助媒体学习的人数比例较高的原因。

第二，一个人学习和在单位集体学习两个选项下的人数比例也相对比较高，分别达到25.0%和28.1%。一个人学习相对自由，如今很多人不喜欢太多拘束限制，喜欢在相对更为放松、约束比较少的环境下学习。一些单位还会周期性组织员工集体学习培训，以提升员工职业能力和专业素养。

第三，通过各类专业学校进行学习的人数比例比较低，各种学校、职业训练学校和成人高等教育这三种学校途径下的学习人数比例合计仅为23.5%。各类学校包括教授各专业知识的学校。通过报名各类专业学校进行专门学习虽然有助于系统性掌握知识，但是学习时间通常较为固定，而且周期一般也比较长，除非是为了获取毕业证书等这类学历学位证明，对于已工作群体很少会入校进行二次深造，因为要付出时间成本相对比较高。

第四，几种学习形式中比例最低的是通过俱乐部学习。俱乐部学习通常是一群志同道合的群体为了共同的兴趣、爱好或事业而聚集到一起，进行交流、切磋，比如读书会。参与者通常也需要付出相对更高的经济成本和社会资源，因为这一类学习休闲形式不仅是为了知识的获取和延伸，也是交友、交际、拓展人脉以获取更多社会资源的重要方式，是俱乐部活动社交功能的重要体现。但从调查结果来看，俱乐部学习活动作为一种相对高层次的学习休闲形式，目前仅属于小众群体。

从各项学习活动的参与天数看，除其他项目外，"成人高等教育"学习形式的年均天数最多，为71天。成人高等教育毕业生在干部聘用、职称评审、工资待遇、晋级、报考公务员和研究生、报考资格考试等方面与普通高等教育同层次毕业生同等对待，对于需要提升学历的群体来说是一个很好的选择，且成人高等教育具备灵活的学习方式，且考试难度相对较小，因而越来越受到大众的青睐。其次是"一个人"学习，年均天数有 65 天，即平均约 4 天一次的频率，通常选择一个人安静学习的群体相对意志力比较强，尤其是基于兴趣出发的学习行为，一般不需要客观条件的督促也能保证一定的学习时长，且在相对宽松自由的空间、时间和形式的限制下反而可能会有更高的学习热情。"借助媒体学习"的学习形式，年平均学习天数达到 63 天，也是学习频率相对较高的一种学习形式。较高的学习频率与大众媒体具有的方便性、自由性，以及依托视频、音频传播知识的趣味性、灵活性都有一定的关系。可见，促进大众学习休闲频率的提高，互联网等大众媒体是重要的、极具发展空间的学习媒介。依托"各种学校"学习平均一年中有 62 天，在各类学校里，拥有专门的教育设施、专业的教育工作者，而且有着众多的学子相伴，具备浓厚的学习气氛，为学习科学文化知识和发展能力提供了充分的条件和有效的保障。学习时长最低的是"俱乐部学习"，这一种学习形式在国内还属于比较少见，参与者相对偏少。

（二）外语、计算机学习受偏爱

对居民在各类学习形式下学习内容的选择情况进行分析，从而揭示对于不同类型学习内容人们在学习形式上的选择偏好特征，结果如表 8-1 所示。

根据表 8-1，除其他项之外，在倾向选择学校学习的群体中，28.6% 的受访者是为了学习外语，选择人数比例相对高于其他几项学习内容，其次为学习社会科学和计算机相关知识的人数比例略高，达到 9.1%~15.6%；在倾向选择职业训练学校学习的群体中，选择学习工业技术的人数比例最高，为 20.4%，其次为计算机，达到 18.5%；在向选择成人高等教育进行学习活动的群体中，以选择学习外语的人数比例相对最高，为 23.7%，社会科学的学习人数比例也达到了 20.0%；偏好"借助媒体"的居民群体中，同样是以学习外语、计算机的人数比例比较高，分别为 22.0% 和 20.9%；偏好"在单位学习"的居民群体中，学习计算机的人数比例相对比较高，达到 19.8%，其次为工业技术；偏好"在俱乐部学习"的居民群体中，则以学习艺术文化的人数比例最高，为 18.5%，其次是对外语、医学保健和美发美容的学习；而偏好选择"一个人"学习的居民，22.3%是在学习外语，其次是对计算机和社会科学的学习。由此可见，外语和计算机是人们在闲暇时间，在各种学习形式下学习内容的首选。

表8-1　各类学习形式与不同学习内容的交叉分析（%）

学习内容	各种学校	职业训练学校	成人高等教育	借助媒体	在单位学习	在俱乐部学习	一个人	其他
外语	28.6	3.7	23.7	22.0	4.5	7.4	22.3	0.0
美术	5.2	1.9	0.0	4.8	1.1	3.7	7.0	0.0
工业技术	7.8	20.4	3.3	7.3	14.9	0.0	6.3	0.0
医学保健	6.5	11.1	2.0	8.1	5.1	7.4	8.8	9.1
美发美容	2.6	1.9	0.0	2.9	0.9	7.4	2.3	18.2
教育社会福利	2.6	1.9	3.7	3.3	3.1	7.4	3.8	9.1
社会科学	9.1	7.4	20.0	17.8	6.7	3.7	15.0	9.1
自然科学	3.9	0.0	2.9	8.4	3.6	3.7	9.3	9.1
艺术文化	6.5	7.4	1.2	12.4	3.6	18.5	13.5	18.2
时事问题	2.6	0.0	3.3	14.4	6.0	0.0	14.5	9.1
家政等	1.3	0.0	0.0	4.0	0.7	0.0	4.3	0.0
计算机	15.6	18.5	15.5	20.9	19.8	0.0	18.5	18.2
其他	45.5	37.0	63.3	39.8	49.7	55.6	40.9	72.7

对于外语学习，人们普遍倾向的学习形式是以学校学习为主，其次是一个人学习或是借助媒体学习两种形式；对于美术，人们最倾向选择一个人学习，其次是在学校学习；对于工业技术，人们选择最多的是在职业训练学校，其次是在单位学习；对于医疗保健的内容，"职业训练学校"是最主要的学习形式；对于美容美发技艺，选择在俱乐部学习的人数比例最高，为7.4%，而教育社会福利，各类学习形式下人数比例相差不多，均比较低，同样选择在俱乐部进行学习的人数比例最高，但仅达到7.4%；社会科学是以成人高等教育为主，而自然科学则是以一个人学习为主，这种学习形式更加便捷，没有时间地点限制；"艺术文化"选择在俱乐部学习的人数比例最高，达到18.5%；"时事

问题"则和自然科学一样是一个人学习的人数比例最高；家政作为一项生活或就业的技能，选择一个人进行的人数比例最高；最后，计算机对于学习形式的要求比较宽松，在各种学习途径下的人数比例分布较为均匀，其中以借助媒体学习和在单位学习的人数比例最高，分别为20.9%和19.8%。由此可见，借助媒体这一学习形式承担了大部分的学习内容；外语、美术一类知识的学习以学校为主要学习途径；自然科学、时事问题和计算机主要以一个人学习为主；美容美发、教育和艺术文化则主要以俱乐部学习为主。

（三）院校学习形式消费相对较高（各种学校）

调查中，对受访者一年中在业余学习活动方面的花费支出进行问询，进一步揭示居民学习类休闲的消费情况，具体如图8-2所示。

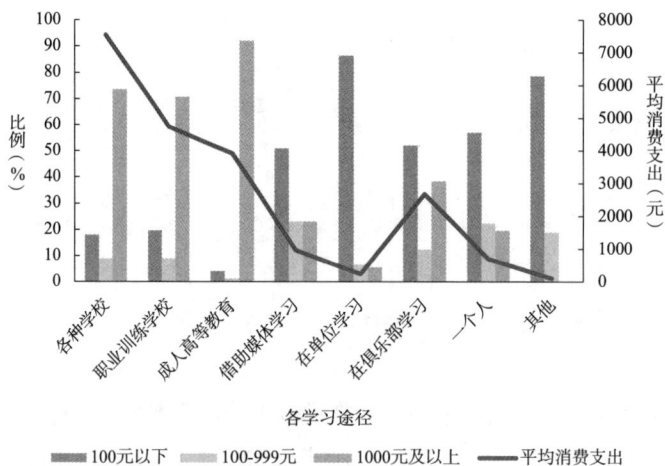

图8-2　居民在学习活动的年均花费

可以看到，在100元以下的消费区间，在单位学习这一项学习活动比例最高达到86.4%，其次是一个人学习和在俱乐部学习以及借助媒体学习，人数比例均在50%以上，成人高等教育人数比例最少仅有4.1%。对于100~999元消费区间，各个学习活动人数比例均比较低，除了借助媒体学习和一个人学习两项学习活动比例在20%以上，剩余几项学习活动人数比例均在10%左右或以下。对于 1000 元以上的高消费群体，成人高等教育、各种学校、职业培训学校三种学习形式的人数比例是较高的，均达到 70% 以上，明显高于其他几类学习形式。

进一步从各种学习形式的年平均消费情况来看，消费支出最高的学习形式是在各种学校的学习，年平均支出 7540.8 元，其次是在职业训练学校进行专业学习和成人高等教育学习，年平均消费支出分别为 4747.9 元和 3912.7 元，在俱乐部学习年均支出相对较高，为 2685.2 元。而借助媒体学习、一个人学习和在单位学习三种学习形式的消费支出明显低于前 4 种学习形式，年均支出在 1000.0 元左右或以下，最低仅为 238.9 元。

由此可见，学校这一类相对正规、系统的学习形式需要较高的消费支出，需要学习者具备一定的经济基础，这也是这几种学习形式参与人数相对较低的主要原因之一。而借助媒体、单位提供或是自学这几种形式则在经济投入方面要求较低，可以实现以较低的消费支出获取一定的知识信息，减轻了人们的经济压力，因而受到大众的普遍欢迎。

二、不同群体的学习研究活动分析

（一）参与群体的性别差异

1. 女性参与学习研究活动更积极

对不同性别受访者在一年中在各种学习形式下进行过学习活动的人数比例进行计算和比较，如图 8-3 所示。首先，整体上，女性在学习类休闲活动的参与率要略高于男性群体，在 8 类学习形式中，有 5 类女性群体的参与比例高于男性。其次，在各种学校、职业训练学校、俱乐部学习这几类学习形式的偏好选择上，男女两性群体差异不是很大。差异相对明显的学习形式主要是成人高等教育、借助媒体学习、在单位学校和一个人学习。男性和女性在借助媒体学习、在单位学习、一个人学习普遍参与率较高。而对于一些比较正式的机构各种学校、职业训练学校和在俱乐部学习普遍参与率较低，说明如今男性女性都更倾向于比较自由、现代化的学习方式，而不是局限于传统的学习形式。

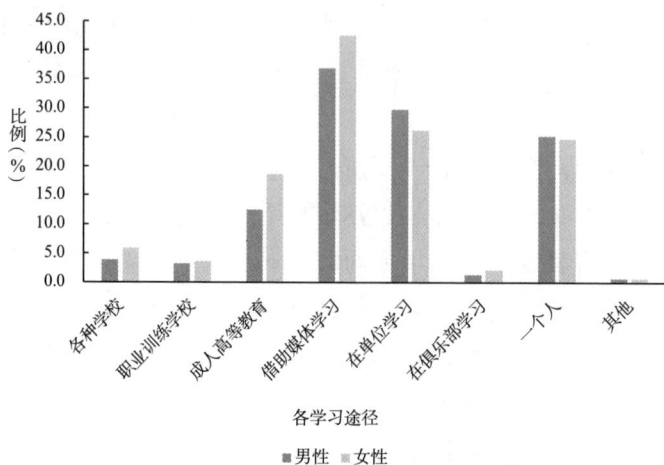

图 8-3 男女性学习研究活动参与度

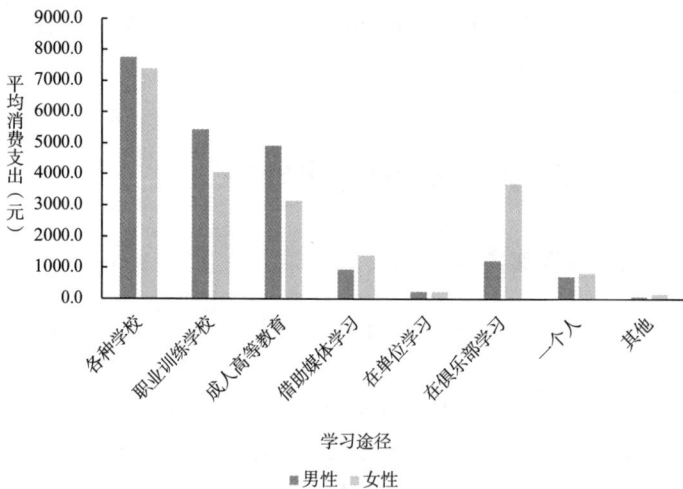

图 8-4 男女性学习研究活动平均消费支出

2. 女性平均消费支出更高

图 8-4 反映出男女在各学习途径上的平均花费和总花费。可以看出，第一，男性在各种学校、职业训练学校、成人高等教育上的消费支出比女性多，但男性参与这三类学习形式的比例低于女性，反映出男性系统性学习的知识所需花销较高，这类知识一般具有较高的技术性和专业性。第二，女性借助媒

体、在俱乐部学习和一个人学习的花销比男性高，尤其是在俱乐部学习，说明女性更愿意花费在灵活性高的学习方式上。第三，女性总平均支出比男性高，加之女性的参与度同样高于男性，体现出女性比男性更喜欢参与学习研究休闲活动。

3. 女性"偏文"，男性"偏理"

对男女群体在各种学习形式下学习内容的选择偏好进行比较分析，以揭示男女群体在不同学习形式下选择不同学习内容的差异特征，如表8-2所示。

表8-2　各类学习形式下不同学习内容选择的性别差异（%）

项目	各种学校		职业训练		成人高等教育		借助媒体学习		在单位学习		在俱乐部学习		一个人	
	男性	女性	男性	女性	男性	女性	男性	女性	男性	女性	男性	女性	男性	女性
外语	30.3	27.3	3.7	3.7	20.8	25.9	16.9	27.0	4.0	5.1	18.2	0.0	19.6	25.4
美术	9.1	2.3	0.0	3.7	0.0	0.0	3.8	5.7	1.6	0.5	0.0	6.3	3.7	10.8
工业技术	12.1	4.5	29.6	11.1	4.7	2.2	9.3	5.3	19.8	8.7	0.0	0.0	9.3	2.7
医学保健	3.0	9.1	3.7	18.5	2.8	1.4	5.4	10.7	3.2	7.7	9.1	6.3	5.6	12.4
美发美容	3.0	2.3	3.7	0.0	0.0	0.0	0.3	5.3	0.8	1.0	18.2	0.0	0.5	4.3
教育社会福利	3.0	2.3	0.0	3.7	1.9	5.0	3.5	3.1	3.2	3.1	0.0	12.5	5.1	2.2
社会科学	15.2	4.5	3.7	11.1	27.4	14.4	23.6	12.0	7.5	5.6	9.1	0.0	17.8	11.9
自然科学	9.1	0.0	0.0	0.0	2.8	2.9	11.2	5.7	4.7	2.0	9.1	0.0	13.1	4.9
艺术文化	9.1	4.5	3.7	11.1	0.9	1.4	10.5	14.2	4.0	3.1	18.2	18.8	13.6	13.5
时事问题	3.0	2.3	0.0	0.0	1.9	4.3	18.9	10.1	7.9	3.6	0.0	0.0	18.2	10.3
家政等	0.0	2.3	0.0	0.0	0.0	0.0	2.6	5.3	0.8	0.5	0.0	0.0	4.7	3.8
计算机	24.2	9.1	11.1	25.9	21.7	10.8	28.8	13.2	20.9	18.4	0.0	0.0	24.3	11.9
其他	42.4	47.7	40.7	33.3	48.1	74.8	34.5	45.0	44.3	56.6	54.5	56.3	40.2	41.6

可以看到，在"各种学校"学习的居民群体中，整体上男性选择这一学习形式明显高于女性，但女性选择医学保健和家政这些学习内容的人数比例要略高于男性，而男性则在社会科学、自然科学、计算机这些学习内容上的人数比例要明显高于女性群体。可见，在学校学习这一形式中，女性群体的总体参与度不高，男性在科学技术内容方面要明显高于女性群体。对于职业训练学校，整体上，男性选择这一学习形式的比例很低，只在工业技术这一种学习内容上的比例远远大于女性，而女性群体选择职业训练学校这一学习形式的人数比例要明显高于男性。可见，男性还是要侧重于科学技术类内容的学习。对于成人高等教育这一学习形式，女性学习内容的选择仅在外语、艺术文化和时事问题上稍高于男性的人数比例，而男性在社会科学和计算的选择上有明显高于女性的人数比例，其他项学习内容相差不多。

对于借助媒体这一学习形式，女性群体主要偏好的学习内容为外语、医学保健、美发美容、艺术文化这四类，有明显高于男性的人数比例。而男性群体所偏好的学习内容则有工业技术、社会科学、自然科学、时事问题和计算机这几类。可见，男性群体对于大众媒体的利用更为充分或是更为依赖，学习内容更为广泛。

对于在单位学习这一形式，男性选择人数比例普遍高于女性，差异主要体现在，女性学习外语、医学保健、美发美容的人数比例稍高于男性，而男性则更偏好工业技术、自然科学和时事问题的学习。

对于俱乐部学习这一形式，男女两性在学习内容选择上表现出明显差异，女性对教育社会福利的学习多于男性，男性在外语、美发美容、社会科学、自然科学学习方面明显有更高的选择偏好。可见，男性在俱乐部的活跃度、学习内容的广泛性都要高于女性群体。

最后，对于一个人学习这种形式，女性在外语、美术、医学保健、美容美发学习内容的选择人数比例相对高于男性群体，而男性则在工业技术、社会科学、自然科学、时事问题、计算机等学习内容的选择人数比例高于女性。这与前述分析中，男性相对更偏好于一个人学习的结论相一致。

（二）参与群体的年龄差异

1.39岁后学习参与度逐渐降低

根据受访者在一年中是否进行过某项学习活动的调查结果，我们进一步对不同年龄阶层的选择情况进行比较分析，以揭示不同年龄层群体所偏爱的学习形式特征，如图8-5所示。

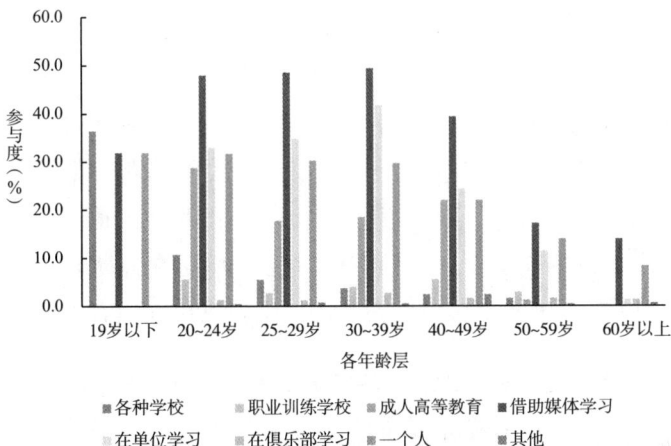

图8-5　不同年龄层的学习途径参与度

可以看到，首先，年龄越大参与各类学习形式的人数比例越低，尤其是50岁以上群体，各类学习形式参与人数比例最高的也仅为17.2%，尤其在学校类、培训机构、成人高等教育等正规学习途径的参与上，人数比例相对更低，最高也仅为1.6%。

其次，从各类学习形式上不同年龄阶层的比较来看，对于各种学校的学习形式，19岁以下是主要的参与群体，参与人数比例显著高于其他几个年龄阶层，达到36.4%。对于职业训练学校和成人高等教育的学习形式，20~24岁选择人数比例最高，分别为5.6%和28.6%。对于借助媒体学习和在单位学习这两种学习形式，30~39岁是主要的参与群体，人数比例均为最高，分别为49.4%和41.7%。对于在俱乐部学习，所有年龄层的参与度均较低，最高的是30~39岁人群，但也仅有2.7%。对于一个人学习，19岁以下人群最多，可以看出，随着年龄增长，一个人学习的比例明显逐渐降低此外，50~59 岁中年人选择借助通过电视广播学习的人数比例也达到 17.2%，是这一群体中人数选择比例最高的学习形式。可见，现代媒体作为信息时代的学习平台深受中青年的喜爱。

2.19 岁以下居民消费支出最多

进一步对不同年龄阶层在学习活动方面的花费情况进行比较分析，调查结果整理如表 8-3 所示。首先，居民学习研究平均消费支出基本随年龄增长逐渐减少，19 岁后、39 岁后、59 岁后出现三次断层式减少。一是因为人们的学习时间随年龄增长逐渐被工作时间代替，导致相应的学习消费支出下降。二是因为不同年龄居民所学内容差异大。19 岁以下人群除学校课程外，还有校外补习、兴趣班、特长班等，导致累计的消费支出高。上班族通常为了职业需要、技能提升等目的而学习，比较有针对性，产生的消费支出不像学生那么高。退休后的人们没有那么强的学习目的，消费支出在所有人群中最低。

表8-3　不同年龄阶层居民年均学习休闲消费（元）

年龄层	各种学校	职业培训学校	成人高等教育	借助媒体	在单位学习	在俱乐部学习	一个人学习	全年平均支出
19 岁及以下	6681.8	0.0	0.0	940.9	0.0	0.0	245.5	7868.2
20~24 岁	618.4	343.7	976.4	525.5	21.8	0.0	148.1	2633.8
25~29 岁	392.3	100.6	586.5	645.3	129.6	41.7	304.3	2202.3
30~39 岁	232.3	206.2	984.0	521.7	88.7	79.0	237.0	2350.2
40~49 岁	92.9	89.6	640.5	304.3	15.7	82.7	70.7	1296.4
50~59 岁	94.3	164.1	45.1	339.6	46.7	49.2	157.4	896.4
60 岁及以上	0.0	0.0	0.0	7.6	0.0	6.4	11.5	25.5

其次，从各学习途径看，在各种学校花费最高的是 19 岁以下人群；职业培训学校、成人高等教育、在单位学习花费较高的是 20~49 岁人群；借助媒体学习和一个人学习在各年龄段都很受欢迎；在俱乐部学习的人群年龄偏大，主要因为社交需求和弹性的学习时间。

3. 外语和计算机深受各年龄居民喜爱

对不同年龄层居民各项学习活动的参与度进行整理，具体如表 8-4 所示。

分年龄层看，19 岁以下居民参与外语学习的比例最高，达到 68.2%，其次是自然科学、美术计算机和社会科学，依次为 27.3%、18.2%、18.2%、18.2%，说明这类人群的学习内容多以文化课为主；20~29 岁居民参与外语和计算机学习比例较高，此类人群以语言和新兴技术为主要学习对象；30~49 岁居民学习外语、社会科学、计算机的比例最高；50 岁以上人群所有学习内容的参与度都不高，相对来说，医学保健、社会科学、时事问题是此类人群的关注点，主要因为这部分人上了年纪后工作内容减少，开始注重身体保健，还通过了解时事问题来充实休闲时间和聊天时的谈资。

表8-4　不同年龄层居民学习内容参与度（%）

项目	19岁及以下	20~24岁	25~29岁	30~39岁	40~49岁	50~59岁	60岁及以上
外语	68.2	31.2	27.2	22.0	23.6	4.9	1.3
美术	18.2	4.3	5.1	6.4	2.4	0.4	2.5
工业技术	4.5	7.3	13.7	14.6	10.2	4.9	3.2
医学保健	0.0	8.5	9.8	7.9	8.7	6.1	5.7
美发美容	0.0	3.4	2.5	3.2	2.4	0.8	0.0
教育社会福利	0.0	5.6	4.9	4.4	0.8	3.7	1.9
社会科学	18.2	13.7	13.7	26.2	30.7	7.4	5.1
自然科学	27.3	5.1	6.1	10.6	8.7	6.1	3.2
艺术文化	4.5	10.7	12.7	14.3	11.8	4.1	2.5
时事问题	13.6	9.0	9.6	19.0	9.4	9.4	7.0
家政	4.5	1.3	1.5	3.7	6.3	3.7	2.5
计算机	18.2	27.4	28.4	33.3	21.3	3.7	0.0

分不同学习内容看，外语学习参与度显著随年龄增长而降低，原因在于我国居民注重外语的学习，出于兴趣培养、成绩提升、出国留学等多种目的，学生是外语学习的最大受众群体，工作后很多人对提升外语能力的需要则大

幅降低。工业技术、艺术文化、计算机的学习参与度在 30~39 岁达到峰值，社会科学的学习参与度在 40~49 岁达到峰值，这几类学习内容有利于专业技术提升，而 30~49 岁正是人们事业巅峰期，因此相应的活动参与度较高。医学保健、美发美容、教育社会福利和家政的学习参与度在全年龄段都不高，这些内容一般较为简单且学习周期短，说明北京市民更喜欢学有深度的、有技术含量的内容。

（三）参与群体的收入差异

1. 收入越高学习消费支出越多

我们按收入将受访者划分为 5 个群体，分别从各类学习活动的参与度和消费支出分析不同收入群体的学习研究活动参与情况。

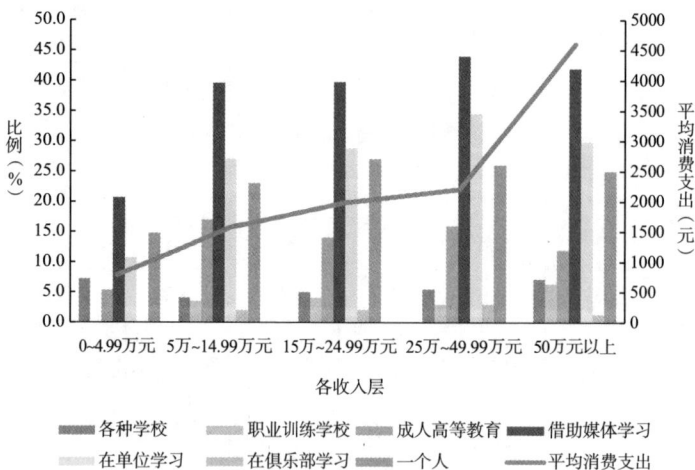

图 8-6　不同收入居民的学习途径参与度与平均消费支出

由图 8-6 可以看出，第一，学习研究休闲活动的平均消费支出随年收入的增长而增加，尤其是在年收入超过 50 万元时，平均消费支出最高，达到 4660.38 元。尽管年收入超过 15 万元后，居民整体学习活动参与度没有明显递增，但消费支出的逐渐增加，说明收入越多的居民会花越多的学费去学高质量课程。第二，从各种学习途径的参与度看，借助媒体学习是全收入段最受欢迎的学习方式，而在俱乐部学习的参与度则依旧最低，各途径的参与度没有显著的随收入增长而增长的趋势。第三，年收入在5万元以下的居民不论是学习活动参与度还是消费支出都最低，由于低收入的工作一般对专业知识和技能的要求低，因此这类劳动者的学习动力明显不如较高收入者。

2. 高收入群体参与各项活动更积极

从图8-7的学习内容来看，首先，外语、社会科学、计算机是三类最受各年龄层系喜爱的学习内容。其次，虽然0~4.99万元收入群体整体学习参与度最低，但在美发美容方面的参与度比其他收入群体更高，说明这类人群倾向于学习门槛低、易上手的技术。最后，年收入50万元以上群体在绝大部分学习活动中的参与度最高，反映出高收入者不仅爱学，而且学习面广泛，对各方面知识都表现出浓厚的兴趣。

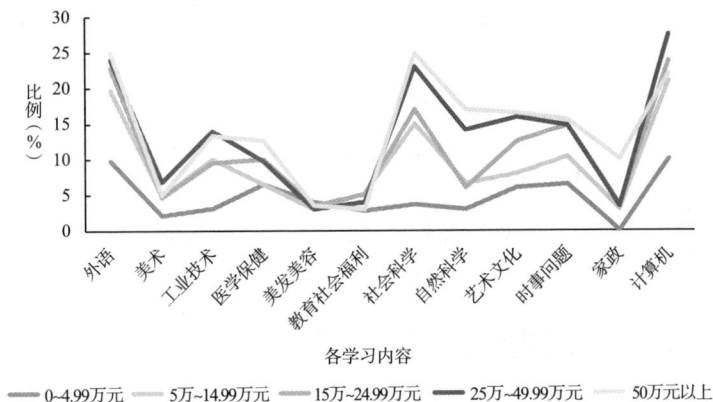

图8-7　分学习内容的不同收入居民学习活动参与度

（四）参与群体的学历差异

我们按学历将受访者分为5类，从学习活动参与度、消费支出、各科目参与度三方面分析不同学历居民的学习研究活动参与。

1. 学历越高越爱学习

从图 8-8 看出，学习研究活动参与度随学历的提升而增长，其中增长最明显的分别为在单位学习、借助媒体学习、一个人学习。一方面，学历越高说明居民受教育时间越长，已经养成了良好的学习习惯，并且高学历者学习的知识更深奥，需要不断钻研才能学透彻。另一方面，高学历者大多是知识型劳动者，不仅所处单位重视学习培训，会定期组织学习活动，而且此类人群为了提升自身能力会不断学习新知识新技术，从而在岗位上走得更高更远。

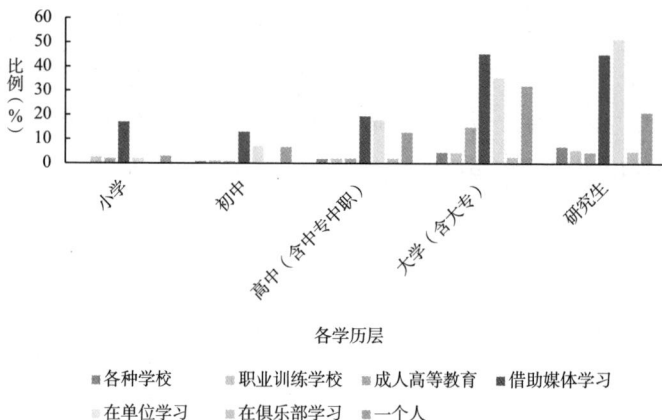

图 8-8　不同学历居民的学习途径参与度

2. 学历越高平均消费支出越多

据图 8-9 所示，首先，从平均值看，居民学习研究活动的平均消费支出基本随学历的增加而增加，反映出高学历者更重视对教育人力资本的投资。需要注意的是，虽然图 8-9 中显示小学学历居民的平均消费支出比初中学历的多，但如今小学和初中学历群体不论是就业待遇还是兴趣爱好都表现出较强的趋同性，因此二者可放在一起考量，不影响消费增加和年龄增长之间的正相关性。其次，研究生在各种学校、成人高教、借助媒体、俱乐部学习的消费支出都较高，反映出研究生群体学习途径多样，且重视学校上课这种正式的、系统性的教育形式。最后，低学历者在一个人和借助媒体学习的消费比其他途径多，体现出此类群体倾向于碎片化学习。

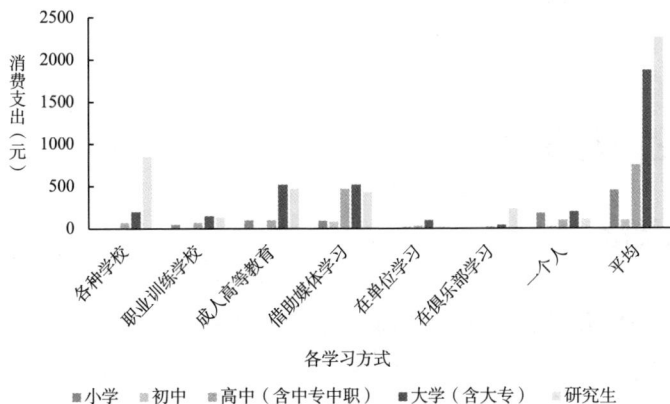

图8-9　不同学历居民的学习活动消费支出

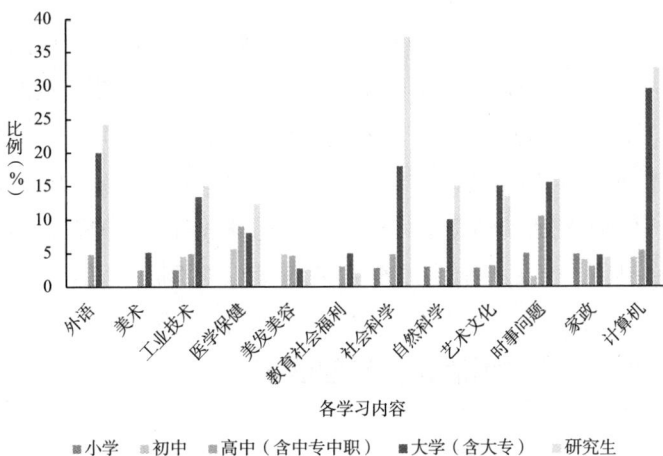

图8-10　不同学历居民分学习内容的活动参与度

资料来源：中国人民大学休闲经济研究中心

3.高学历者更关注专业性强的学科

从各项学习内容的参与分布来看，研究生在外语、工业技术、医学保健、社会科学、自然科学、时事问题和计算机的学习参与度比其他学历者高，尤其是在社会科学上表现出强烈的兴趣，达到38.24%，比大学生高出21.31个百分点，反映出高学历者不仅学习内容广泛，而且关注前沿技术和社会问题（图 8-10）。小学、初中学历者参与美发美容和家政的比例相对较高，再次反映出低学历者倾向从事门槛低且易上手的学习活动。

三、结论与建议

（一）研究结论

通过对 2021 年北京市民学习研究休闲活动的参与总况和群体差异分析，得出以下三点结论。

从总体参与度来看，居民通过媒体学习的比例最高，通过俱乐部学习的比例最低；居民在各种学校、成人教育、一个人学习上花费的学习时间最长；外语和计算机成为热门学习内容。

从总体消费支出看，居民通过各种学校、职业培训学校、成人高等教育学习的花费较高，而在单位学习、俱乐部学习、一个人学习花费较低。

从不同群体来看，女性参与学习研究活动更积极且更倾向于文化艺术类学习活动，男性更偏爱理工类学习活动；各年龄层均喜爱通过媒体学习，40 岁以下群体是学习研究活动消费主力军；收入越高学习活动消费支出越多，高收入者的学习兴趣更广泛；学历越高学习活动参与越积极、消费支出越多。

（二）促进学习研究休闲活动参与的建议

根据上述结论，从需求和供给两个方面提出建议。

提高居民的学习休闲意识，让休闲学习成为一种习惯。目前，居民学习研究休闲活动的参与度较低，最高不过 40%，大部分人仍偏爱其他形式的休闲活动。高效利用闲暇时间学习知识是提升自身修养与认知的有效途径。因此，应通过线上线下多个渠道宣传休闲学习的重要性，特别是通过线上流媒体、社交平台、电视广播等媒体传播休闲学习观念，提高居民休闲学习意识，激发居民的休闲学习需求。

提供形式多样、内容丰富、质量一流的休闲学习服务。居民的休闲学习途径广、学习科目多，而且不同群体的学习偏好有较大差异。因此，学校、培训机构、媒体平台等学习服务供应方不仅需拓宽服务供给渠道，不断丰富服务内容，还要针对不同人群设置差异化、个性化服务选项，以满足居民多样的学习需求。供给侧量变的同时还要注重质变，应对学习环境、场所设施、人员配置等方面进行优化，提升整体服务质量。例如，目前居民很少参与读书会这一俱乐部形式的学习活动，但在读书会中参与者不仅可以分享自己的读书心得，在交流过程中不断学习新东西，还能以书会友，拓展人脉。因此，活动组织者除了要通过不同渠道宣传活动外，还可提供线上线下多种参会形式，精心布置会场，合理安排活动流程，配备高素质的主持人，准备参会礼品或会后酒会等，满足人们高质量的学习休闲需求。

9 北京市民冰雪休闲活动消费偏好及满意度调查

王欣　胡娟　陈姝敏　周琳[①]

摘要 北京冬奥会的成功举办使得我国冰雪休闲运动迎来新的发展机遇，冰雪休闲活动日益成为北京市民青睐的休闲方式。从整体上看，北京市域雪上休闲场所分布受人口密度和经济水平因素影响大，主要分为冰雪文化体验型、冰雪技能学习型和冰雪休闲旅游度假型。从对北京市居民进行的问卷调查来看：北京冰雪休闲活动消费者更倾向滑雪、滑冰等传统冰雪运动项目，对冰雪体验类项目兴趣较低，此外消费者对于设施条件、服务质量和教学水平较为看重；北京市居民冰雪休闲活动参与率较高但整体滑雪水平仍处于初级阶段；消费者对于冰雪休闲活动整体满意度偏低。总体而言，冰雪休闲消费市场前景大好，在居民消费者中具有较高的受欢迎程度，未来也呈现出高质量、大众化、全时段、数字化转变的趋势。

关键字 冰雪休闲；消费偏好；消费满意度

一、北京市域冰雪休闲产品分布特征

（一）概况

北京市地处中国北方地区，具有良好的冰雪资源禀赋。气温优势是北京市

① 王欣，博士，北京第二外国语学院旅游科学学院教授，中国文化和旅游产业研究院副院长，研究方向为文化旅游和旅游目的地管理；周琳，北京第二外国语学院旅游科学学院硕士研究生，研究方向为文化旅游和冰雪旅游；胡娟，北京第二外国语学院旅游科学学院硕士研究生，研究方向为文化旅游和冰雪旅游；陈姝敏，北京第二外国语学院旅游科学学院硕士研究生，研究方向为文化旅游和遗产旅游。

域冰雪休闲产品能够快速领先发展的重要基础，有利于形成天然冰场，维持雪场稳定；三面环山地形优势扩展了北京市雪上产品的发展边界；城市的中心地位聚集了多样化需求群体，以高消费能力、高人口密度为主要特征，保证了北京市域冰雪休闲产品的持续发展进程。除上述三类优势以外，北京市域的湖泊资源是北京市域冰雪传统文化的孕育场所，尤以冰上文化最为突出，形成具备北京特色的冰上活动，如冰蹴球、冰上骑射、冰捶丸、冰蹴球射门、冰陀螺、冰木射等。直至今日，以什刹海、陶然亭公园为代表的公园湖泊依旧是冬季北京市民开展冰上运动的主要场所。截至2023年7月末，统计北京市域冰雪休闲场所共计145处。其中，冰场共计72处，滑雪场共计24处，以冰雪嘉年华为代表的嬉雪场共计49处。

按照地理位置与经营时节，将北京市冰场分为公园冰场与室内冰场。公园冰场，指建立在北京市属公园内，冬季受低温影响冻结的湖泊之上，具有一定面积的天然冰场，对气温条件要求苛刻，营业周期相对较短，由专业部门管理维护，并与公园自然景观融合形成"赏雪、戏冰"休闲场所。室内冰场，指在室内建筑空间依托高端技术与设备条件建设的真冰场，实现全年营业，一般位于社区附近的大型商场内，满足市民的日常冰雪休闲需求（图9-1）。

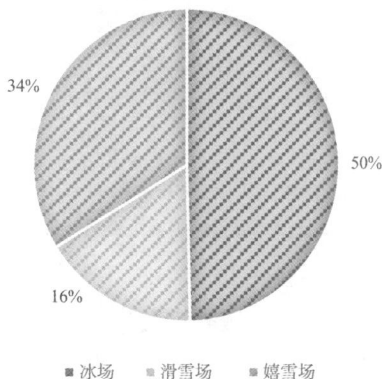

图 9-1　北京市冰雪休闲场所结构

按照雪场功能与资质，将北京市雪场分为滑雪场与嬉雪场。滑雪场一般指具备学习与练习滑雪的功能、提供相关教学服务与产品的场所，主要分为室内滑雪场与户外滑雪场。北京市户外滑雪场主要依托山地地形建立，位于城郊地带，也存在几处城市平地滑雪场供市民入门练习使用；室内滑雪场经营建设也受规模限制，数量较少。嬉雪场指依赖人工造雪，在一定区域范围内打造的主题冰雪空间，包括但不限于提供冰雪人造景观、冰雪体验项目等产品，"冰雪嘉年华"是北京市域内嬉雪场的主要品牌。由于北京市的天然气温条件，除了在各大公园内打造的嬉雪场以外，不少嬉雪场已被建立在城市内的各个角落。

（二）区域分布特征

总体来看，在北京市域范围内，冰雪休闲场所在朝阳区分布数量最多，共计 25 处，其次为海淀区，共计 19 处，昌平区共有 12 处。在这三个辖区范围内，冰雪休闲产品较为丰富。除上述三区以外，剩余 13 个区域的冰雪休闲场所数量都小于 10 处，其中，门头沟区仅有 1 处，有待进一步发展冰雪休闲产品（图 9-2）。

图 9-2　冰雪休闲场所空间分布

北京市冰上休闲场所分布与区域人口数量与经济发展水平密切相关，均匀分布于各区县。作为在北京市分布最为广泛、最接近市民日常生活空间、建设与经营受地理条件约束力度最小的冰雪休闲场所，冰场在北京市蓬勃发展。第一，北京市域范围内公园湖泊资源丰富，依托冬季较低气温，北京市湖泊易形成天然冰场，供市民休闲娱乐，在各区公园均有分布。第二，室内冰场作为全年经营场所主要位于人口数量大、经济发展水平高的区域。总体来看，朝阳区冰场数量最多，海淀区紧随其后，这与北京人口数量分布特征保持一致，也与北京市各区 GDP 分布特征匹配。

北京市雪上休闲场所的经营与发展主要依赖区域地形与人口数量。与冰场相比，在空间规模、场地条件、维护成本方面，滑雪场的建设与经营条件更为苛刻。户外滑雪场主要位于距离城市最近的山地，沿城分布。部分位于北京市城区，仅具备滑雪场基础功能，提供练习滑道与初级滑道。除户外滑雪场以外，室内滑雪场在北京市域范围内也有一定规模，如乔波室内滑雪馆。北京市内嬉雪场数量共计 48 处，以朝阳区与丰台区数量较多。与冰场建设与经营条件相似，嬉雪场经营维护程序较滑雪场容易。嬉雪场与冰场组合形成冰雪休闲产品，是当前城市公园冰雪休闲产品主要发展模式（图 9-3）。

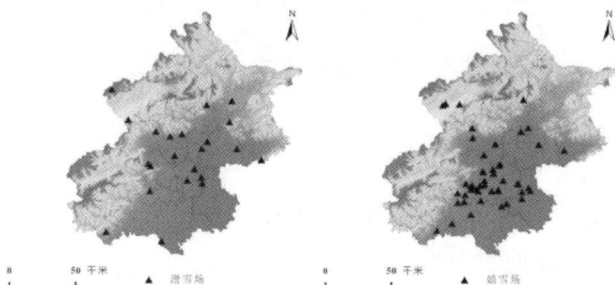

图 9-3　北京市雪场分布

（三）类别——据冰雪休闲产品功能划分

1. 冰雪文化体验型

冰雪文化体验型产品包括公园冰场、以冰雪嘉年华为代表的嬉雪场及平地建立的基础滑雪场。具有以下特征：

第一，距离市民日常生活空间近；

第二，供给产品丰富，能够满足多层次的休闲需求；

第三，游客游玩时长通常在 2~4 小时范围内；

第四，季节性明显，营业周期短。

如 2023 什刹海冰上嘉年华，总计开放时长不到 30 日，除了为市民提供传统冰上体验项目以外，还为市民举办了具有北方民族民俗娱乐观赏和军事意义于一体的冰嬉表演，多维度传播冰雪文化。此类冰雪休闲产品将冰雪文化与天然冰湖资源、人工冰雪景观资源组合打造，通过举办多样的冰雪活动、为市民提供大型冰雪场地、开展冰雪表演和比赛、冰雪文化展览、配备冰雪主题游乐设施等形式，宣扬冰雪文化、传播冰雪魅力，能够满足多样化大众冰雪休闲需求，适合多年龄段市民体验游玩（见表9-1）。

表9-1　北京市冰雪休闲产品分类

类别	子类别	示例
冰雪文化体验型	公园冰场、嬉雪场	什刹海冰雪嘉年华、朝阳区亚布洛尼滑雪场等
冰雪体育技能学习型	室内冰场、滑雪场	五棵松冰上运动中心、乔波室内滑雪馆等
冰雪休闲旅游度假型	度假村、度假区内滑雪场	国家高山雪场中心、昌平区军都山滑雪场等

2. 冰雪体育技能学习型

冰雪体育技能学习型产品的受众主要为冰雪体育运动爱好者，以冰上运动中心（俱乐部）、高标准滑雪场、冰雪运动竞赛场地为主，主要特征如下：

第一，产品完整度高，设施设备更为专业。如，能够为市民提供从基础到高级的专业技能教学服务，注重场地的标准化建设与运营。

第二，能够为市民提供精细的个性化服务。例如，针对具备不同技能基础的客户群体，能够提供定制化技能提升方案。

第三，用户黏性高，注重形成以冰雪运动俱乐部为核心的会员客户群体，客户忠诚度高。

第四，注重满足目标市场的技能学习与提升需求。

3. 冰雪休闲旅游度假型

北京市域内休闲度假型冰雪产品非常稀少，3处位于冬季滑雪度假村内，分别是军都山滑雪场、南山滑雪场、云佛山滑雪场，3处位于海坨山谷国际旅游度假区内，分别是国家高山滑雪中心、八达岭滑雪场、石京龙滑雪场，特征如下：

第一，产品综合性更强。除冰雪产品外，具备完善的住宿、餐饮、休闲娱乐等高品质配套服务。

第二，距离市区远。依赖山脉地形，滑雪场提供高标准的高级滑道，与市区有一定距离。

第三，游玩时间长。在完善的基础设施与丰富的休闲旅游产品的条件下，游客更偏好选择过夜停留。

二、北京市居民冰雪休闲需求侧调查样本概况

为深入调查北京市民冰雪休闲消费偏好及满意度，本研究选择在朝阳公园、奥林匹克森林公园对北京市民发放问卷，于 2023 年 7 月初完成问卷调研工作。总计回收 315 份有效问卷。围绕北京市民冰雪休闲消费偏好及满意度，问卷内容分为个人基本情况、冰雪休闲产品经济消费情况、消费选择偏好、产品需求、冰雪休闲产品满意度评价五大板块。第一，在个人基本情况板块，主要调查市民收入、家庭关系、经济关系；第二，在冰雪休闲产品经济消费情况板块，旨在了解市民在冰雪休闲产品上的消费水平与出游时间安排与花费；第三，在消费选择偏好板块，旨在分析不同经济特征市民的冰雪休闲产品消费偏好与消费习惯；第四，在冰雪休闲产品需求板块，旨在探索不同特征的市民对冰雪产品的需求侧重与供需匹配情况；第五，在满意度评价调查板块，旨在调查市民对京津冀空间范围内的冰雪产品供给满意情况，见表 9-2。

表 9-2　样本基本信息（%）

变量		样本数量比例	变量		样本数量比例
1. 性别	男	36.2	5. 是否为冰雪俱乐部会员	是	4.1
	女	63.8		否	95.9
2. 年龄	18 岁以下	1.6	6. 受教育程度	初中及以下	0.3
	18~25 岁	40.0		中专 / 高中	3.5
	26~45 岁	55.2		大专 / 本科	47.9
	46~60 岁	2.9		硕士研究生	45.1
	60 岁以上	0.3		博士研究生	3.2

（续表）

	变量	样本数量比例		变量	样本数量比例
3. 婚姻状况	已婚	35.2		0	26.0
	未婚	64.8	7. 家庭中受抚养的孩子数量	1	46.0
4. 职业	学生	25.4		2	23.2
	教师 / 科研人员 / 公务员 / 事业单位职员	13.3		3 个及以上	4.8
	公司职员 / 工人	53.7		5000 元以下	26.0
	农民	0.0		5000~9999 元	20.3
	退休人员	0.6	8. 月收入	10000~19999 元	34.6
	个体户 / 私营业主	2.2		20000~29999 元	8.3
	自由职业者	4.8		30000 元及以上	10.8

三、北京市居民冰雪休闲消费偏好及影响因素分析

（一）北京市民冰雪休闲出游消费偏好分析

1. 成本花费偏好分析

"有钱有闲"是居民休闲活动的前提。在本次问卷调查中，调查了北京居民是否参与冰雪休闲活动、参与冰雪活动频次以及经济和时间花费水平。根据数据显示，在 315 份有效问卷中，近 2/3 的北京居民都曾参与过冰雪休闲活动，其中在 2022 年至 2023 年参与过冰雪休闲活动的居民共计 152 人。

2022 年至 2023 年，北京市居民参与冰雪休闲活动频次集中在 1~2 次，比例超过半数，其次是 3~5 次，极少人在 2022 年至 2023 年间参与 6 次以上冰雪休闲活动。2022 年至 2023 年北京市居民单次参与冰雪休闲活动的经济花费集中在 200~499 元和 500~999 元，其次经济花费水平在 199 元以下或 1000~1999 元，也有个别居民在 2022 年至 2023 年北京市居民单次参与冰雪休闲活动经济花费在 2000~4999 元甚至 5000 元以上。而 2022 年至 2023 年北京市居民单次大多选择花费半日或一日时间参与冰雪休闲活动，也有一些居民花费两

到三天时间，极个别居民花费三天以上参与冰雪休闲活动。

从上述数据不难看出，冰雪休闲活动普及广，受众大，其在北京市居民休闲生活中占据不俗的地位。这与"3亿人上冰雪"口号的提出以及2022年北京冬奥会的申办成功有着密切关联，北京冬奥会和冬残奥会虽顺利完满落幕，但北京冬奥效应影响还在扩大，见表9-3~表9-6。

表9-3　北京居民是否参与冰雪休闲活动情况

是否参与过冰雪休闲活动	人数 / 个	占比 / %
参与过	209	66.35
未参与过	106	33.65

表9-4　2022—2023年北京居民参与冰雪休闲活动频次

频次	人数 / 个	占比 / %
0 次	57	27.27
1~2 次	110	52.63
3~5 次	32	15.31
6~10 次	3	1.44
10 次以上	7	3.35

表9-5　2022—2023年北京居民单次参与冰雪休闲活动经济花费

花费	人数 / 个	占比 / %
199 元及以下	29	19.08
200~499 元	66	43.42
500~999 元	31	20.39
1000~1999 元	18	11.84
2000~4999 元	6	3.95
5000 元及以上	2	1.32

表9-6 2022—2023年北京居民单次参与冰雪休闲活动时间花费

时间	人数 / 个	占比 / %
2 小时以内	16	10.53
半日	55	36.18
1 日	58	38.16
2~3 日	18	11.84
3 日及以上	5	3.29

2. 冰雪休闲活动选择偏好分析

旅游休闲活动方式多种多样，消费者的消费选择偏好也各有不同。在冰雪休闲活动选择偏好中，本问卷选取了消费者时间空间选择、交通和出游群体选择、信息接收渠道以及产品类型选择四方面进行调查。

在时间和空间选择偏好上，参与冰雪休闲活动的北京居民通常选择周末或节假日进行冰雪休闲活动，这和其他旅游休闲活动时间上的选择基本一致。在冰雪休闲活动地区选择上，集中在京内地区、津冀地区和东北地区，极少数选择了选项其他地区。此外，户外滑雪场和冰雪旅游度假区成为北京居民选择冰雪活动的主要场所。上述调查结果发现，北京居民冰雪休闲活动地区选择：一是以北京为中心向外辐射为特点；二是选择典型冰雪休闲品牌地区，这与疫情防控阶段特殊时期和冰雪品牌宣传有着紧密关系。

表9-7 北京市居民冰雪休闲活动时间选择

时间段	人数 / 个	比例 / %
工作日	7	3.35
周末	102	48.8
节假日	98	46.89
其他	2	0.96

表9-8　北京市居民冰雪休闲活动地区选择

地区	人数 / 个	比例 / %
京内地区	146	69.86
津冀地区	76	36.36
东北地区	48	22.97
西北地区	6	2.87
境内其他地区	5	2.39
境外	8	3.83

表9-9　北京市居民冰雪休闲活动场所选择

场所	人数 / 个	比例 / %
冰雪嘉年华	55	26.32
室内滑冰场	44	21.05
室内滑雪场	33	15.79
户外滑雪场	151	72.25
冰雪旅游度假区	63	30.14

表9-10　北京市居民进行冰雪休闲活动交通工具选择

交通工具	人数 / 个	比例 / %
单车出行	11	5.26
自驾出行	139	66.51
公共交通	88	42.11
步行	2	0.96
其他	4	1.91

　　在交通和出游群体选择上，北京市居民参加冰雪休闲活动时，更偏好自驾出行或公共交通这两种出游交通方式，也大多选择与亲朋好友或家人结伴进行

冰雪休闲活动。进行冰雪休闲活动场地大多分布在城郊边缘地带，距市民日常活动地点较远，因此绝大多数市民选择自驾或乘坐公共交通到达目的地。同时，冰雪休闲活动更偏向竞技、团体运动类项目，市民多结伴出行，见表9-7至表9-10。

在信息接收渠道上，数据分析表明，大部分北京市民在冰雪休闲活动的信息接收渠道上偏向于自媒体频道，尤其是大众点评、小红书等生活服务类App，这反映当前消费者更依赖网络平台的体验式宣传，相较于传统纸媒、旅行社宣传而言，其带来的影响更大。还有亲友推荐也占比较高，说明体验者自身宣传力度较大，人们对熟人的信赖程度也更深，见表9-11、表9-12。

表9-11 北京市居民进行冰雪休闲活动出游群体选择

出游群体	人数 / 个	比例 / %
独自出游	11	5.26
亲朋好友	172	82.3
家人	96	45.93
商业伙伴	10	4.78
其他	2	0.96

表9-12 北京市居民获取冰雪休闲场所信息的渠道

信息渠道	人数 / 个	比例 / %
生活服务类 App（大众点评、小红书等）	162	77.51
短视频类 App（抖音、快手等）	75	35.89
社交互动类 App（微信、微博等）	85	40.67
网络推送（今日头条、腾讯新闻等）	20	9.57
亲友推荐	100	47.85
电视、报纸等传统广告媒介	9	4.31
其他	3	1.44

冰雪休闲产品是冰雪休闲活动中最重要的组成部分，对消费者选择上有至关重要的影响。在产品选择偏好上，主要调查了北京市居民冰雪装备使用偏好和冰雪休闲产品偏好。从调查结果上看，北京市居民更偏向租赁装备或租赁与自备相结合，仅使用自备的冰雪装备的人群仅占 9.57%，见表 9-13。可以看出，在冰雪休闲活动越来越热的当下，冰雪装备产业前景尚好。

表9-13　北京市居民冰雪体育装备使用方式选择偏好

出游群体	人数 / 个	比例 / %
仅使用租赁装备	120	57.42
仅使用自备装备	20	9.57
组合使用租赁和自备装备	69	33.01

北京市居民对冰雪休闲产品的偏好在问卷调查中通过排序题的形式，设置了冰雪体育运动产品、娱雪戏雪产品、冰雪生态观光产品、冰雪人造景观产品、冰雪相关文创产品和冰雪休闲康养产品六个选项，根据被调查者对这 6 个选项的排序，利用计算公式：

$$Y=(\sum P \times W)/X \qquad (1)$$

式中，Y为选项平均综合得分，P为频数，W为权值，X为本题填写人次，权值由选项被排列的位置决定，该题中有6个选项，首要选择人数排在第一位的权值为5，第二位权值为4，第三位权值为3，依此类推，见表9-14。

表9-14　北京市居民冰雪休闲产品选择偏好

冰雪休闲产品	首要选择人数 / 个	首要选择占比 / %	平均综合得分
冰雪体育运动产品	106	34.98	4.11
娱雪戏雪产品	68	22.37	3.93
冰雪生态观光产品	42	14.33	3.39
冰雪人造景观产品	31	10.37	3.23
冰雪相关文创产品	45	15.2	2.89
冰雪休闲康养产品	23	7.85	2.56

统计分析显示，在北京市居民冰雪休闲产品偏好选项中，选择冰雪体育运动产品的频率最高，平均综合得分为 4.11，有 106 人将其作为首要选择，占总体的 34.98%。其次为嬉雪产品，得分为 3.93，68 人将其作为冰雪休闲产品偏好的第一选择，占样本总量的 22.37%，我们不难发现，消费者在冰雪休闲产品的时候，首要目的还是放松心情，体验冰雪运动。除此之外，冰雪生态观光产品所占比例也较高，为 14.33%，得分为 3.39，说明冰雪生态景观对于消费者来说具有一定的吸引力。冰雪相关文创产品虽然综合得分只有 2.89，但是在首要选择中，有 45 人，占总数的 15.2% 排在第三位，说明冰雪相关文创产品有着较大的提升潜力，随着"冰墩墩"和"雪融融"冬奥吉祥物的火爆出圈，冰雪相关文创产品吸引力要高于一般较为常见的文创产品。而在休闲康养旅游成为一大趋势的当下来看，冰雪休闲康养产品并未获得北京市居民的青睐，该产品在现阶段还未得到完全的开发宣传，基础设施还不完善，还有着相对较长的发展周期。

（二）北京市居民冰雪休闲需求及满意度评价分析

1. 冰雪休闲需求情况分析

休闲动机往往会转化成需求推动潜在消费者进行休闲活动。在问卷调查中，根据相关研究与调查的结论，关于北京居民参与冰雪休闲活动的价值需求共设置了 5 个选项，分别是娱乐休闲价值、社交情感价值、自我表达价值、素质提升价值和生态审美价值。同样通过平均得分的计算公式对这一部分数据进行分析整理，见表 9–15。

调查结果表明，娱乐休闲价值需求的确是消费者在冰雪休闲活动中的首选，有 178 人，占总样本的 57.42%，平均综合得分为 4.2，其次，社交情感价值和自我表达价值分别为 3.31 和 2.54，这和在出游方式中更多人选择群体结伴出游的结论相一致，见表 9–15。

在冰雪休闲场所吸引力方面，根据冰雪休闲活动吸引力因素的相关研究，本研究的问卷设计中选取了 7 类因素，分别为有力的安全保障、便利的基础配套设施、丰富多样的体验产品、独特优美的景观、完善的教学与实践功能、个性化的冰雪主题、温馨的餐饮食宿条件，运用之前的计算方法，对相关数据进行整理分析，见表9-16。

表9-15　北京市居民冰雪休闲活动价值需求

需求类型	首要选择人数 / 个	首要选择占比 / %	平均综合得分
娱乐休闲价值	178	57.42	4.2
社交情感价值	70	22.51	3.31
自我表达价值	20	6.56	2.54
素质提升价值	27	8.94	2.43
生态审美价值	20	6.62	2.19

表9-16　北京市居民冰雪休闲场所吸引力因素偏好

吸引力因素	首要选择人数 / 个	首要选择占比 / %	平均综合得分
有力的安全保障	105	33.87	5.17
便利的基础配套设施	53	17.21	4.73
丰富多样的体验产品	84	26.84	4.60
独特优美的景观	28	9.18	3.79
完善的教学与实践功能	8	2.62	3.37
个性化的冰雪主题	23	7.54	3.19
温馨的餐饮食宿条件	14	4.59	2.64

　　对于北京市居民来说，有力的安全保障是选择冰雪休闲场所的重要考虑因素，有105人将其首选，占总样本的33.87%，平均综合得分5.17，冰雪休闲活动有一定的技能性，若没有十足安全的安全保障系统会存在潜在的危险，因此，发展冰雪休闲项目，安全保障是冰雪休闲项目建设配置的重点。其次，便利的基础配套设施和丰富多样的体验产品得分分别为4.73和4.60，前者有53人将其作为选择冰雪休闲场所的第一选择，占样本总量的17.21%。后者有84人将其作为选择冰雪休闲场所的第一选择，占样本总量的26.84%。便利的基础设施满足消费者基本的生理需求，丰富多样的体验产品满足消费者娱乐需求，推动冰雪休闲产业发展，应多注重基础设施配置以及提供多样化体验产

品。此外，从调查结果上看，消费者并不过多在意场地餐饮食宿条件，这和消费者参与冰雪休闲活动花费时间也密切相关，大多北京市居民参与冰雪休闲活动时间花费多在一天以内，因此食宿条件并不是必要需求，但食宿是冰雪休闲产业主营业务外重要的收入来源，如何延长冰雪休闲消费链条，增加消费者停留时间是发展冰雪休闲产业需要进一步思考的问题。

2.冰雪休闲活动满意度评价分析

针对冰雪休闲活动的满意度评价的调查，本研究探究了北京市民对京津冀冰雪休闲空间的满意程度和当前冰雪休闲场所售卖的冰雪纪念品的满意程度。调查结果显示，北京市居民对京津冀冰雪休闲空间的满意程度接近于正态分布，但满意程度向一般偏满意一侧倾斜，总体来看满意人数多于不满意人数。而对于冰雪纪念品的满意程度来看，向一般偏不满意一侧倾斜，总体来看不满意人数多于满意人数。目前，大多冰雪休闲场所所售卖的冰雪纪念品千篇一律、品质低下、没有建立品牌意识导致消费者了解甚少且购买意愿不强。冰雪休闲纪念品应融合景区品牌意识，充分考虑消费者购物需求，增加纪念品文化附加值，将"无人问津"的冰雪休闲纪念品变为"流量密码"，见表9-17、表9-18。

表9-17　北京市居民对京津冀冰雪休闲空间满意程度

满意程度	人数 / 个	比例 / %
非常不满意	2	0.96
不满意	10	4.78
一般	116	55.5
满意	77	36.84
非常满意	4	1.91

表9-18　北京市居民对冰雪纪念品满意程度

满意程度	人数 / 个	比例 / %
非常不满意	8	3.83
不满意	38	18.18

满意程度	人数 / 个	比例 / %
一般	129	61.72
满意	26	12.44
非常满意	0	0
其他	8	3.83

（三）突出特征及影响因素分析

1. 北京市居民冰雪休闲活动参与率较高但整体滑雪水平仍处于初级阶段。

本次问卷调查中近七成的受访者曾参与过冰雪休闲活动，其中有 27.27% 的受访者滑雪或滑冰水平为零基础，49.76% 的受访者滑雪或滑冰水平为入门水平，仅 0.96% 的受访者的滑雪或滑冰水平为高级水平。

其主要原因是北京地处中国北方地区，拥有丰富的冰雪资源，同时受 2022 年北京冬奥会的影响，北京市居民参与冰雪旅游及各项冰雪活动的热情被推向了新高度。但目前北京市居民尚未形成冰雪体育锻炼的意识，大多数参与者仍是抱着尝试新鲜感的态度参与冰雪休闲活动。同时，滑雪、滑冰等冰雪项目参与门槛较高且具有一定危险性，需要使用专业设备前往专业的场所并最好在专业人士陪同下参与，而北京市滑雪场主要位于城郊地区，受时间和资金成本影响也使部分市民只进行了一次性体验消费。

除此以外，"冬奥热"后北京市冰雪休闲活动缺乏创新且未形成品牌效益，整体发展较为缓慢，无法将这些"一次性体验"的居民转化为忠实重游者。

2. 北京市居民对冰雪休闲活动的平均消费水平处于中端水平，一次性消费较多。

本次问卷调查中参与过冰雪休闲活动的受访者中，单次活动花费在 200~499 元的消费者占到了 43.42%，500~999 元的消费者占到了 20.39%，使用租赁设备的消费者也较多，说明北京市居民总体的冰雪休闲活动消费水平仍处于中端水平。同时，从本次调研中发现参与过冰雪休闲旅游的北京市居民中大部分 2022~2023 年参加冰雪休闲活动的天数不超过 2 次，许多居民都是一次性消费。

其原因一方面是由于设施设备成本较高，冰雪休闲活动特别是冰雪体育休闲活动参与门槛较高，无论是经济成本还是时间成本在休闲活动中都相对较高。另一方面，目前许多居民参与冰雪休闲活动是受到冬奥会的影响，冰雪文化认同感较为薄弱，而长久性的活动参与还需要冰雪休闲目的地不断优化、完善产业结构。

3. 冰雪休闲活动爱好者对于同一目的地的重游意愿较高。

虽然目前许多北京市居民对于冰雪休闲活动整体重游意愿并不高，但对于冰雪休闲活动爱好者而言在同一冰雪休闲场所重复参与冰雪休闲活动的意愿较高。其原因主要是对于北京市居民而言，可供选择的短距离冰雪休闲空间较少，通常他们会选择更加方便的目的地。同时，大多数冰雪休闲地依赖于冰雪自然资源，同质化竞争严重，能够给消费者带来的体验大同小异，区分程度较低。

4. 北京市居民对京津冀冰雪休闲活动满意度较低。

本次问卷调查中受访者对于京津冀冰雪休闲空间的满意度相对较低，55.5% 的受访者选择了一般，而对于当前冰雪休闲场所售卖的冰雪纪念品的满意程度更是有 83.73% 的受访者选择了相对负面的选项。其主要原因是目前京津冀冰雪休闲产业的创新性动力不足，市场主体不强大，冰雪旅游发展仍处于资源驱动发展时期，融合驱动、科技驱动等创新性动力不足。相对初级的冰雪休闲产品无法满足人们日益增长的对于冰雪休闲活动的需求，因此满意度相对较低。而冰雪纪念品方面，除了冬奥会的纪念品外各冰雪休闲空间并未推出具有特色与吸引力的纪念品，同样无法满足消费者们的需求。

四 北京市居民冰雪休闲需求侧未来发展趋势

（一）北京市居民对高质量、个性化的冰雪休闲活动消费需求不断增加

北京冬奥会成功申办并举办以来，冰雪休闲活动实现了飞跃式发展，从冰雪旅游人均消费看，目前我国冰雪旅游消费市场正在进行结构性调整，高频次

冰雪旅游消费未来将成为一种常态，国内冰雪旅游逐渐从体验阶段过渡到刚性生活需求阶段，逐渐从传统的冰雪观光旅游转向冰雪体育技能学习型产品。而冰雪体育技能学习型产品的高质量发展除了依赖当地生态资源外还需要市场主体对冰雪产品及结构进行不断优化。目前的冰雪体育技能学习型产品大多仍缺乏自主创新力和品牌竞争力，各项目没有形成板块联动，同时运营模式也相对落后，市场扩展能力较弱。

作为冰雪休闲活动中具有巨大发展前景的冰雪体育技能学习型产品，未来仍需不断丰富产品种类，需要开发更多的冰雪主题游线路，开发冰雪运动、冰雪探险等多种旅游体验产品以满足不同游客的需求。同时，需要对冰雪场地设施以及冰雪运动设备进行不断升级，保证安全性，融入市场新兴的运营方式如"数字冰雪产业"等方式不断提升国内冰雪产品与设备的品牌效益，以提高自身竞争力。除此以外，还需要培养更多专业的冰雪体育人才，填补人才空缺，从而提高冰雪体育技能学习型产品质量。

目前，京津冀地区冰雪休闲产业供给结构仍不尽合理，从产业结构看，以观光为主导的冰雪休闲产品仍占主导，以度假为特色的冰雪休闲产品缓慢发展，以冰雪为中心的综合性、多样化、一站式的冰雪旅游产业体系尚未完全形成。未来冰雪休闲产品需要增强创新发展能力，围绕"冰雪旅游+"的模式培育、拓宽产品内容，同时为满足北京市居民不断增长的休闲、度假、体验型产品需求，需要继续完善冰雪休闲产业结构，为居民提供更高质量、能够满足个性化需求的冰雪休闲活动。

（二）冰雪休闲市场进一步呈现年轻化趋势

根据《中国冰雪旅游消费大数据报告（2023）》显示，2022年滑雪场中20~30岁的消费者最多，滑雪成为"90后""00"后的运动"新宠"，冰雪旅游市场将进一步呈现年轻化的趋势。同时受北京冬奥会的影响，青少年冰雪运动的培养成为发展趋势，青少年逐渐成为冰雪文化传播和冰雪旅游体验的重要主体。

同时，在本次问卷调查中，18~25岁的受访者中参与过冰雪休闲活动的人数占到了59.52%，而26~45岁的受访者中参与过冰雪休闲活动的人数则占到了71.26%，且未参与过冰雪休闲活动的年轻受访者也表示了想要参与冰雪休闲活动的意愿。年轻群体参与冰雪旅游比例逐渐提升，冰雪旅游呈现"年轻化"趋势。

（三）消费群体大众化

受北京冬奥会"三亿人上冰雪"的目标影响，北京市参与冰雪休闲活动的人群从小众爱好者转向大众群体，许多消费者抱着好奇心尝试参与了冰雪休闲活动，京津冀周边冰雪休闲空间成为北京市居民周末本地游、周边游的重要选择。但与此同时如何将这些一次性体验消费者转化为长期冰雪休闲活动爱好者是未来冰雪休闲活动主体发展的重要问题。

（四）冰雪休闲空间消费者用户黏性相对较高

从本次问卷调查中我们很明显地能够发现对于北京市冰雪休闲爱好者而言，他们选择同一冰雪休闲空间的意愿相对较高，但同时许多市民仍属于体验阶段，一次性体验活动较多。因此，冰雪休闲空间需要提升冰雪休闲活动的运营与宣传方式，通过增加新的冰雪休闲产品推陈出新，不断扩大市场人群。对于冰雪休闲爱好者，冰雪休闲空间需要继续加强服务产品质量，完善场所设施设备，加强科技创新手段在景区管理、装备制造中的应用，从而提高这些冰雪休闲爱好者的用户黏性。而对于追求新鲜感的一次性体验者，冰雪休闲空间需要提供更能满足消费者需求的产品，注重与消费者建立良好的关系，并在这一过程中提升消费者对于冰雪休闲活动的兴趣。

（五）全季冰雪休闲活动需求不断增加

传统的冰雪休闲活动具有非常明显的季节性，许多冰雪休闲空间在非雪季期间基本处于停业状态。从室内滑雪、滑冰的常年火爆可以看出消费者们对冰雪休闲活动的全季需求正在不断增加。而如今各类"冰雪+"融合发展模式正不断涌现，在非雪季期间可以借鉴国外成熟雪场通过开展各类赛事、研学，同时融入冰雪元素，力争突破季节限制，实现向全季经营模式的转型。

（六）冰雪休闲活动数字化发展

冰雪休闲活动数字化是实现冰雪休闲活动高质量发展的重要抓手，加强科技赋能，建立"互联网+"数字化发展模式，扩展冰雪休闲活动数字化应用场景，同时冰雪休闲活动数字化发展也能够有效促进多方面、多角度、多维度产业融合。而京津冀地区拥有强大的技术背景，拥有发展冰雪休闲活动数字化的技术优势和经济优势。

10 疫情后休闲需求变化趋势

王欣 邹明乐 叶英洁[①]

摘要 本文以疫情后休闲需求为研究对象，认为北京休闲需求将全面释放，促使休闲产业步入复苏发展新阶段。然而，与疫情前不同，疫情后人们的休闲观念发生转变，更加注重健康、安全和品质，"健康＋旅游"休闲理念深入人心。但与此同时，仍存在供需不匹配、休闲旅游产品滞后、休闲时间不足、景区人潮拥挤、安全隐患等制约因素导致休闲需求难以释放的现象。对此，本文建议应从设施、管理和产品三方面加强旅游消费供给能力，从调整节假日和优化景区接待能力两方面完善旅游需求调控管理，以刺激休闲旅游消费，进一步促进休闲旅游健康可持续发展。

关键词 休闲趋势；休闲业态；休闲制约；休闲发展

一、疫情后休闲需求总体趋势

2020 年年初，突然暴发的新冠疫情给我国乃至全球都造成了不可估量的影响。人们的生活方式、工作方式乃至行为方式都被迫发生了变化，也重塑了人们对休闲生活的追求理念[②]，推动了信息科技的发展。经过 3 年坚持不懈的抗疫工作，"出入查验行程卡、健康码""划分中高低风险区""静态管理"等疫情管控的日子变成了过去式，人们不再有出行限制。但在"疫前自由出

---

① 王欣，博士，北京第二外国语学院旅游科学学院教授，中国文化和旅游产业研究院副院长，研究方向为文化旅游和旅游目的地管理；邹明乐，北京第二外国语学院旅游科学学院硕士研究生，研究方向为乡村旅游和遗产旅游；叶英洁，北京第二外国语学院旅游科学学院硕士研究生，研究方向为文化旅游和遗产旅游。

② 吴文新，张芮昕. 安全与健康：后疫情时代绿色科技与生态休闲的融合 [J]. 烟台大学学报：哲学社会科学版，2022，35（6）：1-12.

行—疫情限制出行—疫后恢复出行"这一过程中,人们对休闲需求,"量"的方面一直保有热情;而"质"的方面,在信息技术和疫情的双重影响下促使多种休闲产业新业态新现象孕育而生[①],转变着消费者的休闲需求与休闲观念。

疫情后,出行限制的解除必然会导致休闲需求大释放,促使休闲产业步入复苏发展新阶段,所以休闲需求的变化是值得社会和企业共同关注的话题。

(一)疫情后休闲产业复苏

2022年12月7日,国务院联防联控机制综合组发布的《关于进一步优化落实新冠肺炎疫情防控措施的通知》表示优化防疫措施,不得采取各种形式的临时管控,预示着国内疫情管控基本全部放开。2022年12月25日,国家卫健委宣布"即日起不再发布每日疫情信息",意味着疫情防控工作已经告一段落,公众已失去了解疫情信息的必要性,人们的日常生活逐步恢复到疫前状态。

1. 休闲实体消费加速复苏

疫情管控全面放开以后,北京休闲产业线下实体消费,如餐饮业、旅游业和娱乐业等消费业态开始逐步回归常态。从"闭门歇业"转向"门庭若市",休闲需求得到了极大的释放。2022年12月28日,根据零售平台美团的销售数据显示,过去的一周时间里,北京市到店餐饮消费订单数量环比增长218%,娱乐休闲行业KTV消费量环比增长281%,旅游休闲行业北京环球度假区消费量环比增长120%等。可见,北京休闲产业在加速复苏,北京居民休闲需求在迅速释放,城市的"烟火气"在快速燃起。

2. 休闲产业业态加速升级

经历了三年疫情,传统单一的休闲业态再也满足不了消费者对于休闲消费需求。多种元素组成的新业态新产品,通过精准把握当代消费者的猎奇心理,

---

① 陈琳琳,雷尚君.后疫情时代休闲旅游业发展新模式探索[J].价格理论与实践,2021(4):5.

快速出圈走进大众的视野。如 2022 年冬季，随着冷空气的来袭，"围炉煮茶"结合了"喝茶、取暖、聊天、拍照"等休闲特征火爆一时，有效地拉动了线下经济和网红经济，成为消费的顶流。同时，与精致露营、剧本杀等新业态一样为消费者搭建了适宜的社交和休闲场景，但其难以成为新的消费风口。根据 Tech 星球的调查，多数消费者表示虽体验感不错，但大概率不会进行二次消费；许多商家也表示围炉煮茶可以作为引流产品，但难以成为营收支柱，它需要持续地创新和调整产品内容和环境氛围，不然难以调动消费者的好奇心。此外，周边游、营地游、民俗体验等产品的开发运营，更是加强了休闲产业场景感和参与感，也使休闲产业业态加速升级。

（二）疫情后休闲潜在需求激增

疫情期间，大众都被限制出行，只能通过浏览网络的方式游览世界。而正是因为网络的传播，人们接触到了更广阔的生活，导致其潜在休闲需求也在不断增加。尤其受冬奥会和疫情的影响，人们对户外休闲和线上休闲产品的潜在需求均在进一步加强。

1. 户外休闲产品潜在需求增加

疫情下城市居民因旅游受限、娱乐场所关停，致使兼具休闲和社交属性的短途城市户外休闲活动受到了广泛关注。2020 年首轮疫后恢复以来，国内"露营""飞盘"等轻户外运动形成热潮，2021 年小红书露营相关笔记发布量同比增加 5 倍。同时在冬奥会的推动下，冬季冰雪户外运动也上升到了新高度。京东运动消费数据显示，近年来冰雪运动相关商品成交总额呈明显上升趋势，2022 年同比增长 114%。可见，城市居民对户外休闲产品的需求在持续增强，而受疫情影响，多数居民由于受房贷、车贷等影响，或是周边暂无合适的休闲产品，导致对户外休闲产品怀有强烈的需求愿望却无法释放。

2. 线上休闲产品潜在需求增加

休闲产品线上化是近几年休闲产业发展的一个态势，主要体现在居民线上休闲娱乐时间的大幅增长。据调查，北京居民人均每日使用手机电脑的时长为

3小时7分钟，其中，68%的居民每日除了工作学习的时间，使用手机电脑的时长为2~4小时，主要用于浏览自媒体67.6%、人际交往65.3%、听歌影视51.3%、阅读新闻48.8%、购物40.8%、游戏27.8%等①。线上休闲已经成为北京居民主要的休闲方式，但同时有部分居民表示，在进行线上休闲时常常找不到合适的休闲产品，只能通过刷视频等方式消磨时间，未能得到有效休闲。因此，线上休闲产品也是值得关注的重要方面。

（三）疫情后休闲消费观念转变

疫情的暴发和持续对全球经济产生了巨大的冲击，人们的生活方式和消费观念也随之发生改变。疫情后，人们在休闲消费方面更加注重产品的安全、健康与可持续性，消费观念上呈现出更加理性和稳健的特征。

1. 健康与安全成为休闲消费关键词

疫情让人们深刻意识到生命的宝贵与脆弱，也更加明白健康与安全的重要性。因此，疫情后人们在休闲消费方面将比疫情前更加注重休闲产品的安全性，在旅游休闲方面也会呈现出显著的变化。长时间的居家隔离让人们对旅游的渴望达到了一个新的高度。然而，疫情的暴发让人们对旅游安全性的关注度大大增加。由此可见，在疫情过后，人们会更加注重旅游目的地的安全性和卫生条件。他们会选择那些在疫情期间表现良好的目的地，同时也会更加重视个人卫生习惯的培养。

2. 居民更加注重对休闲品质的追求

居民休闲更注重对品质的追求。虽然居民休闲活动受疫情影响被全方面限制，但根据调查，部分休闲产品的消费数量呈现显著的上升趋势，如冰雪运动、太极拳、钓鱼等休闲活动人均消费都大幅增加。人们的休闲运动逐渐由大众业余向专业化转变，所参与的休闲活动逐渐开始有了一些技术门槛。健身房运动虽然花费较高，但居民参与度得到了一定的提升；烹饪的参与频次虽有所

---

① 李明明，王琪延. 新冠肺炎疫情下中国城市居民休闲行为研究——以北京市为例［J］. 哈尔滨工业大学学报：社会科学版，2022，24（4）：7.

下降，但人均消费呈上升趋势；读书消费更是呈倍数增长。这都体现了人们对健康生活的重视、对高品质休闲的追求。

二、疫情后休闲旅游业态发展趋势

近三年受新冠疫情的影响，人们的生活不复从前，彻底转变了消费习惯。其中，旅游行业可谓是受冲击最大的行业，包括旅游景区、产业、行业和旅游从业者都不可避免地受到波及。甚至部分学者认为，抛开技术性定义，单从现实性考量，旅游在这几年可以算是不复存在，因为有游无旅的小半径休闲无法称为真正意义上的旅游。也正是在疫情的催生下，近距离周边游、乡村游、就地游相对火热起来，逐渐形成"城市大休闲、乡村微度假"的旅游基调。同时，新冠疫情唤醒了人们对生命健康和生命安全的意识，"健康＋旅游"的休闲理念越发深入人心，使户外休闲运动，如飞盘、露营和冰雪运动等成为消费热潮。而且，众多的消费者为了避开人群充分利用闲暇时间，反向旅游、微旅游等低密度休闲游孕育而生，成为主要的出游方式。

（一）"城市大休闲、乡村微度假"成为休闲旅游主格局

世界旅游城市联合会首席专家、中国旅游协会休闲度假分会会长魏小安表示，从旅游角度来说，传统的观光旅游主导模式已经发生改变，目前出现的新业态主要包括两个亮点：一个是城市大休闲；另一个是乡村微度假。

城市大休闲主要是以旅游、文化、体育、交通、餐饮等连带产业群为主体，将旅游业、娱乐业、服务业、文化产业整合成一个休闲产业系统。随着城市休闲需求的爆发，休闲业态的丰富，城市生活综合体成为一种新趋势。它不仅是一种休闲产业业态，更是城市居民的一种社交方式，兼具城市功能属性和社会交往属性。如太古里、朝阳大悦城、长楹天街、首钢园等已经成为网红打卡地，最近兴起的郎园也是城市综合体的成功案例，把老城区老厂房结合园林景观，塑造出舒适的办公、商业和休闲空间，这也将成为北京新的文化地标。

乡村微度假主要是指以一线、二线城市及周边为主，车程在 2~3 小时的一种新兴旅游模式，是国内休闲旅游的新业态和新亮点。据调查，在 2022 年

疫情防控政策极其严格的状况下，城市居民仍有强烈的出游愿望，本地游和近郊游成为主要出行选择，游客平均的旅游距离是99.6公里。同时，精致露营火出圈，消费者更加追求体验感，露营地需要具备"景美、出片、设施完备"等特征。乡村微度假不再是简单的农家乐，而是在保持乡村宁静和生活状态下，获得更加深入的体验感和参与感。

（二）"健康＋旅游"成为居民休闲理念

"健康＋旅游"早就进入了国家旅游发展战略，随着疫情的来袭，居民越发注意到健康的重要性，尤其是年轻人，相比疫情前，更加关注自己的健康问题。近年来，国内客群对于"飞盘""城市骑行""溯溪""桨板"等新兴模式下的轻户外运动搜索及讨论热度迅速提升，户外运动逐渐成为居民喜闻乐见的运动方式。根据百度指数"精致露营、飞盘"等词条的搜索频率持续居高不下，年轻群体对于户外轻运动的参与热情高涨。可见，亲近自然舒适型轻户外运动更能契合当今客群需求结构转变。

老年群体一直是健康产业的主要消费群体，而单纯的疗养方式显然已无法满足这类群体。现在，随着生活品质的提升，消费者越发追求能够在休闲娱乐的同时，达到放松身心、强身健体的康养目的。北京是一座老龄化程度较高的城市，且人口老龄化快速发展将成为新常态。预计到"十四五"末，北京市人口老龄化水平将达到24%，将从"轻度老龄化"迈入"中度老龄化"。可见，"健康＋旅游"具有良好的市场前景。目前，北京市极其重视对森林康养旅游的建设，有9个乡镇被评为2022年北京市森林康养旅游示范基地（见表10-1），让消费者能够拥抱绿色、呼吸绿色，发挥景观疗愈作用。

表10-1　北京市森林康养旅游示范基地

序号	区域	乡镇
1	丰台区	王佐镇
2	门头沟区	潭柘寺镇
3	房山区	蒲洼乡
4	通州区	西集镇

（续表）

序号	区域	乡镇
5	昌平区	十三陵镇
6	平谷区	大华山镇
7	怀柔区	渤海镇
8	密云区	太师屯镇
9	延庆区	井庄镇

（三）反向旅游、微旅游成为主要休闲出游方式

"过去的旅游是看风景，今天的旅游是体验场景。"中国旅游研究院院长戴斌说。热门旅游景点一到节假日往往人满为患、价格飙升，随着人们旅行经验越来越丰富，很多游客不愿意跟风出游，只要找到安静的地方休息几天，就是很好的度假方式。因此，许多游客开始反其道而行之，反向旅游、微旅游开始火热起来，成为众多游客的主要出游方式。

在 2022 年的国庆黄金周，便有很多游客为了躲避汹涌的旅游大军，选择从大城市到小城市旅游，以低价享受高星级服务。去哪儿平台数据显示，国庆期间冷门旅游城市酒店预订量比 2021 年同期增加三成，尤其高星级酒店涨幅最为显著。反向旅游的走红，也表现出彻底的身心放松是人们出游的真正目的，人们更加追求一种惬意的出游方式。

微旅游主要是指短距离的旅行，随时可以出发，无须太多的行装和长时间的精心安排。它更像是一种碎片化的旅行方式，能较好满足城市职场人对休闲的需求，为人们的假期有效"减负"。同时，微旅游目的地多在本地或周边，能够充分利用城、郊资源，发掘品类众多的游玩项目，如露营、飞盘等，让人们在安全、舒心的环境中游目骋怀。

三、疫情后休闲旅游行为制约因素

根据马斯洛需求层次理论，个体的需求从低到高，在满足了基本的生理和安全需求后才会产生更高层次的需求。随着经济的增长，以及疫情后政策的放开，城市居民积压已久的休闲旅游需求迫切得到满足，但居民的休闲需求显然

已经超越了生理和安全需求，将追求更高层次的自我实现需求，期待通过休闲旅游行为使身心得到休息放松、陶冶生活情趣，与此同时，在轻松、愉快、舒适的旅游体验中开阔视野、增长知识、了解世界、创造生活。然而，疫情后休闲旅游行为的制约因素也愈加明显，主要体现在供需不匹配、结构性因素制约、消费者个人内在因素限制等方面。

（一）供需不匹配、产业链配套不足

1. 配套设施不完善

随着人民生活水平的提高，休闲旅游行为开始全方位进入人们的生活，本地休闲游成为常态，以享受户外风光、家人小聚、休闲方式为核心的露营野餐成为市民休闲的热点之一。然而，受疫情影响三年，诸多景区、景点尚未完全从疫情当中舒缓过来，无法立即适应大批量的休闲旅游需求，出现供需不匹配、产业链配套不足的问题。在节假日期间，各大公园成了热门露营地，但在去往露营地途中，堵车、拥挤已是常态，停车位也是"一位难求"，露营区域人山人海，每隔几米就有一个帐篷，有北京市民表示，即便到了下午4点左右离开之时，拥堵的情况依旧没有改善。当人爆满时，露营地乃至各大景区就暴露了配套设施不齐全的问题，例如：停车位紧缺；露营地不足，空间扎堆；卫生间距离露营地远，且数量严重不足，卫生清洁差；垃圾未能及时清理清运；通信设施无法适应大客流，手机信号时有时无等。北京市消费者协会发布的《2022年北京旅游消费体验调查报告》结果显示，2022年景区体验调查得分为85.00分，2021年为92.50分，同比降低了8.12%，得分下降的重要原因是景区垃圾箱清理不及时，以及游览中的公共卫生间卫生问题[①]。基于此，市民对未来拥有更多的露营空间、更完备的配套设施以及更好的露营产品将有更多的期待。

2. 企业经营压力大、资金不足

《2022年北京旅游消费体验调查报告》调查显示，近半数及以上的平台企

[①]北京市消费者协会发布2022年北京旅游消费体验调查报告，http://www.bj315.org/xfdc/202211/t20221114_35627.shtml

业和平台商家都选择了"旅游消费需求减少""营业收入减少""由于疫情对产业链冲击造成产能不足",可以看出,疫情冲击带来的中长期经营压力已经显现①。此外,休闲旅游的发展需要庞大的资金来维持,开发休闲旅游产品如休闲度假产品,还需要投入高额的固定成本,与此同时,成本的投入并不能保证换取高额的利润回报,而对于休闲基础配套设施,是长期固定成本,风险极大。这些风险性都使旅游投资者对休闲旅游的经济效益评估带来了诸多困难,而且许多企业也无法立马从疫情中恢复现金流动。鉴于此,企业经营压力、资金不足也是制约北京市民休闲旅游行为的重要因素之一。

3. 休闲旅游产品滞后、价格虚高

休闲旅游需求日益呈现出精细化、个性化和多元化的特点,然而在实际建设中,企业对休闲旅游发展、认识不清,未能及时察觉休闲旅游需求的转变,容易导致休闲旅游内容不丰富、产品滞后、缺乏创新和吸引力,从而引发供需不匹配的问题。为应对需求,营地企业注册数激增,但多为新兴企业,缺乏完整的产业链和配套产品,同样难以满足消费者对精致露营的需求。《2022 年北京旅游消费体验调查报告》显示,2022 年旅游消费市场呈现显著的"本地周边游"消费特征,但消费价格虚高、公厕卫生差、社交媒体平台存在虚假宣传是 2022 年上半年的主要问题,其中通过直播带货或社交媒体购买旅游产品的被访者中,有近 1/3 在消费过程中存在各种问题。

(二)客观因素制约

1. 时间问题

现代城市生活以"快节奏、高效率、信息密集、流动频繁"为特征,形成一种普遍的环境张力,促使都市人的时间分配更多向工作和通勤倾斜,其代价是对休闲、家庭、社交时间的争夺和挤占②。北京作为我国超大城市,此类现象更是明显。2022 年平均通勤耗时最长的城市中,北京排名第一,平均通勤

---

① 杨召奎. 新型旅游消费形式亟待规范管理 [N]. 工人日报,2022-11-15(4).
② 甘霖,王雅捷. 北京上班族休闲短缺现象及其健康关联研究 [C] // 中国城市规划学会,成都市人民政府. 面向高质量发展的空间治理——2020 中国城市规划年会论文集(13 规划实施与管理). 中国建筑工业出版社,2021:14.

时长 42.80 分（见表 10-2)；《2022 年中国主要城市通勤监测报告》显示，北京逾 600 万人承受极端通勤（通勤时间超过 60 分钟）；加班最狠城市前十排名中，北京排名第三，经常加班人数占比 66.19%（图 10-1）；北京上班族平均每周工作时长超过 40 小时，存在日常加班现象，久坐情况普遍。系列数据表明，北京市民的时间很大一部分都被工作、通勤占据，休闲时间基本集中在周末、节假日，日常休闲时间极少。

表10-2　2022年单程平均通勤时耗TOP10城市

2022 年度排名	排名同比 2021 年	城市	2022 年度平均通勤时耗 / 分钟
1	—	北京	42.80
2	↑ 2	重庆	37.83
3	—	天津	37.52
4	↑ 1	广州	36.89
5	↑ 1	成都	36.10
6	↓ 4	上海	35.65
7	↑ 2	杭州	35.54
8	↑ 2	南京	35.30
9	↓ 1	武汉	35.27
10	↓ 3	大连	35.16

数据来源：《2022 年度中国城市交通报告》

目前，我国休假制度所规定的休假天数偏少为 125 天（平均带薪休假天数为 10.0 天），不仅少于美国、日本、法国等发达国家，也少于南非、印度、印度尼西亚等发展中国家。2022 年 7 月，国家发展改革委、文化和旅游部联合印发《国民旅游休闲发展纲要（2022~2030 年）》（简称《纲要》),《纲要》提出要保障旅游休闲时间，优化全国年节和法定节假日时间分布格局，进一步激发旅游休闲发展内生动力。现行休假时间存在供给不充足以及分配不均衡的现象，休闲时间成为休闲旅游行为的重要制约因素。

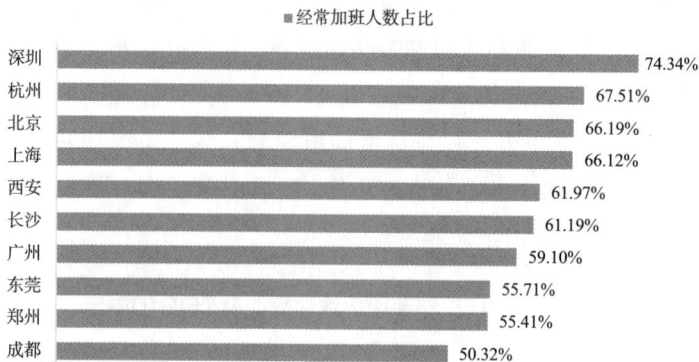

图 10-1 经常加班城市 TOP10

数据来源：后浪研究所

2. 人潮拥挤

当疫情政策放开后，节假日成为北京市民出行的首要选择。2022 年国庆假期，北京接待旅游总人数 689.3 万人次，旅游总收入 65.4 亿元[①]。疫情之后，每当假日来临，北京各大景区都"摩肩接踵"，均出现门票售罄的情况，除此之外，火车票同样一票难求。当整个城市人潮拥挤时，交通拥堵成为首要问题。《2022 年度中国城市交通报告》显示，拥堵城市排行榜中北京排名第二（见表 10-3），虽同比 2021 年排名下降 1 位，但仍位居前三，在通勤高峰期车辆的实际行驶速度仅有 31.33 千米 / 小时。在此条件下，必然会使休闲旅游过程中的等候时间延长，使消费者产生排斥、烦躁心理，得不到休闲放松的效果，从而制约了居民休闲旅游行为。

表10-3 2022年拥堵城市TOP10

2022 年度排名	排名同比 2021 年	城市
1	↑ 1	重庆
2	↓ 1	北京

① 数据来源于北京市文化和旅游局。

（续表）

2022 年度排名	排名同比 2021 年	城市
3	↑ 2	上海
4	↑ 12	杭州
5	↓ 2	长春
6	↑ 9	南京
7	↓ 1	广州
8	↑ 2	西安
9	↑ 5	沈阳
10	↓ 3	武汉

数据来源：《2022 年度中国城市交通报告》

3. 安全问题

尽管疫情已得到控制，但是人们内心仍然害怕疫情会卷土重来，担心再一次按下"暂停键"。2022 年 11—12 月，全国再次出现一波感染潮，其中北京的许多地区都成了高风险区，对人们的正常生活工作都产生了冲击，许多人在短期内感染，且有不少重症和死亡病例。2022 年 12 月 1 日至 2023 年 2 月 23 日，全国共发现本土重点关注变异株 22 例，我国流感病毒检测阳性率逐渐升高，其中甲流 H1N1 流感病毒在阳性标本中占比最高。同期，北京市疾控中心数据显示，报告病例数排名首位的是流行性感冒，超过新型冠状病毒感染。为此，出于新冠复发、甲流等安全问题考虑，大多数居民会选择错峰出行、反向旅游，甚至减少休闲旅游行为。

四、疫情后休闲旅游发展建议

（一）增强旅游消费供给能力

1. 完善休闲配套设施

2022 年北京市居民人均消费支出为 42683 元，比上年下降 2.2%，其中教育文化娱乐消费占比 7.0%，比上年下降 10%。从数据来看，市民消费能力有所降低，为应对这一情况，国家发布相关政策以提振旅游消费需求，在扩大内需的同时，要做好完善、完备外部休闲配套设施。除增加房车、露营地、停车场地，做好公厕卫生清洁外，可以适当增加社区绿地、社区公园，完善社区公共设施，将休闲空间范围扩大，内部配置基本的游憩活动和服务设施，形成多样化、无处不在的休闲空间，广泛开展全民休闲活动。《纲要》提出重点任务之一还包括完善休闲服务设施，以满足市民的各类休闲需求。

2. 三方合力，增强供需平衡

三方是指在供给侧方面做好政府引导、市场主导和社会参与，政府相关部门进一步了解企业需求，充分调研具体政策效果，并持续加以完善，帮助企业渡过疫情后的经营困难、资金困难、人才困难等难关，措施包括减税降费、资金扶持力度、运营成本、房租减免等，从而帮助企业节约成本。以市场为主导推进休闲旅游产品，加强旅游市场宣传，支持旅游企业产品创新，政府、企业形成合力，加强有效、优质、弹性供给。社会参与营造舒适健康的休闲旅游环境和氛围。通过三方协同合作，增强休闲旅游供给能力，满足多元、个性的休闲旅游生活需求。

3. 围绕本地消费场景，深化产品创新

从业态模式而言，旅游企业围绕本地消费场景，以数据为核心驱动力，以新兴技术为实现手段，以消费者需求为核心导向，在人文景观、自然景观、街区园区等主题景区深化产品创新，以开展深度一日游、特色胡同游、京郊房车露营、采摘休闲等微旅游、微度假，小众景点反向旅游的形式进行休闲旅游产品研发。同时努力改善市民休闲旅游体验，持续优化智慧设施、智慧服务、智慧场景和智慧管理，打造线上线下一体化的智慧消费生态系统，并充分利用夜间经济需求，激发休闲旅游消费活力，打造市民喜闻乐见的新业态、新模式和新场景。

（二）加强旅游需求调控管理

1. 优化法定节假日时间分布

全国年节以及法定节假日是大众出游最为关注的点，2019 年北京公休日、法定节假日、带薪休假制度完全落实率分别为 77.64%、65.72%、76.96%。休闲时间是休闲消费能力和休闲消费需求得以释放的必要前提，适度的休闲时间长度和合理的休闲时间分布能够刺激休闲旅游消费。目前，大部分消费者都把出游的时间集中在春节、"五一""十一"，集中出行同时也造成了旅游市场资源的集中挤兑，同时造成出游成本水涨船高。因此，根据目前劳动生产率条件，应当逐步延长休假时间，优化各类休假时间分布格局，增加元宵节为法定节假日，不再进行调休，逐步落实带薪休假制度，将带薪休假权利交给个人安排，促进休闲旅游活动进一步平衡发展。

2. 提高旅游峰值接待能力

通过落实带薪休假制度、优化休假时间分布后，引导市民错峰出行，同时对旅游价格、舆论宣传等进行调控管理，拓宽旅游供给视野，适当分流旅游人群。此外，着力加大对社区资源的旅游化利用，如开放大型活动场所、社会闲置资源等社会接待资源；探索形成国企带头、多方参与、形式灵活的投融资模式，盘活存量资产。在旅游峰值期间，旅游接待软实力同样不容忽视，这将进一步影响消费者对旅游目的地的形象感知。旅游企业组织应当定期安排旅游接待服务培训、旅游技能培训，通过实景化、实战化的集中式、专业化培训，突破服务"瓶颈"，打造高精尖旅游从业人员队伍，进一步提升旅游接待服务水平。

首钢园休闲发展研究

刘霄泉 王莎莎[①]

摘要 伴随国民非工作时间的增加，人们的休闲意识也逐步增强，各类休闲产业也相继出现。人们的休闲活动不再满足于传统类型的休闲场所，而是倾向于更加多元化的休闲内容。首钢园作为北京市石景山区的标志性园区，原型为我国首都钢铁公司，后因产业结构调整和出于对于环境的考虑，新首钢获批成为科技创新、国际交往、文化创新的重要空间载体。因此，本文从首钢园的基本情况、休闲业态及消费进行分析、国内外工业园区对比以及首钢园休闲产业未来发展趋势四个方面对首钢园的休闲产业发展情况进行考量。首先从首钢园的开发建设过程梳理来完善首钢园的发展历程和建设目标，从其规划定位明确首钢园的发展现状和未来发展目标，再从功能区划角度对其分区情况进行明晰，了解首钢园的休闲业态整体落地规划情况。其次对首钢园的休闲业态进行分析，从餐饮、体育娱乐、书店市集、高线和科技体验五个方面对首钢园的休闲业态进行划分，明确其发展现状和具体特征。结合网络文本和问卷调查研究方法对首钢园休闲体验情况进行调研，对不同群体的反馈进行剖析，分析其特征。接着对国内外工业园区进行比较分析，从开发模式、业态形式、空间利用的角度分析其特征，以期获得发展上的借鉴作用。通过对首钢园休闲产业发展情况进行梳理，明确首钢园休闲产业发展的影响因素和自身发展定位，在休闲产业大力发展的今天，首钢园应明确自身优势，结合自身定位，打造具有代表性、独特性的休闲工业园区，助力我国休闲产业发展。

关键字 首钢园；休闲业态；产业特征；开发及定位

---

① 刘霄泉，北京第二外国语学院旅游科学学院副教授，研究方向为乡村旅游、遗产旅游、城市与区域协同；王莎莎，北京第二外国语学院旅游科学学院硕士研究生，研究方向为乡村旅游等。

一、首钢园的基本概况

（一）开发与建设

首钢园是在原首都钢铁公司的主园区的基础上开发建设的休闲旅游园区。

首钢，始建于 1919 年 3 月，最早由北洋政府创建，是当时北方最大的炼铁厂，1966 年改称首都钢铁公司，1994 年钢铁产量位居全国第一，是北京市最重要的大型集团型企业之一。

2001 年，北京申办 2008 年奥运会正式获批，调整产业结构、改善北京污染状况已经迫在眉睫。2005 年 2 月，国家发改委正式批复首钢搬迁方案，同意首钢搬迁至河北曹妃甸，同年 6 月，首钢的 5 号高炉正式停产，开启了首钢的搬迁之旅。

搬迁后的首钢园应该如何利用，经过了多次讨论，2017 年 11 月，《新首钢高端产业综合服务区北区详细规划》获北京市规划和国土资源管理委员会正式批复。首钢园北区规划建设石景山景观公园、工业遗址公园、公共服务配套区、城市织补创新工场等功能区域，同时结合冬奥会承办建设首钢滑雪大跳台、国家冬训中心、冬奥广场等设施。与此同时，为配合首钢园区的综合开发，首钢园附近开始建设地铁 11 号线，金安桥、苹果园等地铁枢纽也开始进行综合改造，首钢园的交通通达性得到进一步改善。

新首钢地区基础设施、公共服务、绿色生态、产业发展等重点领域共计46 个项目完工。首钢北区五大片区中，石景山文化景观区、冬奥广场区、工业遗址公园区已基本建成，区域承载力稳步提升。与此同时，新首钢大桥建成通车，长安街西延全线贯通，古城南街全线通车，锅炉厂南路、北辛安路南段（长安街西延至锅炉厂南路段）进入收尾阶段，苹果园交通枢纽等工程加快建设，区域"五横五纵"主干网布局初步形成。秀池、群明湖、人民渠等中小河道治理完成，首钢水系与永定河流域连通一期工程启动，建成工业资源活化利用的后工业景观休闲带；松林公园、新安公园、衙门口城市森林公园完工，建成西长安街 600 余公顷城市森林公园群；绿海运动公园景观提升、门头沟区永定河滨水森林公园等项目完工，永定河两岸景观风貌框架体系逐步形成。新首钢对高炉、筒仓等一批保存工业风貌的历史建筑物进行保护改造；1 号高炉打造科幻超体空间，并利用原有工业高架管道廊，建设集慢行交通、观景休闲、健身娱乐为一体的首钢空中步道；首钢炼铁厂 3 号高炉开设全民畅读书店并同时具有为品牌提供新品发布会场地的作用；2 号高炉将研究推进建设奥运博物馆；4 号高炉则正在与多家意向企业进行洽商。新首钢地区打造新时代首都城市复兴新地标是着眼落实首都城市战略定位、促进市域统筹协调发展，高水平建设首都城市西大门作出的重大决策。各方面协调互动积极推进新首钢地区高质量开发建设和转型发展。

（二）定位与规划

《石景山分区规划（2017—2035 年）》中细化明确了新首钢地区打造新时代首都城市复兴新地标的战略定位，提出了其作为全区科技创新、国际交往、文化创意发展重要空间载体的功能要求，绘制了未来发展蓝图。新首钢以重大项目为抓手，加快基础设施建设，推进产业载体升级改造，完善区域综合服务配套（见图 11-2）。

首钢北区、东南区、南区"多规合一"的控制性详细规划相继获批，明确各区域规划建设的重点方向和任务。其中，北区重点推动冬奥广场、首钢工业遗址公园、石景山文化景观区、城市织补创新工场和公共服务配套五大功能区建设，是目前最主要的休闲区划；东南区以居住及配套服务功能为主；南区重点推动"两带五区"空间结构建设，即永定河生态带、后工业景观休闲带，前沿科技引领区、国际交流展示区、后工业城市活力区、生态景观休闲区、战略留白区。新首钢地区重点以北七筒等产业载体为先行依托，加快战略性新兴产业导入，逐步推动产业结构转型升级，首钢形成了"体育 +""科技 +"两大板块协同发展的产业格局。"十三五"末新首钢地区已入驻企业 67 家，其中，科技类企业 23 家、体育类企业 16 家。"体育 +"产业已具雏形，集聚了腾讯体育、腾讯视频、泰山体育、汤姆国际冰壶中国区总代理等国际知名企业，首钢园体育产品公共保税仓库获得海关部门批复。首钢园获得"北京体育产业示范基地""北京市电子竞技产业品牌中心"和"北京市游戏创新体验区"等授牌。"科技 +"产业快速发展，已引入明略科技、新石器、优也科技等 AI 企业，实现中关村智用人工智能研究院、中关村数智人工智能产业联盟等重大产业平台落户，首钢园获得北京市"科幻产业聚集区""中关村（首钢）人工智能创新应用产业园""北京市智能网联汽车示范运行区"，以及石景山区"首钢园自动驾驶服务示范区"等授牌，已成为中关村重点打造的全球面积最大的人工智能创新应用产业园。

（三）功能区划

首钢园总体划分为五个区域板块。分别是北区范围内的主体功能区A区、展会活动区B区、商务办公区C区（在建）、南区范围内的南部办公区D区（规划）以及东南区范围内的居住商业区E区（在建），其中A区、B区和C区是主要的休闲产业分布区。

A区作为主体功能区是目前首钢园完成改造的主体，也是新功能的主承载地。总建筑面积约60万平方米，其中办公面积32万平方米。片区特点可概括为山水相接、遗存富集、功能复合、点状开发。A区西北为石景山，西南为永定河。区内还有群明湖、秀池两处湖泊，过去用于存放炼铁循环水，如今成为绝佳的水面景观。山水相连形成北京不多见的优质生态基底。同时首钢具有强烈标志性的、视觉冲击力的工业遗存大多分布在A区，如北部的4座高炉、西部的电厂冷却塔群等。这些曾经的钢铁记忆，延续了首钢基因，成为首钢园真正的精神堡垒。与此同时，A区并未整体改造为文旅或商办项目，而是力求多元化功能开发。起到整体功能复合的作用，叠加产业办公、体育运动、酒店商业、工遗文旅等复合功能，吸引商务人群、本地休憩人群、外地游客等多重人群驻留，形成富有烟火气的产业社区。在区域连接上首钢园因势利导、因地制宜，结合过往的工业遗存，不拘泥于功能片区的硬性切割，施行点状开发。园区与外部没有围墙，组团间没有界红线，组团内多业共生，使各组团在功能兼容性、内部交通性、场地利用性等方面形成了均质化平衡发展的效果。

B区作为展会活动区是以承办展会为主的区域，预计2023年承办活动将超过200场，包括服贸会、中国科幻大会、国际储能展等，进一步带旺首钢园人气。近年来首钢园承接大量展会活动，都完成得十分出色，有能力举办具有一定水平的大型展会。

C区作为商务办公区总体开发面积达120万平方米，其中办公面积80万平方米。C 区建成后，整个首钢园北区将成为产业属性更为突出的京西重要产业板块。

新首钢园在老首钢园的基础上从产居共同体发展为产业社区，在多样化用地基础上转化为若干更具活力的中尺度城市板块。在首钢园新的 180 米 × 180 米街区网格上，人们可以愉快地在五分钟内步行穿越街区，街区间呈现出步行优先的状态。同时叠加多元街区功能，构成了工作和生活相融的邻里空间模式，即新的产业社区，这也是花园式办公所必需的特质。

二、首钢园休闲业态及消费分析

首钢曾作为我国重要的工业区，为我国钢铁工业发展做出重要贡献，直到首钢最后的一座高炉熄灭，首钢开始朝着新的方向迈开发展步伐。首钢园承接老首钢的精神，在我国成功申请冬奥举办权后，迅速抓住机遇，奥组委办公区成功落户首钢园西十筒仓。首钢顺应时代发展，建设成为复合发展的城市更新区，休闲业态成为其重点发展方向。融合餐饮、体育、市集等休闲方式，在休闲领域创造自己的独特品牌文化。

（一）主要休闲业态

根据首钢园的建设发展规划，首钢园着力于打造"体育 +""科技 +"的休闲业态体系和体验空间。目前已经在特色餐饮、体育娱乐、书店市集、科技体验等领域取得了一定的建设成效，打造出具有工业特色、冬奥特色、科技特色的休闲体验文化。成为集商业、科技、体育、文旅等多种业态于一体的高端产业综合服务区。抓住后冬奥时代的机遇，积极促进首钢园休闲产业发展，新首钢园的休闲业态将以体育竞技、科技赋能等主题为主要推广项目，餐饮项目、文娱项目等传统休闲业态也将会在原有基础上增添新氛围、新感受。在此基础上智能体验、文化休闲等新兴业态也将为新首钢园的休闲体验升级贡献力量，首钢将打造具有国际影响力的特色消费目的地与兼具"商业消费 + 文旅体验"的城市消费中心，促进餐饮、体育、科技和文化休闲产业的健康融合与创新。

1. 特色餐饮

首钢园目前已有首钢大食堂、茶钢儿、北京首钢园香格里拉、香啤坊等商户营业。此外，石景山首钢园推出了贯穿全年的消费季计划。园区正积极调动各商户参与消费季活动，推出下午茶、联票等优惠套餐。截至目前，首钢园全面开放后园内经营酒店达到 5 家，年内园内开放餐厅共有 60 余家。这些餐饮不仅向顾客提供饮食，同时兼顾了首钢的特色与发展理念。

表 11-1　首钢园餐饮种类及特色

类别	餐厅名称	特点
利用首钢园内旧址改造	香格里拉大酒店	原首钢电力厂厂房改造而成，首钢滑雪大跳台配套项目之一；酒店内可欣赏滑雪大跳台、群明湖或石景山等景致
	星巴克	原址为首钢炼铁厂 1 号和 3 号炼铁高炉压差发电站
	全民畅读	建在原首钢 3 号高炉内，集图书、餐饮、展会等休闲方式于一体的大型书店
	首钢大食堂	原址是首钢焦化厂的职工食堂，以西餐为主要餐饮品类
	茶钢	原址曾是首钢的水表定计量站，以饮品简餐、老式盒饭为主要餐饮品类，具有怀旧意义
	红楼迎宾馆	1955 年用红砖垒砌，作为专家招待所，在首钢历史上具有重要意义
	酥小鸭	原址为首钢动力厂五泵站，菜系以北京烤鸭为招牌以江南菜为辅，还有更多的创意菜
	首钢大食堂	原是首钢焦化厂的职工食堂，目前以西餐为主要餐饮品类
	一九匠	原址曾是 1951 年建成的高道料仓，目前以酒馆为主要经营形式
具有工业装修风格，与首钢整体风格一致	香啤坊	香格里拉大酒店在中国的首家独立西餐厅，位置毗邻 3 号高炉，以钢铁锻造为灵感开发 6 款精酿啤酒，比如"钢啤""1919""煅铁""钢锭"等
	邂逅餐吧	位于首钢园瞭仓艺术馆的二层，是一家主打西式美食与酒类的餐吧
	COZYTIME CAFE	整体风格在工业风格的基础上，增添了现代设计元素，位置可以观赏到高炉，开发了以首钢为灵感的餐品，如"馥郁榛巧高炉"等
	Snowball cafe	具有工业风格，主打简餐和咖啡

（续表）

类别	餐厅名称	特点
普通连锁店	西部马华	连锁清真餐饮店
	和合谷	高性价比连锁快餐店
	味妙顺德厨房	连锁粤菜餐饮店
	味妙烤鱼吧	连锁烤鱼餐饮店
	義公子	连锁火锅餐饮店
	義公馆火锅	高端火锅餐饮店
	麦当劳（光伏发电）	国内首家"零碳餐厅"麦当劳绿色旗舰餐厅
六工汇品牌	观和牛	连锁火锅餐饮店
	九本居酒屋	日式料理连锁餐饮店
	THEWOODSCafeBar	主营简餐咖啡
	小吊梨汤	连锁京菜餐饮店
	江边城外烤全鱼	连锁川菜餐饮店
	鱼你在一起	连锁快餐餐饮店
	瑞幸咖啡	连锁咖啡品牌
	北平制冰厂	主营饮品、甜点
	肯德基	连锁快餐餐饮店

六工汇是由美国铁狮门和首钢基金共同投资建设的一个涵盖甲级办公楼、零售餐饮、文化多功能区域的综合体，也是作为全国首批城市老工业区搬迁改造试点的首钢园区。六工汇在设立之初便以满足年轻人、品质家庭、高端白领需求为定位，因此六工汇招标餐饮不仅包含可容纳以家庭为单位的餐饮品牌，还包括当前年轻群体所追求的新兴餐饮品牌，首钢赋予了六工汇不可复制的区位环境，六工汇为首钢搭建了极具特色的产业支撑。

首钢园内开发了国内首家"零碳餐厅"麦当劳绿色旗舰餐厅，按照国际权威绿色建筑认证 LEED 的零碳排放和零能耗标准设计和建造。整个餐厅最大的亮点在于拥有超过2000平方米的场地内太阳能光伏发电系统，年发电量可达约33万度，满足餐厅日常运营电力需求，每年减少碳排放约200吨。与此同时，从绿色餐厅、绿色供应链、绿色包装到绿色回收，为顾客提供全方位的绿色体验。这家绿色餐厅将绿色融入方方面面，餐厅通过物联网能耗管理系统、变频排烟系统、空调系统、新风通风设备及 LED 照明等系统的节能减耗，年均用电量比快餐店用能平均中位数低 35%~40%。并且为顾客专门设计了环保充电亲子单车，顾客通过踩动单车，驱动发电来为手机进行无线充电，还能点亮巨型麦当劳的"M"标志，体验和感受绿色低碳生活带来的便捷与乐趣。"重塑好物"项目是麦当劳"绿色回收"的核心，积极探索利用餐厅、供应链和行业内的废旧塑料产品，重新设计改造为餐厅和消费者所需的物品，赋予其第二次"生命"，提高塑料的循环使用效率，助力循环经济。该项目产品中的海洋塑料回收椅和"慣慣小象"也都将在首钢园餐厅亮相。

另一家在首钢园引起大家关注的餐厅是"首钢大食堂"，这家餐厅的建筑始建于 1974 年，当时是首钢焦化厂的职工食堂。2010 年，随着首钢搬迁调整后，根据首钢园区整体规划，将这里改造为园区餐饮服务保障的代表项目。因为首钢附近品质西餐厅较少，再加上西餐的风格与整体环境较为协调，所以将这个食堂改为以西餐为主的食堂。自营业起推出多款网红产品，吸引顾客前来购买体验，成为首钢的网红店之一。这家网红食堂不仅保留了原有的首钢特色，又在此基础上与现代美食相结合，打造独具魅力的网红美食。无论是石景山矿泉水和"味道首钢"气泡水还是服贸会期间推出的"三高炉"造型雪糕都受到了消费者的欢迎。

2. 体育娱乐

在首钢的发展历史中，体育事业发展一直是其重要组成部分。20 世纪 80 年代末到 90 年代中期，政府开始着力于体育事业的改革，但足球、篮球等耗资较大的项目在各地集中优势资源发展奥运夺金项目的背景下陷入困境。因此首钢在 1998 年与北京市共建北京篮球队，北京男、女篮正式更名为北京首钢男、女篮。在多年的体育事业发展中，首钢已具备足够的优势承接大型体育赛事。2015 年，北京冬奥组委宣布选择首钢园区作为办公地点，首钢也以此为契机，开始大力推进园区建设，借助冬奥会宣传优势，加大力度推动首钢体育活动发展。

新首钢高端产业综合服务区北区能够开展短道速滑、花样滑冰、冰壶、冰球运动，建有滑雪大跳台、攀岩场、滑板场、空中步道等设施，可举行滑冰、滑雪、足球、篮球、滑板、轮滑、跑酷、攀岩、电子竞技等赛事。新首钢高端产业综合服务区北区将老工业厂房改造为短道速滑、花样滑冰、冰球、冰壶4个场馆，均具备举行国际级赛事的条件，并能开展专业体育培训。首钢极限公园包括攀岩场、滑板场、休闲区3部分，占地面积约1.79万平方米，攀岩场占地面积约4261平方米，滑板场占地面积约4386平方米，休闲区占地面积约9266平方米。首刚园运动场地规模位居全国前三，是北京市最大的户外滑板场、攀岩场。首钢滑雪大跳台中心是2022年北京冬季奥运会唯一位于市区内的雪上项目比赛场地。首钢体育有以下特征。

（1）冬奥会助力提升首钢体育知名度。

借助冬奥会的国际影响力，首钢的体育休闲项目也受到了全世界的广泛关注，首钢智慧通信枢纽项目、冬奥云转播中心、冬奥保税仓库等项目的入驻，使新首钢高端产业综合服务区北区逐步形成冬奥品牌，为日后首钢体育项目的开展提供宝贵经验。

（2）通过举办体育休闲活动提升综合服务能力。

近期，第十一届北京国际健康及健身展示会暨2023 chinafit北京体育健身大会、2023十英里路跑系列赛首站比赛都在首钢园正式开办，首钢园通过举办类似体育活动一方面丰富人们的日常生活，给予展示的平台，另一方面首钢园也借此不断完善自身承办体育休闲项目的能力。

（3）体育休闲项目催生新业态。

新首钢高端产业综合服务区北区已引入腾讯体育、安踏体育、武界体育、泰山体育、汤姆国际等14家知名体育企业，上线了冰球馆360度全景观赛项目，为打造数字体育、体育IP引进专业人才，确定合作关系，提升首钢体育商业价值以及品牌价值。

3.书店、市集

新首钢为迎合新兴业态发展，近年来开发多样活动以满足当代年轻人的喜好使老工业基地焕发新的活力与生机，在开发餐饮、打造体育活动的基础上，着重开发新的创意打卡地，其中包括创意书店和市集活动。不仅保留了原有的首钢氛围，还为其增添了具有活力的新元素，使人们既能感受多年的工业生产氛围又能获得美好的阅读体验。

（1）全民畅读艺术书店。

全民畅读艺术书店，位于园区地标性建筑 3 号高炉内，从远处看是一座极具工业与现代艺术气息的建筑，书店内几座书墙把近 2000 平方米的空间划分为不同的区域，使其看起来极具艺术感又有秩序感，书店最大限度保留了 3 号高炉的历史遗迹，采用 150 余吨钢板，围绕炉芯打造了一个时空环廊装置，形态如钢水滴落瞬间溅起的钢花，以此致敬工业文明，构建古与今的使命对话。首钢书店的定位是"艺术走进百姓生活"，店内现有 5000+ 品类、8000+ 册图书，其中有 70% 是艺术类图书，拥有非常多国际艺术图书原样，使艺术更好地融入生活。书店内藏有许多市面上难以寻觅的小众艺术文学作品。与此同时，首钢书店紧跟当下流行趋势，集合了 90 多个品牌，包含 3800 个品类，覆盖艺术作品、艺术衍生品、创意文具、生活美学、潮玩手办、电子产品、环保产品、首钢题材纪念品 8 个品类。书店成为这些独立品牌的孵化器，为它们提供展示及发展的平台，不仅为消费者提供丰富产品和创意作品，同时也为许多拥有创意想法的爱好者提供平台支持。

（2）市集活动。

近些年首钢打造多种文化形式，丰富园区活动，满足顾客的多种文化需求。其中，市集是较为流行的活动形式。首钢利用其知名的品牌背景，完善的基础保障以及对文化活动形式的包容开展了多项市集活动，丰富了人们的业余生活。无论是新春市集、年俗市集还是咖啡市集都体现了首钢的休闲活动理念，这些市集不仅体现了我国优秀的传统文化，焕发人们对传统活动项目的热爱，同时与现代生活相结合，形式多样，种类齐全。市集活动不但为首钢提供了多种宣传思路，还为一些具有创意想法的人才提供了活动保障平台，依托市集的形式让人们可以更快速、更直接地了解品牌文化和特征，通过现场交易的形式满足双方的需求，近些年人们已经习惯网上购物，线下面对面的交流变得少之又少，这种市集形式可以方便店主与顾客直接沟通，使产品理念更好地被顾客所获知，顾客也可以给予店家最直接的反馈，丰富了人们的生活，也拓展了人们的社交维度。

4. 高线

首钢高线公园又称"高空步道"，全长约 10 公里，利用现状架空工业管廊及通廊系统改造而成，作为首钢园区"地下—地面—空中"三级立体慢行系统的重要组成部分，在传承工业特色风貌的同时提供不同层次的观景、休憩和健身，如今高空步道已经成为首钢新的网红打卡地，游客漫步在高空步道上，可以眺望服贸会展区、群明湖、六工会、4号高炉、石景山、新首钢大桥等景观，还可以解锁远眺首钢滑雪大跳台的新角度，可以感受工业、科技文化与自然景色的完美融合。

高线公园的高度不一，利用原有管线因地制宜设计空中步道，最大程度上保持了原有管线的样貌与分布，采用保用结合的理念对高线公园进行开发利用，使整个建筑更具挑战性，高线连接了厂东门广场、工业遗址公园、4号炉、六工会、群明湖以及香格里拉大酒店，跨越香格里拉酒店就到达了冬奥公园，使游客可以从西山永定河文化带无缝对接首钢园。

5.科技体验

随着无人驾驶技术的日趋成熟，无人驾驶车辆开始在首钢园内的测试区开展体验项目。首钢园内道路宽敞且具有标志性建筑，为无人驾驶车的测试提供基础条件。园区内设置了无人驾驶汽车站台，在站台处游客可以通过扫描二维码呼叫无人驾驶车辆，等待时间较短，车到达后通过认证游客身份可开启无人驾驶汽车旅程，在整个体验过程中，通过语音和辅助屏幕进行交互，车辆内还配备了安全设施，如紧急制动、紧急停车、自动化避障等，确保乘客在体验过程中的安全。整个自动驾驶体验时间根据不同的线路而有所区别。

无人驾驶车在首钢正式推出后，受到众多游客的关注与喜爱，人们对无人驾驶车辆有浓厚的兴趣，在整个体验过程中既可以欣赏首钢园风光，又可以体验新兴技术带来的智能与便利。首钢园内的无人驾驶基地，不仅可以了解无人驾驶车辆的运行原理，还可以打造专属自己的亚克力板小车，既具有趣味性，又能起到科普作用。

（二）基于在线评论的休闲体验分析

本文以爬虫软件为网络文本挖掘的工具，利用携程网作为数据源，抓取首钢工业遗址公园2019—2023年用户体验评价313条，剔除无效数据后，共收集有效评论 301 条，通过对评论中的数据文本进行分析，对首钢园休闲体验情况进行研究。

首钢园整体的工业风格鲜明，景观布置合理。游客既可以在这里回顾老首钢园的风采又可以在新首钢园获得独特的休闲体验。首钢园内山水景色与工业旧址相互协调融合，充满力量感与生机感，冬奥过后首钢园融入许多现代元素，热闹的同时又留有静谧，不仅可以满足现代年轻人的喜好与追求，同时也为休闲放松提供好的去处。首钢园整体面积较大，人们可以在首钢园骑自行车、散步，享受首钢园的景色，呼吸新鲜空气。

首钢园内餐饮类别丰富。中餐、西餐都可在首钢园内找到，不仅可以满足游客的饮食需求，同时在此基础上衍生出许多创意产品。首钢园内种类丰富、分布广泛的餐饮企业为游客提供多样的选择以及便捷的体验，使游客有精力和闲暇观赏首钢园的全貌。

首钢园自冬奥会后受到更广泛的关注。冬奥会结束后，人们对于体育活动的热情依然很高涨。冬奥大跳台等冬奥会址成为游客来到首钢的必要打卡地，冬奥会的热烈氛围持续影响着首钢的发展，许多游客远道而来只为一睹其风采，在感叹首钢园变化的同时也对首钢未来的体育项目发展充满期待。

新首钢园变化明显，承接大型项目有效提升其影响力。从冬奥会到服贸会，首钢园凭借其地理优势以及完备的体系成功完成了多项大型活动。从在线活动分析可知，人们对于冬奥会以及服贸会都持满意态度，提升了新首钢园知名度，也为首钢园承办更多休闲活动项目提供保障。

拍照打卡新景点。浓厚的工业风与现代时尚元素的结合，符合现代年轻人的审美趋势，新首钢园成为年轻人打卡拍照的集聚地。充满力量感与设计感的建筑在如今的互联网时代对人们具有较强的冲击力和吸引力。

（三）基于问卷调查的休闲体验分析

本文为调查首钢园休闲活动满意度，采用线上线下结合的方式共发放问卷 215 份，经筛选后，获得有效问卷共 200 份，此次问卷，男性占比 36.5%，女性占比 63.5%，其中以 20~30 岁为主要问卷发放群体，占 52.5%。学历为本科的人数较多，占 45%，月收入在 3000~6000 元的群体占 30%，为主体部分。

"放松心情、缓解压力、娱乐消遣"为首要目的。在旅游行为分析过程中，以"放松心情、缓解压力、娱乐消遣"为目的的被调查人数占69.5%，占整体的最大比重，首钢园作为景观与基础设施完备的工业园区，可以满足人们日常的休闲生活，是人们脱离繁重工作的好去处，也是人们到访的首要目的。

工业园区在国内并不常见，对人们具有一定吸引力。互联网是当下最主要的信息传输工具。到访类似工业园区的次数中从未来过的人数占51%，而三次以上则仅为9%人，关于是否会再次前来，有81%的被调查者选择了"会"。在了解首钢园的途径中，选择"互联网"占60%，其次为"亲朋好友"。

餐饮业态的认知度最广，市集书店的满意程度最高。旅游体验情况中，大家所选择的最了解的休闲业态为餐饮，共122人；其次为市集书店，共115人，体育为108人，占比最小的是高线项目，共60人。而在对各项业态的满意度进行调查时，市集书店的满意度最高，共有121人；其次为体育，共103人，餐饮为95人，高线仅为63人。

首钢体育项目流行度广，满意度高。在关于首钢体育活动的调查中，对首钢体育完全不了解共占8%，了解一些占44%，非常了解的人数共占22.5%；同时在关于首钢体育活动满意度的调查中选择满意占比4%。

市集活动受到欢迎，美食市集最受期待。参加过首钢市集的人数占比46%，未参加过首钢市集活动人数占比54%。其中最受期待的市集类型为美食市集，共113人；其次为国风市集和音乐市集，各为89人。

首钢书店馆藏充足，满意度高。关于首钢书店的调查中，41%的被调查者认为馆藏可以涉及大部分所需内容，30.5%的人认为非常齐全，27%的人认为馆藏情况一般，只有1.5%的人认为缺少部分图书；在对于首钢书店是否满意的调查中，49.5%的人选择满意，28.5%的人选择很满意，21.5%的人选择一般，只有0.5%的人选择不满意。

高线喜爱度高。关于是否喜欢首钢高线风景地的调查中，46%的被调查者选择喜欢，32%的人选择非常喜欢，21.5%的人选择一般，仅有0.5%选择不喜欢。

首钢园整体休闲满意度较高。在对首钢园活动丰富度及完善度进行调查中发现，46%的被调查者选择满意，32%选择很满意，21.5%选择一般。首钢园的交通便利度调查中，43.5%选择满意，占比第一，36%选择很满意，占比第二。在关于"首钢园是否对您有休闲作用"的调查中发现，48.5%选择"有"占比第一，36.5%选择"休闲作用明显"占比第二。关于"首钢园休闲业态是否完善"的问题中，42.5%选择"较为完善"35.5%选择"非常完善"21%选择"一般"只有1%选择"不完善"。关于"首钢园还可以开发哪些休闲业态"的问题中，107人选择"夜间项目"占比第一，选择"潮流活动"和"手工活动"各有91人，占比第二。

由表11-2数据可知，"放松心情，缓解压力，娱乐消遣"在各个年龄层都占较大比重，只有在20岁以下男性中，占比第二。由此可见，放松休闲是人们来到首钢园的首要目的，其中被调查人数占比最大的20~30岁的女性群体中，受到广告吸引，以拍照打卡为目的也占该群体中的较大比重。从年龄组成来看，年龄越小的游客，目的选择更为分散；年龄越大的游客，目的选择则更为集中。

表11-2 年龄、性别与前往首钢园休闲活动交叉引用

	放松心情，缓解压力，娱乐消遣	广告吸引(抖音、小红书平台推广)	购买文创	为了拍照打卡	小计
20岁以下/男	8（47.06%）	10（58.82%）	7（41.18%）	4（23.53%）	17
20岁以下/女	21（75%）	6（21.43%）	12（42.86%）	6（21.43%）	28
20~30岁/男	22（75.86%）	9（31.03%）	2（6.90%）	2（6.90%）	29
20~30岁/女	54（71.05%）	31（40.79%）	13（17.11%）	25（32.89%）	76
30~40岁/男	10（71.43%）	3（21.43%）	4（28.57%）	5（35.71%）	14
30~40岁/女	8（53.33%）	6（40%）	4（26.67%）	4（26.67%）	15
40~50岁/男	9（69.23%）	5（38.46%）	3（23.08%）	3（23.08%）	13
40~50岁/女	3（75%）	2（50%）	2（50%）	0（0.00%）	4
50~60岁/女/男	0（0.00%）	0（0.00%）	0（0.00%）	0（0.00%）	0
50~60岁	0（0.00%）	0（0.00%）	0（0.00%）	0（0.00%）	0
60岁以上/男	0（0.00%）	0（0.00%）	0（0.00%）	0（0.00%）	0
60岁以上/女	4（100%）	1（25%）	0（0.00%）	1（25%）	4

将"性别"与"所了解的首钢园休闲业态"进行交叉分析得出表 11-3，可以得出男性对于首钢体育和餐饮业态的了解程度更高，而女性则是对餐饮与市集书店的了解程度更高，而对于高线项目，男性女性的了解程度都相对较低。在选择其他选项中，所补充的内容是会展项目，由此可见，首钢园除了这4 种休闲项目外，会展也成为人们日常休闲活动的选择。

表11-3　性别与所了解首钢园休闲业态交叉引用

	餐饮	体育	市集书店	高线	其他
男	40（54.79%）	46（63.01%）	34（46.58%）	22（30.14%）	5（6.85%）
女	82（64.57%）	62（48.82%）	81（63.78%）	38（29.92%）	12（9.45%）

由表 11-4 可知，餐饮业态的满意程度波动较为平缓，体育、市集书店和高线的满意程度波动较大。

表 11-4　各休闲业态满意程度

	很不满意	不满意	一般	满意	很满意
餐饮	5（2.5%）	0（0%）	43（21.5%）	78（39%）	74（37%）
体育	5（2.5%）	0（0%）	27（13.5%）	90（45%）	78（39%）
市集书店	4（2%）	1（0.5%）	22（11%）	98（49%）	75（37.5%）
高线	3（1.5%）	2（1%）	36（18%）	89（44.5%）	70（35%）
其他	3（1.5%）	1（0.5%）	38（19%）	94（47%）	64（32%）

由图 11-1 可知，认为首钢园休闲业态不完善的 2 人中，各选择的休闲作用分别为"一般"和"没有"，认为休闲业态完善程度一般的 42 人中，26 人选择"一般"，16 人选择"有休闲作用"，而认为休闲业态较为完善的 85 人中 2 人认为休闲作用"一般"73 人认为"有休闲作用"，10 人认为休闲作用明显，在认为首钢园休闲业态非常完善的 71 人中，有 8 人认为"有休闲作用"有 63 人认为"休闲作用明显"，二者对应情况相符合。

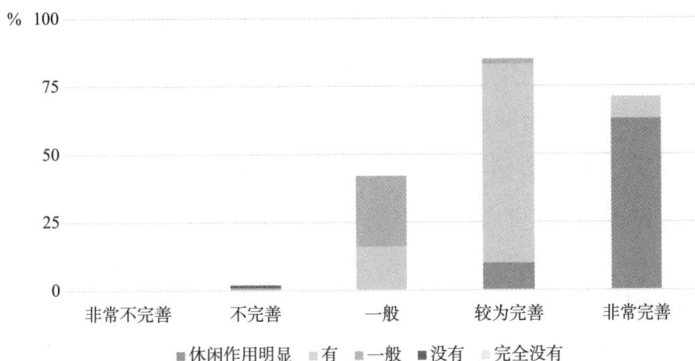

图 11-1　首钢园休闲业态完善度与休闲作用交叉引用

三、国内外工业园区对比

（一）开发模式

1. 关税同盟煤矿——综合型遗址性博物馆模式

关税同盟是德国埃森市历史上最重要的煤炭焦化厂。1847 年开始运行，一度成为欧洲最大、最现代化的煤井，世界第二大钢铁公司。随着 1986 年煤矿厂、1993 年焦化厂关停，工业区内建筑先后改建作为新用，在关税同盟基金会的工作下，工业区内建筑及煤矿基础设施得到维护。煤矿区如今已成为博物馆对公众开放。废弃铁路和旧火车车皮可以被用于举办当地社区儿童艺术学校的表演场地。焦化厂部分被改造成餐厅、儿童游泳池，也可举办会议和节庆活动。吸引了众多艺术和创意、设计产业的公司、协会、社团机构等进驻。

2. 西雅图煤气厂公园——公共游憩空间模式

西雅图煤气厂公园是全球第一个以资源回收方式改造的公园，由于其土壤污染严重，对附近居民造成影响，所以政府决定对其进行改造。设计师用景观设计的方法，对工业废弃地进行再利用。煤气厂公园不是一个凝固的景观，它的功能是为未来的多种可能性提供一个平台，让人们以自己的方式来使用公园，如在此举行音乐会，进行公共集会、放风筝、骑自行车、儿童游戏和观赏风景等各种各样的活动。

3.泰德现代艺术馆——创意产业园、现代艺术区模式

泰德现代艺术馆曾是用于工业用途的发电厂，发电厂迁移后原址被进行了改造。如今，发电厂成为一座现代艺术馆，艺术馆在发展过程中经历了新老两阶段，原馆现成为专门收藏英国艺术家作品的 Tate Modern，而新馆则被称为 Tate Modern，以收藏 20 世纪的除英国外的国际作品为主。新馆从建筑设计到展品展出均充满不拘一格的现代意味，展出方式几乎将平面的画展做成了一幕幕迷你型的舞台剧。

4.新首钢园——分区、分阶段开发

新首钢园的定位是"传统工业绿色转型升级示范区、京西高端产业创新高地、后工业文化体育创意基地"，因此在开发过程中先后进行北区、南区、东南区的发展规划，形成了"一轴两带五区"的发展格局。同时在定位上新首钢与西雅图煤气厂公园有部分相似之处，新首钢也作为公共休憩园向市民开放，它在保留原有建筑外，给予游客更多的自主性和可能性，也使新首钢成为一个多功能展示平台。另外，新首钢与西雅图煤气厂公园在开发模式上的不同又在于，新首钢不仅是一个"公园"，更是一个经济示范区，在未来南区与东南区的开发过程中，会有众多产业共同支撑新首钢的发展。

（二）业态形式

在对产业业态进行研究中，可以发现国内外的工业园区具有相通性，又有独特性。不同的工业改造园区在休闲业态中都利用其优势，打造专属的休闲业态风格。在国外案例中，既有集中于体育、娱乐业态，如德国北杜伊斯堡景观公园以及法国拉维特公园，又有注重艺术文化内涵发展的 De Hallen 综合建筑群，以及倾向于商业利用的美国 SOHO 文创产业商业街区。这些业态的确定一方面是根据旧工业遗址的地理位置，另一方面是根据开发者所面向的群体，不同的定位使其产业发展不同。如在体育业态中，德国北杜伊斯堡景观公园开发了潜水项目以及儿童娱乐项目，而新首钢园则注重冰雪体育项目以及其他体育活动赛事，新首钢园的体育业态开发不但是为游客提供体育健身场所，另一方面也是为了带动体育融合和衍生产品。与此同时，新首钢园在产业业态上突

出"科技"发展，首钢园区入驻企业以科技类企业为主，占比达 80%，目前科幻产业聚集区已吸引 70 余家科幻、科技类企业落地，这也证明了首钢园未来的产业发展方向将与科技紧密结合，打造现代化、未来化、智能化的工业遗址园区（表 11-5）。

表 11-5 国内外工业园区业态形式

名称	业态	特征
德国北杜伊斯堡景观公园	体育、儿童娱乐、展会、办公餐饮等	产业业态主要服务于日常休闲娱乐、商务办公以及餐饮提供
法国拉维莱特公园	体育运动、娱乐、自然生态、科学文化和艺术等	产业业态主要围绕自然与休闲娱乐，辅以艺术及科学文化教育
SOHO 文创产业商业街区	餐饮、百货、艺术街区等	产业业态以商业功能为主，加之艺术创造
荷兰阿姆斯特丹工业遗迹 De Hallen 综合建筑群	秀场、影展、图书馆、餐饮、电影院、酒店公寓、画廊、创意市集等	产业业态主要是以艺术文化类为主
新首钢园	文化、体育、科技等	首钢园围绕"文化 +、体育 +、科技 +"打造跨界融合的都市型产业社区

（三）空间利用

西雅图煤气厂公园由 7 个极具特征的分区组成，分别是：北部盆地的大草地、儿童娱乐场、南部的日光草坪、由南至北排列的煤气厂设备的废墟、西部的斜坡、大型的人造土山和北部开敞的乡村。另外，北部还建有一座停车场。停车场周围用人造土丘和浓密的雪松林，遮蔽停车场和附近的公路。设计师在仔细思考了各个建筑的特征以及作用后，为各个工厂都安排了合理的位置，并且在西部人造土山的凹陷处设计了一个日晷，日晷的指针由游客充当，在阴影的对面设计许多代表时刻的烟囱。

德国北杜伊斯堡景观公园在空间利用过程中一边实行环境保护原则，一边为游客提供尽可能多的活动空间。例如：将原有的 5 号炼钢高炉进行加固和改建，成为高炉公园，游客可沿阶梯登上炉顶，在炉顶欣赏园区景色，在登高过程中，可以进入炉台、炉身，了解炼钢的原理，加深对工业文化的理解；同时设计师对原有排水渠"老艾美溪"进行生态治理，变为水景公园；通过铺设污水管道使污水与地表水分流，并利用雨水回收技术，使原有的水渠焕发青春，向人们展示新生态景观的魅力；在对原有工业仓库进行改造中，设计师在半封闭的小空间里设计出花园系列；并利用原有的长达300米的工业运输天桥，组成高低变化的游览线路，建成仓库花园；攀绿花园则利用原有高大的矿石仓库石墙，为攀岩爱好者提供了理想的练习场地；金属广场，除了前述美学功能外，还能容纳5000名观众举行露天文化活动，如广场音乐会等；而潜水园则通过对原有煤气罐的改建，储水，从而形成潜水运动乐园。

新首钢园在设计过程中，首要任务是维持工业遗址原貌，修复受损的生态环境，并对工业遗址资源进行再利用。场地设计主要围绕绿色基础设施建设，实现低成本维护，达到可持续发展；内聚核心式布局，实现雨水的自然蓄积、自然渗透、自然净化、服务景观功能；注重科普展示生态修复理念，探索生态与后工业结合发展思路。由于园区内遗址的结构形式、保存状态、空间位置各不相同，所以工业遗址保护利用设计采用了"一遗一策"的总体方案。适配遗存单体自身特性及其在街区中的空间职责。

四、首钢园休闲产业未来发展趋势

当前，随着休闲产业的不断升级，休闲形式以及休闲内容都发生巨大变化。首钢园作为曾经的重工业基地，如今成为以休闲为主导的工业遗址公园，既代表了人们对休闲产业的重视，也体现了我国对于旧工业遗址开发的正确性和有利性。伴随着首钢从停产，到成为冬奥比赛场地，再到如今的休闲产业园区，这不仅见证了北京市的产业变化，也体现了我国发展的历史进程。在对首钢园的休闲体验评价中，我们可以明确地发现，人们对首钢具有浓厚的情怀，这也导致了对其期待更高。而新首钢园的发展也不负众望地朝着新目标大步迈进。

一个地区休闲竞争力水平往往会受到三方面因素的影响：一是资源环境影响，良好的生态资源、生活资源以及文化资源为休闲产业的发展提供基础保障，首钢园地理位置优越，交通便利，同时又以老工业基地和冬奥会作为文化依托，具有充足的环境基础；二是产业效率，餐饮、购物等方面满足市场需求的能力，首钢园凭借着强大的发展潜力，吸引了众多知名商户落地，在满足消费者休闲需求方面拥有良好的产业条件；三是创新度，创新能力虽然受到前者的影响，但创新的完成度还要受到多方面的制约，它既存在于技术层面也存在于制度或认知方面。首钢园目前拥有大量科技机构支持与协助，吸纳众多科研人才前来，同时首钢园明确定位"科技+"模式，在很大程度上为科技休闲发展提供帮助与支撑。

首钢园目前已具备大多数成熟工业遗址公园的主要特征，但由于仍处于发展中期，在许多方面仍有进步空间：一是完善夜间休闲项目，根据本文的问卷调查结果可知，游客对首钢园的夜间休闲项目期待值较大，但根据现状来看，首钢园目前的夜间活动仅限于灯光、餐饮以及其他商户自发举行的活动，缺乏系统的、主题鲜明的夜间项目，首钢园可以参照国内外其他工业遗址公园的实例，结合自身特点，有方向地开发夜间休闲项目；二是避免商业化程度过高，首钢园与一些其他的工业遗址公园不同之处在于首钢园的商业发展也是其重点产业，虽然商业发展是首钢园的必然，但重点的休闲项目仍要以休闲为核心，避免商业行为过多干预休闲体验活动，弱化休闲作用；三是加速休闲产业成熟化，首钢园现处阶段仍未进入到休闲产业成熟期，对于休闲产业发展，需要保证相关市场制度完善，市场管理有效，公共福利事业可持续发展，只有在休闲产业达到成熟时，各产业之间才会相互融合促进，共同发展。

北京环球影城休闲发展研究

刘霄泉 张纯①

摘要 近年来，国内休闲度假游市场规模持续扩大，居民消费水平不断提高，尤其对文化娱乐的需求日益增加。本文以北京环球影城为例，首先从功能定位、功能区划、产业联动等方面梳理其发展概况，认为其整体休闲功能较为完善，并具备带动周边产业发展的潜力。同时，将北京环球影城与国外环球影城进行对比，发现 5 家主题公园均以主题打造为共同出发点，但在选址问题、运营模式、主题打造等方面存在一定差异。接着，基于网上评论、线下问卷数据，总结北京环球影城现有的主要休闲业态形式，并进一步探究分析来园游客的休闲消费特征。最后，本文建议未来北京环球影城可以从 4 个方面发力，持续促进优质文旅产业要素聚集，带动居民休闲消费持续升级，助推副中心文化旅游功能发展。

关键字 主题公园；休闲业态；休闲消费；北京

一、北京环球影城概况

北京环球影城，位于北京市通州区，是中国首座、亚洲第三座、全球第五座环球影城主题公园。其于 2021 年 9 月 20 日，面向公众正式开放，成为迄今为止开园规模最大的环球影城主题公园。北京环球影城由 5 家国有企业共同设立的首寰投资和康卡斯特 NBC 环球公司旗下的环球主题公园及度假区集团合资拥有，首寰投资占有 70% 股份，负责开发及运营管理；美方 NBC 环球

---

① 刘霄泉，北京第二外国语学院旅游科学学院副教授，研究方向为乡村旅游、遗产旅游、城市与区域协同；张纯，北京第二外国语学院旅游科学学院硕士研究生，研究方向为休闲旅游，乡村旅游等。

公司占有 30% 股份，负责品牌授权和部分运营管理，中方在该投资项目上居于主导地位。该项目共分三期开发建设，目前对外运营的是一期项目，由环球影城主题公园、北京环球城市大道、度假区三部分构成，具体包括七大主题园区、两大官方酒店、37 处骑乘娱乐设施及地标景点、24 场娱乐演出、80 家餐饮及 30 家零售门店（见图 12-1）。截至目前，北京环球影城获得全球主题娱乐协会颁发的"主题公园杰出成就奖"，成为该年度唯一获得该奖项的主题公园。

图 12-1　北京环球影城一期项目平面图

资料来源：官方信息

（一）功能定位与设计特点

1. 功能定位

（1）融入中国传统文化元素，打造中国特色旅游胜地。

北京环球影城以经典的环球主题乐园娱乐项目为主体，将"人与自然，电影文化与沉浸式游乐项目"交相融合，打造出富有创意的园林式电影主题乐园。具体地，园区以环球影业所拥有的知名 IP 为核心，运用先进技术手段，吸引环球影城 IP 粉丝、家庭亲子以及对主题公园感兴趣的主要群体，为其提供还原度极高的电影场景沉浸式体验。与其他环球影城相比，北京环球影城的一大亮点就是中西合璧，在景观设计、园区打造、娱乐项目、主题演出等多方面融入大量中国文化元素，一期项目中国元素从视觉上可约占整体的三分之一。综上所述，它是一个将全球经验和中国文化相结合打造的、独一无二的主题公园度假区。

（2）打造国际消费体验区，引领京津冀文旅发展。

为助力城市副中心成为北京深化服务业、扩大开放文旅领域的重要国际窗口和产业集聚区，北京环球影城将与周边旅游资源进行深度融合，成为驱动产业转型和区域发展的强劲新引擎。《北京城市副中心文化旅游区发展建设三年行动计划（2023—2025年）》（以下简称《计划》）明确提出，到2025年，环球主题公园一期项目持续完善，二期工程加快推进。同时，打造"环球影城×大运河"国际消费体验区，由日间消费向全时消费转变①。由此，北京环球影城将深度促进周边餐饮、酒店、商业中心、交通等与旅游相关或配套的产业链发展，且围绕优质IP而产生的食、住、行、游、购、娱等需求也将进一步促进主题乐园以及周边其他配套休闲业态的发展，形成文旅产业链闭环，带动城市副中心发展，积极推动北京休闲旅游业升级。最终，以面向全球、辐射全国、引领京津冀为目标，服务国际、国内广域消费人群，坚持消费国际化与在地性并重，着力打造具有全球竞争力、影响力和美誉度的国际消费金名片。

2. 设计特点

北京环球影城现已成为国家重大文化旅游产业项目，拥有"一轴两区依水，七景核心环湖"的休闲游乐空间，从多方面为游客提供绝佳的视觉效果和真实体验。

第一，融入中国元素，打造中国本土化特色。目前，一期中国元素占35%，主要体现在场景设计（演出、巡游、烟火表演等）和视觉方面（建筑形式、餐饮种类）。具体地，从围绕中国式传奇展示"功夫熊猫"影视IP、以中国水墨风格讲述"变形金刚"故事线等主题活动，到水系步道设计加入传统诗歌、以中国美好寓意数字"6"为造型的入口喷泉等基础设施，再到中国风的环境乐曲中式的园林风格，到处都体现着中国文化元素。同时，在环球城市大

①《北京城市副中心文化旅游区发展建设三年行动计划（2023—2025年）》，北京通州区人民政府，http://zhengfu.bjtzh.gov.cn/bjtz/xxfb/202303/1641802.shtml。

道中不仅引入了全聚德、东来顺等中华老字号品牌，还借鉴了中国文化与东方美学，通过灯影效果和地面装饰，打造含有"双龙戏珠"的意象。据估计，园区内近3000种的主题商品中有1000多种是为中国专属定制的商品，且仅在北京环球影城主题公园有售。

第二，还原电影场景，打造沉浸式主题体验。从装修、道具、音频、投影、演绎灯光、主题灯光等各项内容，营造各个区域的场景。具体举例如下：一是侏罗纪世界大冒险骑乘设施"ATLAS"车，即无人驾驶智能全地形车辆，它会按照预先设定好的轨道路线行驶，在灯光音响等设备的配合下，带给游客全方位的感官刺激。二是小黄人乐园中的沙滩是利用主题砂浆雕刻技术，将彩色混凝土按照一定的比例制作而成的仿真自然沙地景观。其不仅能长久保持建筑景观造型，而且可以呈现出波光粼粼的视觉效果，能够为游客带来真实的体验。三是环球影城大酒店的建筑设计中融入了加州特色的西班牙文艺复兴风格，同时结合了中性色调的现代演绎以及缤纷色彩点缀，以现代摩登的方式，重新演绎好莱坞黄金时代电影文化的辉煌璀璨。

第三，完善系列配套设施，提高人性化服务水平。北京环球影城设有免费寄存柜、婴儿车与轮椅租赁、医疗中心、自助银行等基础服务设施，可满足游客的多样化需求。一是园区内建有三个大型停车区域，可供上万辆车同时停放，解决大量游客的停车需求；二是考虑到季节、天气等不确定因素，北京环球影城将约2/3的游乐设施和场所建在室内或是有遮盖的空间内，并在部分室外排队区配备取暖设备、部分室内等待区和餐厅设有饮水台，为游客提供舒适的服务；三是部分户外娱乐及演出项目会根据天气及温度情况适时调整到室内进行，部分骑乘及娱乐设施也会根据气温和天气状况调整运营时间。

（二）建设历程与功能区划

1.建设历程

2001年，北京市人民政府和美国环球主题公园度假区集团签署了合作意向书。2013年，环球影城主题公园获得国务院预核准，2014年正式立项。2015年，签署了《合资协议》；同年11月，基础工程启动建设。2021年9月20日正式开园，北京环球影城主题公园、两家度假酒店、北京环球城市大道面向公众正式开放。2022 年 6 月，位于北京环球度假区周边的环球影城北综合交通枢纽项目开展施工[①]。2023 年 8 月 24 日，北京对外发布《关于进一步推动首都高质量发展取得新突破的行动方案（2023—2025 年）》，明确即将启动北京环球度假区二期建设。

北京环球影城位于通州文化旅游区内，地处城市副中心南部区域，梨园镇、张家湾镇、台湖镇三镇交会处。项目配套建设一个地铁站及两条地铁线路，毗邻北京东六环路和京哈高速。园区总面积约为 400 公顷，一期占地 159.57 公顷；二期占地 165.83 公顷，计划建设包含中国元素的主题公园，引入中国文化和孙悟空等 IP；三期计划建设水上乐园。而根据规划，环球影城总投资金额在 700 亿至 1000 亿元，将成为城市副中心的文化旅游消费新地标。

2. 功能区划

在一期项目中，主要包括以下四个区域，共同提供餐饮、娱乐、购物等城市休闲功能。

（1）环球城市大道。

城市大道位于环球影城主题公园的主入口，是个开放区域，连接主题公园、停车楼、公共停车场与地铁等设施，游客无须买票即可到达。作为集高品质餐饮、购物与娱乐于一体的综合性商业场所，城市大道拥有 24 家店铺，包括 1 家多功能影院，15 家融合中西方特色的美味餐厅，8 家世界知名零售商铺以及 11 辆移动售卖车。城市大道的设计理念是打造一个充满活力、时尚、国际化的街区，成为游客休闲娱乐的重要空间。

（2）主题度假酒店。

1）环球影城大酒店。

环球影城大酒店坐落于北京环球影城入口处，以电影元素为装饰，打造个性化的主题氛围，提供现代化的便捷舒适，是全球首家以环球品牌命名的酒店。其拥有 368 间装修精致的豪华客房、套房以及专为家庭团队设计的高档别墅，是一个集艺术、时尚、商务、餐饮等为一体的高端酒店，能够为游客带来舒适、与众不同的住宿和会议体验。

---

① 《北京环球度假区》，百度百科，https://upimg.baike.so.com/doc/10955527-11492154.html。

2）诺金度假酒店。

诺金度假酒店坐落于北京环球影城的中心地带，致力打造生态、豪华、健康的度假环境。与环球影城大酒店风格不同，其设计灵感源自清代园林圆明园，拥有 400 间典雅现代的客房、三家风格各异的餐厅及酒吧以及健身房、露天泳池、电影院、游戏室、SPA 等休闲娱乐设施。为不同年龄段的宾客提供完美的度假体验，并展示当代中国尊贵奢华的全新生活方式。

（3）七大主题园区。

七个主题园区虽风格各异，但内部均设有餐厅、景点和骑乘设施、演出娱乐及文创商店等休闲旅游设施。同时，各园区均设有卫生间、指定吸烟区以及急救仪器，家庭中心、医疗站、自动取款机等专门的设施位于不同的园区内。

1）哈利·波特的魔法世界。

哈利·波特的魔法世界是环球影城中最受欢迎、最具沉浸式的一个分区，其打造了众多电影内的景点、商店、餐厅和娱乐项目。虽与拥有全球哈利·波特最大园区的奥兰多环影相比，北京环球影城没有"对角巷"和"逃出古灵阁"项目，但游客可以从真实体验霍格沃兹城堡、奥利凡德的魔杖店、三把扫帚餐厅等诸多经典场景和电影细节。其中，以裸眼 3D 为主打的"禁忌之旅"沉浸式体验项目较受年轻游客欢迎。

2）变形金刚基地。

区别于好莱坞、奥兰多、新加坡这三个环球影城主题乐园的"分散"设计，北京环球影城将其打造为一个独立的园区，包括大黄蜂、擎天柱等经典角色，使其成为全球首个以"变形金刚"为主题的主题区。整个园区以专属创作的延伸故事为背景，以巨型泰坦"梅特罗贝斯"为核心人物，打造超高能科技区，真实还原赛博坦风格的电影场景，为游客提供震撼的感官体验。

3）功夫熊猫盖世之地。

功夫熊猫盖世之地园区是北京环球影城的一个亮点创新，是融入中国元素最多的园区，更是全球首个以"功夫熊猫"为主题的园区。园区取材于梦工厂系列动画影片《功夫熊猫》，围绕"中国式传奇体验"进行设计，打造全室内景点。游客可以在该区域探索影片中的场景和角色，如影子戏表演、平和谷地区和熊猫村。同时，将中国文化和神话元素融入公园的设计中，让游客体会别样"中国风"。

4）侏罗纪世界。

园区的创作原型来自著名电影《侏罗纪公园》的场景，通过使用3D扫描和数字雕刻技术1∶1还原电影场景。同时，基于BIM模型，对景观内部结构、机电系统、游艺设备等进行设计，确保能够带给游客更直观的感受。

5）好莱坞。

好莱坞是环球影城标志性的经典项目，充满美式电影娱乐的风格。该园区融会贯通东西方文化，游客既可以体验到好莱坞电影拍摄中的火灾、风暴等5D体验场景，又可以体验张艺谋导演《十面埋伏》拍摄剧场的逼真场景。

6）未来水世界。

20世纪90年代的著名电影《未来水世界》是这个区域的创作原型，其在北京环球影城首次以主题园区的形式亮相。园区通过使用高压水枪和烟花等特技来再现原始电影中的水上效果，并通过乐队演奏、互动表演等方式来展现电影中的场景和角色，并且未来水世界的水上爆破特效一直都是环球影城最受欢迎的项目之一。

7）小黄人乐园。

小黄人乐园的设计灵感源于动画电影《神偷奶爸》，通过各种项目重现了电影中的众多人物和经典场景。其中，小黄人园区的亮点是欢乐好声音剧场的真人演出，能够充分带动游客的情绪。另外，为了应对季节性变化，北京环球影城将小黄人主题区由全室外改成了半室内的设计。

（4）交通服务区域。

为了保障园区内部的休闲活动正常进行，交通服务区域也是环球度假影城的重要组成部分。在园区内部，共设有两个配备电子导向系统的停车场，提供超过1万个停车位，并设有充电桩和自动洗车设备等服务设施。另外，环球影城还提供自行车租赁服务，方便游客在园区内外自由穿梭。在园区外部，包括地铁站、公交车站、出租车站以及六环高速等交通工具的接驳点。地铁站位于主题公园区域的南侧，与城市大道相连。公交车站和出租车站则位于主题公园区域的北侧，方便游客前往周边地区。除此之外，交通服务区域还提供了多种接驳服务，如摆渡车、租车服务、代驾服务等，为游客提供全方位的出行准备。

（三）区位特征与产业联动

官方数据显示，在北京环球度假区的有力带动下，2021 年通州区规模以上文化、体育和娱乐业收入同比增长 367.4%，住宿业收入增长 122.6%[①]。2022 年，北京副中心文化、体育娱乐业收入同比增长 60%，溢出效应初现[②]。

2022 年暑期、"十一"数据显示，环球影城共接待游客 104.1 万人次，其中通州区承接了 40.3 万人次的环球影城外溢游客，占比达到 38.7%，承接效应有效显现。从停留时间看，到达环球影城前或离开环球影城后游览过的游客在通州区平均停留时间为 1.5 天，比未去过环球影城的游客多 0.2 天；从过夜占比看，游览过环球影城的游客在通州区过夜占比为 25.3%，比未去过环球影城的游客高 4.9 个百分点。数据反映出，由于环球影城的到来，游客正从"走马观花看通州"向"深度畅游副中心"转变。从承接区域类型看，在重点区域中，梨园与环球影城周边、梨园、北苑区域游客游览热度较高，承接游客占比达 90.9%；在商业综合体中，万达广场、爱琴海购物公园、领展购物广场承接游客占比达 89.7%；在景区中，运河公园、西海子公园、城市绿心森林公园承接游客相对较多，占比达 71.2%。

大众点评和去哪儿网数据显示 2021 年 10 月—2022 年 8 月，环球影城开业前，周边有餐饮、购物、酒店（含民宿）、休闲娱乐、运动健身等门店 1800余家，环球影城开业后，增加至 2100 余家，其中新增门店 300 余家。从类型上看，新增门店主要集中在餐饮、休闲娱乐和酒店（含民宿）领域，分别新增102 家、76 家和 67 家。

在环球影城带动下，2021 年 10 月—2022 年 8 月，通州区线上文旅及相关产业五大主要行业营业收入同比增长超 40%。其中，娱乐、住宿业增势火爆，营业收入分别是同期的 31.3 倍和 1.9 倍。与此同时，零售、餐饮业营业收入增幅虽小，分别为 2.6% 和 0.1%，但表现明显好于同时期全市零售业（−4.6%）、餐饮业（−11.3%）平均水平。具体地，环球影城周边 5 公里内文旅及相关产业主要行业营业收入合计增长 12.8%。据统计，文化艺术、住宿、零售业营业

---

① 《北京市通州区统计年鉴（2021）》，北京市通州区统计局，http://www.bjtzh.gov.cn/bjtz/xxfb/202112/1502482.shtml.

② 《北京市通州区统计年鉴（2022）》，北京市通州区统计局，http://zhengfu.bjtzh.gov.cn/bjtz/xxfb/202212/1625656.shtml.

收入均实现两位数增长，分别为 38.2%、15.8% 和 11.8%①。

为缓解环球影城周边交通压力，在原有交通网络基础上增设连接主题公园进出口的两个节点工程，分别为京哈高速、六环路立交，以承担中心城区方向进出主题公园、通州文化旅游区、台湖镇区域等交通转换功能，从而大大缩短游客出行时间，提升游览体验。同时，打造集轨道交通、地面公交等多种交通换乘为一体的环球影城北综合交通枢纽和通马路综合交通枢纽，进一步完善城市副中心文化旅游区的配套设施。

总之，北京环球度假区直接带动酒店、餐饮、交通等相关产业的发展，为周边产业发展提供新的就业机会和经济增长点。同时与通州老城区、张家湾设计小镇、台湖演艺小镇、城市绿心森林公园建立紧密的产业联动和项目合作，助力城市副中心成为北京深化服务业、扩大开放文旅领域的重要国际窗口和产业集聚区。

二、北京环球影城与国外环球影城的对比

环球影城与众多知名电影制片厂合作，以再现电影主题和情节为主题，打造系列与电影 IP 相关的游乐项目。目前，其在主题乐园行业中处于遥遥领先地位，现已在全球建立了 5 家主题乐园，成为集餐饮、娱乐、购物等多种休闲业态于一体的主题公园品牌（见表 12-1）。这 5 家主题乐园在开发模式上虽均以主题打造为共同出发点，但它们在选址特点、运营模式、主题打造等方面存在一定差异。

（一）选址特点

美国的好莱坞环球影城、佛罗里达奥兰多环球影城在选址方面都体现了共同的特点，即交通网络发达、距离市中心和其他旅游目的地较近、土地面积广阔且成本相对较低。同样，日本环球影城也选址在交通方便、周边旅游业发达的大阪区，新加坡环球影城更是直接坐落于顶级家庭旅游目的地圣淘沙名胜世

---

① 《数"说"环球红利》，北京市通州区文化和旅游局，http://www.bjtzh.gov.cn/bjtzly/fzx/202211/1625014.shtml.

界之内。由此看出，以上因素都会在无形中延长游客停留时间，促进其产生二次消费。北京环球影城的选址也考虑到交通网发达、经济水平高、人流量庞大等重要因素，但并未直接选择周边旅游业发达的区域，而是利用自身辐射城市副中心周边，带动周边区域文旅消费升级，促进首都国际文化交流发展。

表12-1　5家环球影城的基本情况

公园名称	所在地	建设面积	开业时间	项目举例
好莱坞环球影城	美国加州洛杉矶	212 公顷	1964 年	《好莱坞影城之旅》《速度与激情》等具有好莱坞电影特色的娱乐项目
奥兰多环球影城	美国佛罗里达奥兰多	60 公顷	1990 年	《小黄人》《4D 怪物史莱克》等具有好莱坞电影特色的娱乐项目
日本环球影城	日本大阪	54 公顷	2001 年	《海贼王》《银魂》等以日漫 IP 为主的娱乐项目
新加坡环球影城	新加坡圣淘沙岛	22 公顷	2011 年	《夺宝奇兵》《马达加斯加》等融入东南亚风格的娱乐项目
北京环球影城	中国北京	400 公顷	2021 年	《哈利波特》《变形金刚》以及《功夫熊猫》等具有中国传统文化特色的娱乐项目

资料来源：作者根据官方信息汇总

（二）运营模式

目前环球影城已建成的主题乐园共 5 家，分别采用全资自主经营、与其他公司合资经营、授权给第三方使用 IP 经营（见图 12-2）。北京环球影城采取的"首旅 + 环球影城"合作运营模式，存在两大亮点：一是国企与美国企业共同出资，形成中美合作的优势互补；二是中方投资占比七成，中方在重要决策中将处于主导地位。同时，关于中方多家合作模式介于"政府合作"与"特许经营"的模式之间，既可以得到政府相关配套市政工程的大力支持，又可以保障环球影城市场化的运营。

图 12-2　5 家环球影城运营模式

资料来源：《旅游行业深度报告：主题公园市场迎来新黄金十年》，天风证券研究所，https://baijiahao.baidu.com/s?id=1692465878494598280&wfr=spider&for=pc.

（三）主题打造

5 家环球影城均以电影 IP 为核心，以特定主题为核心，围绕电影元素，借助娱乐设施和个性化服务为游客提供更加真实、刺激和令人难忘的游玩体验。其在 4 个不同的国家通过深度挖掘内容和 IP，实现了本土化建设，满足不同地区和特定目标群体的需求（见表 12-2）。

表12-2　5家公园主题特点差异

公园名称	客群定位	主题特点
好莱坞环球影城	IP 粉丝	1. 首个主题乐园，以好莱坞电影制片厂为基础 2. 电影和游乐设施有机结合的电影主题体验
奥兰多环球影城	热爱冒险的人群、度假群体	1. 与好莱坞主题内容接近，但增加沉浸式体验，是好莱坞影城的升级版本 2. 与好莱坞共同提供度假体验
新加坡环球影城	度假群体、亲子家庭	1. 建设面积全球最小的一家 2. 2/3 的电影主题游乐设施专为新加坡打造 3. 主题乐园领域内荣获多个"全球第一"
大阪环球影城	女性、亲子家庭	以电影、电视和动漫为主题的多场景乐园

（续表）

公园名称	客群定位	主题特点
北京环球影城	IP 粉丝、年轻群体、亲子家庭	1. 全球规模最大的环球主题公园 2. 首个加入以功夫熊猫为主题的园区，打造"中国式"环球影城

资料来源：作者根据官方信息汇总

三、北京环球影城主要休闲业态形式

通过搜集携程、大众点评、美团、去哪儿等多个在线平台中北京环球影城的游客评论，共计 12000 余条，将园区内的休闲业态概括为以下 4 种形式，并进一步分析其休闲发展情况。

（一）特色餐饮

主题分区和城市大道均建有餐厅，提供超过 110 道菜品，满足游客多元化的需求。首先，主题分区内的餐厅均围绕各自主题进行建设，包括餐厅名称、餐厅风格、菜肴类型（见表 12-3）。相比之下，城市大道的餐饮则没有统一的主题，但菜肴类型较为丰富。其次，餐厅体验主要分为三种，即快餐服务、餐桌服务以及餐车服务。另外，为了贴合国人的饮食习惯，打造具有 65% 亚洲风味和 35% 西式美食的餐饮体系。

评论显示，餐厅休闲业态情况如下：一是游客大多认为园区内餐桌服务餐厅价格偏贵，快餐服务餐厅价格较便宜，这表明北京环球影城提供多层次消费，为游客提供多种选择；二是餐食种类丰富，口味独特，其中，广受游客追捧的几家餐厅分别是三把扫帚、黄油啤酒、落霞餐厅，同时，偏爱中国口味的游客则认为功夫熊猫区域提供的中式面食符合自身需求，并且来自外省的游客表示可以体验烤鸭、炸酱面等北京地方特色美食；三是游客认为餐厅风格突出主题，还原电影场景细节，如哈利·波特餐厅悬挂吊灯、微微风化的横梁、阳台上小摆设等，变形金刚基地设计"补充能量"的招牌餐食，使其能够拥有强烈的沉浸感；四是游客认为各餐厅内工作人员态度良好，餐桌高度及位置摆放较为合理，整体环境干净明亮，能够提供舒适的就餐氛围。

表12-3 园区餐厅基本情况

主题园区	餐厅类型	餐厅名称	菜肴类型
城市大道	快餐服务餐厅	酷巧 - 巧克力商店	甜品
		五杯美食精酿	精酿啤酒、小吃
		红炉比萨烘焙坊	比萨、烘焙食品
		萌萌牛寿司汉堡	寿司、汉堡
	餐桌服务餐厅	霓虹街市	东南亚美食
		穿越·外婆家	家常菜肴
		KRPO	韩国料理
		珍宝海鲜餐厅	海鲜菜肴
		全聚德	烤鸭
好莱坞	快餐服务餐厅	梅尔斯餐厅	汉堡和奶昔
		比弗利山庄法式烘焙坊	面包和甜品
		皮爷咖啡	咖啡、面包、甜品
	餐桌服务餐厅	落霞餐厅	中西融合菜
	餐车服务	可口可乐塔	饮料、小食
小黄人乐园	快餐服务餐厅	萌乐快餐	小食、快餐
		美食广场	亚洲美食
		老巢餐厅	国际美食
侏罗纪世界努布拉岛	餐桌服务餐厅	哈蒙德餐厅	西式料理及亚洲融合创意菜
	快餐服务餐厅	飞行猎手餐厅	亚洲美食
		至景餐厅	亚洲美食
		琥珀岭餐厅	亚洲美食
变形金刚基地	快餐服务餐厅	赛博坦骑士餐厅	比萨、意面
		能量晶体补充站	亚洲美食
		背离的秘密餐吧	小食、快餐

（续表）

主题园区	餐厅类型	餐厅名称	菜肴类型
功夫熊猫之盖世之地	快餐服务餐厅	平先生面馆	亚洲面食
		熊猫婆婆私房菜	亚洲美食
		功夫小吃	亚洲小食
哈利·波特的魔法世界	快餐服务餐厅	三把扫帚	传统英式美食
		猪头酒吧	酒吧
未来水世界	快餐服务餐厅	漂流者小馆	汉堡、炸鸡、海鲜

资料来源：作者根据官方信息汇总

（二）游乐项目

园区内共有16个游乐项目，一期中国原创题材游乐项目相对较少，还是以引进美国电影题材游乐项目为主。目前，环球影城主打的项目大致分为3个类型，即骑乘类、沉浸类以及互动类，结合声光电特效及3D、4D科技打造适合全年龄段的沉浸式冒险项目，充分发挥IP价值，复现电影场景（见表12-4）。

表12-4　游乐项目基本情况

体验类型	项目名称	排队时间	主要特点	适合人群
骑乘类	大黄蜂回旋机	短	高速旋转、具有强烈刺激感	低幼儿童、亲子家庭
	超萌璇璇涡	短	360°旋转、自行升降	亲子家庭
	旋转武侠	短	多次快速旋转	亲子家庭
	灯影传奇	短	上下摆动旋转	低幼儿童
	霸天虎过山车	长（须存包）	多次快速旋转	成人
	飞跃侏罗纪	极长（须存包）	悬挂过山车	成人
	萌转过山车	适中	低级过山车	所有人群
	鹰马飞行	长	体验360°	成人

（续表）

体验类型	项目名称	排队时间	主要特点	适合人群
沉浸类	火种源争夺战	极长	需要戴 3D 眼镜、体验下坠感	成人
	侏罗纪大冒险	极长	沉浸式 4D 过山车。	成人
	小黄人闹翻天	长	用椅子震动和屏幕变化模拟过山车	成人、亲子家庭
	禁忌之旅	极长（须存包）	沉浸式 4D 过山车	成人
	神龙大侠之旅	适中	剧情版、不刺激的漂流	成人、亲子家庭
互动类	阿宝功夫训练营	适中	亲子游乐互动区域	亲子家庭

资料来源：作者根据官方信息汇总

　　评论显示，游乐项目业态情况如下：一是大多数游客认为园区内娱乐项目丰富多样，大多依据电影画面造景，打造户外高空飞跃、室内 3D 裸眼场景体验、互动拍照等多类型项目，沉浸感十足，除了围绕经典 IP 之外，还加入了一些本土化改造，如首个以"功夫熊猫"主题景区、变形金刚景区中专属中国的故事线、"话痨"威震天、"单口相声"等；部分游客反映，缺少专门的夜间旅游产品，期望能够体验"黑暗影城"。二是游客认为园区地图 App 上标记有各个项目的具体位置，还可以显示各个项目的实时排队时间，非常便捷；但是大多数游客依旧提出节假日期间游客流量巨大，单一项目排队时间长达30~60 分钟，大大影响自身体验感。三是游客普遍认为火种源争夺战、霸天虎过山车、侏罗纪世纪大冒险、禁忌之旅等较为刺激的项目体验感十足，而功夫熊猫园区和小黄人区的项目相对安全温和，比较适合低幼儿童和家庭亲子互动。

（三）主题演出

　　环球影城是一个以电影为主题的游乐园，不仅有各种刺激的游乐项目，还有多种主题演出活动。其中，园区日常推出 6 大类 12 场娱乐演出，包括特技表演、音乐剧、话剧、巡游、氛围演出、角色见面会等类型，还原真实电影场景，满足各类游客群体的娱乐需求（见表12-5）。同时，致力于深耕本土化的探索，将广受中国消费者欢迎的本土 IP 故事和潮流文化，根据季节特点引入系列活动，为更多游客带来耳目一新的主题公园沉浸式娱乐体验。

表12-5 主题演出基本情况

演出类型	演出名称	演出特点
日常主题演出	霍格沃兹城堡夜间灯光秀	24台4K激光放映机开启绚丽灯光秀
	花车游行	互动性极强、多个 IP 人物登场
	变形金刚：传奇现场	擎天柱、风刃、威震天三位角色通过补给升降梯来到地面与游客进行亲密互动、拍照合影
	智慧仙桃树	通过灯光、色彩、材料等多种艺术手段，搭配360度光雕投影技术，实现了桃树在春、夏、秋、冬四季不断更替的神奇转变
	不可驯服	运用投影、特技、巨型木偶等一系列元素，令没牙仔、小嗝嗝和阿丝翠德等角色从荧幕走出来并登上舞台
	灯光，摄影，开拍	利用高科技灯光、音效、特效、演员表演等使观众能够身临其境感受到剧场魅力
	欢乐好声音	一场以音乐为主题的演出，集合了歌唱、舞蹈、视觉特效等多种艺术形式
日常主题演出	小黄人见面会	通常有小黄人的歌舞表演、互动游戏、拍照签名等环节
	未来水世界特技表演	以水上特技、灯光音乐秀和舞台剧为主，融合了现代科技和艺术元素
	霍格沃兹特快列车长	一项全新的互动演出项目，演出中将有霍格沃兹特快列车、魁地奇球员、魔法师、巫师和魔法生物等元素
	青蛙合唱团	音乐与舞蹈的融合、互动性强、幽默风趣、舞台效果炫酷
	三强争霸赛动员会	一场集音乐、舞蹈、特技表演等多种元素于一体的综合性演出，以及各种主题游戏和互动体验项目

（续表）

演出类型	演出名称	演出特点
系列季节演出	"环球中国年"主题活动	电影 IP 角色穿戴中国传统元素服装、表演"环球影城新春秀"、推出九大团圆宴
	"冬季假日"主题活动	特别演出"冬季奇境"、多款冬日主题餐饮及下午茶、冬季潮流文创商品
	"王者荣耀"英雄盛会主题活动	以国产英雄 IP 为核心，打造了《王者荣耀》英雄巡游、英雄见面会等活动、英雄造型为设计的主题商品及餐饮
	"酷爽夏日"主题活动	打造流行舞蹈和水上互动舞台、水上特技表演、主题度假套餐
	周末露天音乐表演	位于城市大道无须购票免费提供、不同乐队演唱音乐

资料来源：作者根据官方信息汇总

评论显示，主题演出业态情况如下：一是各个表演项目类型富有特点，大多围绕某一故事情节展开，相较娱乐项目有更强的互动性，能够与电影 IP 近距离接触；二是演出呈现形式多样，区别于其他环球影城加入了很多艺术特效、中国元素、场景道具，如音乐剧《不可驯服》结合了投影、音乐、舞蹈、特技、定制木偶等表演方式，都给予其真实的感官刺激，但也存在部分表演音效不好、IP 角色不够生动等问题；三是游客希望未来环球演出能够持续创新发展，继续打造不同季节的主题活动，给他们带来新鲜感，考虑增加"周末露天音乐""灯光秀"等夜间产品，以丰富休闲活动。

（四）文创购物

为延长 IP 文化产业链，北京环球影城设有大约 30 个提供文创产品和购物的场所，提供近 3000 种纪念品，消费群体大多为年轻群体以及亲子家庭。主题商店主要分布在景区入、出口处的城市大道、好莱坞大道以及各分区内，售卖环影周边、各大 IP 周边精选及限量款。目前，为了实现"老"与"新"的碰撞和结合，园区围绕老字号文化记忆的定位，实施全新购物场景的购物体验新模式，打造集传统文化、国潮时尚、品牌创意于一体的一站式京式伴手礼集合平台"北京有礼"环球度假区站。

评论显示，文创购物业态情况：一是园区文创产品大都和IP形象一致，如游客提到在哈利·波特区域内售卖可互动的魔杖，以便真实地还原电影场景，同时，在文创产品设计上追求创新，积极融入中国特色，如小黄人集市售卖的小黄人十二生肖系列，其灵感来自中国的十二生肖文化；二是游客普遍认为商店内的文创产品价格偏高，周边商品售价低于100元的只有钥匙扣、挂牌等商品，且品质不如迪士尼乐园；三是购买流程十分便捷，设有多个购买点、免费提供寄存自提服务，并且产品货源充足。

四、北京环球影城游客休闲消费分析

自开园以来，北京环球度假区的搜索热度一直排名靠前，是中国最受欢迎的主题公园之一。2021年10月至2022年6月，在环球影城带动下，通州区实现旅游收入59.9亿元，增速排名全市第一，旅游市场消费活力迸发。其中，环球影城实现营业收入27.7亿元，占全区旅游收入的46.2%，对当地旅游收入增长的贡献率达149.5%。同年，暑假和"十一"期间，环球影城周边区域、梨园区域、北苑区域、运河核心区、宋庄小堡5个重点区域文旅及相关产业消费金额22.2亿元，达57.1%，占全区文旅及相关产业消费金额的近六成，较2021年提升1.6个百分点，消费市场火热。其中，梨园、北苑区域消费规模最大，占比分别为19.0%和13.4%。从增速看，5个重点区域消费金额同比增长11.8%，较全区高3.1个百分点，发展活力加速释放。北苑、梨园与环球影城周边区域消费市场增长最快，增速分别为14.2%和13.3%，较全区分别高出5.5个和4.6个百分点[1]（见表12-6）。

（一）园区接待量

据统计，北京环球度假区每年可接待游客量1200万~1500万人次，一天可接待1万~4万人次，日均接待量达到2万~4万。2023年，客源地呈现出

表12-6　2022年暑期、"十一"通州区重点区域文旅及相关产业消费金额

指标区域	2022年消费金额/亿元	同比增长/%	占比/%
通州区	38.92	8.7	100.0
以下5个区域合计	22.23	11.8	57.1
环球影城周边区域	3.83	13.3	9.8
梨园区域	7.41	11.6	19.0
北苑区域	5.22	14.2	13.4
运河核心区	4.12	12.0	10.6
宋庄小堡	1.66	2.5	4.3

数据来源：《数"说"环球红利》，北京城市副中心报、北京日报，https://mp.weixin.qq.com/s/60GzVGVoMxzGQnAzxu-O3g

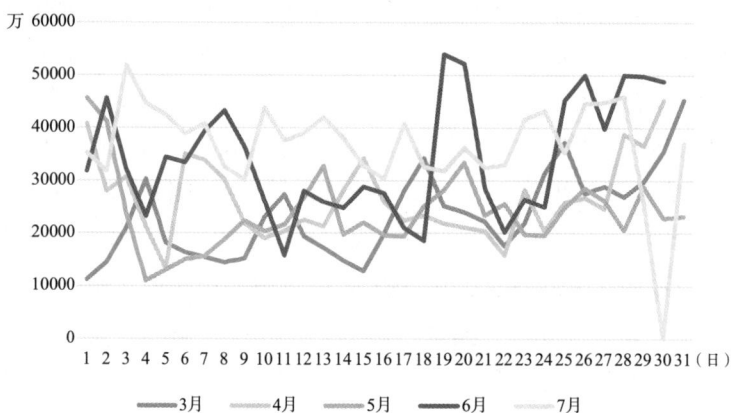

图12-3　北京环球影城2023年3—7月园区接待量情况

数据来源：作者根据"乐园等候时间"小程序的客流预报信息汇总

多元化的趋势，同年一季度外地赴北京的用户同比增长超10倍，覆盖国内含港、澳、台在内的所有省级行政区。同时，游客表现出更加积极的消费意愿，2023年以来，北京环球影城指定1.5日门票、2日联票同比上年销售增长近5倍，酒店＋门票的套餐产品增长228%。具体地，通过对2023年3—7月份园区接待量进行可视化（注：3月、5月共30天，7月30日闭馆），发现以下特征：一是节假日期间游客量明显增加，暑假尤为明显。五一期间迎来今年第一个高峰，最高可达到45600人次/日。从6月末至暑假期间，园区接待量日

均 4 万人，说明大多数游客依旧选择在小、长假期出行，亲子客群、学生客群成为园区暑假旅游市场的主流群体。二是错峰出行稍有显现。在端午节期间，人数处于 2 万左右，但在该时间段前后均出现 2 次高峰，甚至超过 5 万人，说明游客在五一之后考虑节假日人流量大，追求舒适的体验感，游客选择前后时间出游。三是客流量整体波动起伏，日常周末稍迎高峰。随着气温不断回升，园区客流量整体呈现稳步增长、波动起伏的发展态势，周末出游也较为明显（见图 12-3）。

（二）游客调查

1. 年轻人和亲子家庭成为主要消费群体

本文通过采用线上、线下相结合的方式发放问卷以调查北京环球影城游客满意度，最终收集问卷 212 份。问卷主要分为三个部分，即游客基本信息、出游动机与出游行为、体验质量与满意程度，涵盖"游前""游中""游后"整个出游过程。

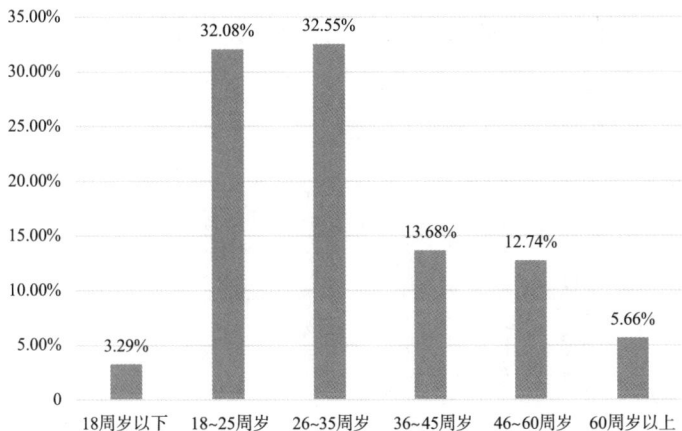

图 12-4 年龄分布情况

数据来源：该图及下图均由作者根据问卷调查绘制

调查结果显示，前往北京环球影城的游客主要来自京津冀及周边地区，北京、河北、山西、浙江、江苏等省份是主要客源地。游客男女比例分别为 42.45% 和 57.55%，说明女性相较于男性对主题乐园更加感兴趣。其中，26~35 周岁、18~25 周岁游客总占比达到 64.63%，36~45 周岁占比紧随其后，达到了 13.68%，由此可见年轻人和亲子家庭成为北京环球影城的主要客群（见图 12-4）。同时，游客的工作性质主要是学生、一般企事业单位人员、政府公务人员、旅游从业者，占总人数的 72.17%。

2. 休闲度假和追寻刺激成为主要出游动机

大约四成的游客是来到北京环球影城游玩，主要是和朋友、父母、孩子以及爱人共同出行，报团出游的人数仅占 16.04%，根据结果显示，71.22% 的游客选择停留 1~2 天，通常在早上 9~10 点入园，以便参与到每一个主题项目中。可以看出，目前游客的停留时间较短，需进一步丰富周边休闲业态和服务设施。

通过调查，游客的出游动机较为丰富，包括休闲度假、满足好奇心、维护关系、增长见识等多个方面，休闲度假和追寻刺激是游客出游的主要动机（见图 12-5）。针对不同年龄段群体，出游动机存在一定差异，18~25 岁游客倾向于体验刺激感和拍照打卡，26~35 岁游客更注重维护关系和增进感情，而 46 岁以上游客想要丰富增长见识。同时，大约四成的游客选择和朋友、父母孩

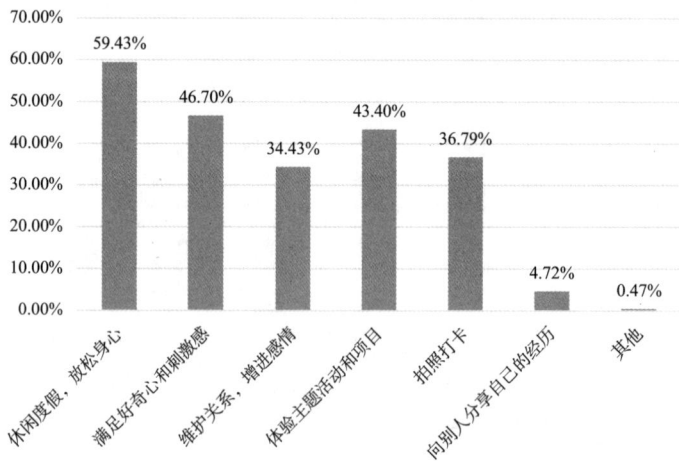

图 12-5　出游动机情况

子以及爱人共同出行，报团出游的人数仅占16.04%，这也从另一个角度反映出大多数游客前往北京环球影城是为了休闲放松和增进感情。另外，56.13%的游客人均消费主要集中在500~1500元区间内，部分游客花费2000元以上，主要消费在入园门票、美食体验、项目游玩及优速通服务上，整体休闲消费需求不断上升。

3. 特色IP主题成为影响游客体验感的核心因素

特色突出的主题活动和丰富多样的体验项目成为吸引游客前往游玩的核心因素，说明主题乐园不仅是人们"微度假"的主要场景，其独具特色的主题IP也是吸引游客的重要理由。游客对哈利·波特的魔法世界区域最感兴趣，其次是变形金刚，功夫熊猫盖世之地和侏罗纪世界努布拉岛并列第三，小黄人乐园位于其后。游客认为哈利·波特区域的场景还原程度、沉浸式体验程度、整体环境质量最高，功夫熊猫盖世区域融入中国元素最为突出，小黄人乐园的餐饮较为丰富独特。

4. 游客对整体满意度及忠诚度水平较高

针对娱乐项目，游客对其满意度较高，其普遍表示对园区内的互动项目感兴趣，并愿意主动参与；针对特色餐饮，游客对其满意度一般，57.07%的游客认为园区内餐饮的价格水平与提供的服务品质不一致，形成较大的心理落差；针对文创产品，游客对其满意度较高，认为商店的文创产品设计与IP形象较为一致；针对酒店住宿，因大部分游客并未选择在园区内过夜，所以这一部分参考价值较小。

五、北京环球影城未来休闲发展的方向与趋势

北京环球影城是集游乐、餐饮、住宿、购物等多种业态为一体的综合性度假区，能够满足不同游客的休闲需求。目前，虽然现存一些问题，但未来将促进优质文旅产业要素聚集，带动居民休闲消费持续升级，助推副中心文化旅游功能发展。

（一）深入挖掘本土文化，提高休闲教育功能

首先，可以充分利用 IP 吸引力，推进"IP+教育"模式发展，拓宽市场广度。增加环球影城主题 IP 衍生产品的供给，激发环球影城的教育属性，可以借助环球影城的变形金刚、小黄人、哈利·波特、功夫熊猫等 IP 进行"IP+教育"的经营探索，深入挖掘儿童教育和研学市场。其次，北京环球影城仍需深研中国文化元素的深刻内涵，通过科技方式展现中国优秀文化，使游客产生共情，提升游客体验感。尽管北京环球影城在景区内引入了功夫熊猫、在城市大道引入了东来顺等中国文化主题的内容，但在文化符号提取、文化元素凝练、文化意象塑造等方面仍有较大空间，对中国文化呈现至关重要。在二期、三期中国文化项目的开发上应当更加谨慎。

（二）开拓夜间消费场景，探索经营新模式

与上海迪士尼美食街、音乐会、水上烟花秀等丰富多样的夜间旅游产品作对比，北京环球影城仅具备"灯光秀表演"和"露天音乐"两种夜间旅游产品，不足以满足游客的夜间休闲需求。一方面，开发夜间旅游要区别于白天，可以相应地减少设施依赖性项目，增加剧情类互动产品和沉浸式体验产品，尤其是可以通过将变形金刚、小黄人等主题 IP 与剧本杀、真人游戏、夜间探险等形式相结合，形成夜间产品独特的亮点。另一方面，发展夜间旅游，除了增加演艺类产品，还可以在城市大道增加系列市集活动，将 IP 人物深度活化，提高游客与角色的互动性，进一步延长游客的停留时间。

（三）减少产品同质化，加强创新发展

从主题公园的长期运营来看，需要打造更多常来常新、吸引游客重游的体验项目，才能持续激发产生二次消费的增长空间。一是强化 IP 塑造，创造新价值。随着时间的推移，游客会对原有 IP 形象失去兴趣，可适时考虑引入新的主题 IP，如科幻、古代文明、未来城市等，以吸引更多的游客，保证 IP 的持续性高品质输出。二是继续加大人工智能、云计算、虚拟现实、大数据等高

新技术的应用。通过科技将文化以数智、趣味、深度的方式表现出来，例如，把电影场景、情节故事以可视化、互动化、云享化的方式呈现给游客，打造主题的沉浸式体验。三是提供个性化服务。通过为游客提供"小黄人"特色酒店套餐、花车游行"幸运家庭"、记录"精彩时刻"等特定产品和活动，满足不同游客的需求和偏好，提升游客的满意度和忠诚度。四是合作与跨界创新。如引进"王者荣耀"英雄角色，未来可与电影、动漫、体育、科技等行业进行合作，共同打造创新的产品和体验，吸引更多不同类型的游客。

13 北京及全国休闲商业综合体行业观察报告

王书研 魏翔①

摘要 随着城市居民消费偏好的改变，互联网对实体商业的冲击，城市化进程变缓等多种因素，传统百货、超市、购物中心和商业综合体在市场竞争中的困境日显，带有主题性、文化性、休闲性等多种附加属性的购物中心新形态：城市休闲商业综合体近年来发展迅猛，其特点是集多种业态于一体，为消费者提供了一站式的购物、娱乐、文化、体育等多种消费体验，符合现代城市居民的多元化消费需求和生活方式，本报告从消费者的多样性需求出发，结合市场发展趋势，对城市休闲商业综合体展开行业观察和意见。

关键词 城市休闲；综合体；消费

一、城市休闲商业综合体行业发展背景及现状

随着我国城市化进程发展达到一定阶段，党的十八大以来政府提出以提高质量为导向的新型城镇化战略，推动我国城镇化进入提质增效新阶段；同时城市居民对于传统线下零售购物的消费兴趣日渐不足，而对休闲娱乐、潮流市场、文化体验等消费需求不断增加，城市空间的商业节点亟待升级，在这个过程中，休闲商业综合体这个提法应运而生。目前，城市休闲商业综合体已经成为城市商业地产的新兴形态，其发展前景广阔，市场需求潜力巨大。

---

① 王书研，融创服务集团商业管理公司研发总监；魏翔，中国社会科学院大学商学院教授、博士生导师。

（一）社会及政策背景

在互联网时代，伴随着电商和多种新兴零售方式的冲击，加之疫情三年对人们的消费行为和习惯的影响，线下实体商业面临着更加残酷的竞争和淘汰。伴随着城市化进程变缓和人口数量负增长的趋势，无论是新建商业项目还是存量商业项目都面临着越来越大的竞争压力。长期看中国居民可支配收入不断提升，社会消费品零售总额持续上涨，消费已成为中国经济主要拉动力量（见图13-1）。随着过去二十年中国经济与社会的蓬勃发展，中国消费市场呈现出丰沛活力，面对疫情的冲击，也表现出强劲韧性。社会消费品零售总额20年间增长超过10倍，2019年首次突破40万亿元；尽管2020年由于消费受到疫情冲击呈现负增长，仍呈现高度韧性。根据国家统计局数据，中国拥有全球规模最大、最具成长性的中等收入群体，2017年已经超过4亿人，并持续增长。二十年来，中国居民人均可支配收入稳步提升（见图13-2），2021年达到3.51万元，较2000年的0.37万元增长超过8倍。城乡差距逐步缩小，数据显示，农村居民人均可支配收入实际增长连续多年高于城镇居民人均可支配收入实际增长（见图13-3）。其中，2021年城镇居民人均可支配收入为47412元，同比实际增长7.1%，农村居民人均可支配收入18931元，实际增

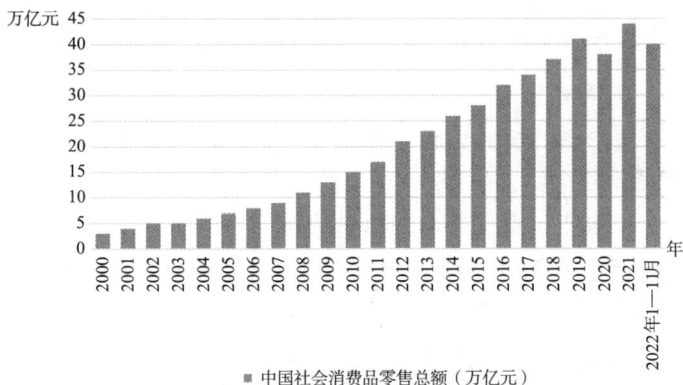

图13-1　2000—2022年中国社会消费品零售总额持续上涨

数据来源：国家统计局，德勤研究

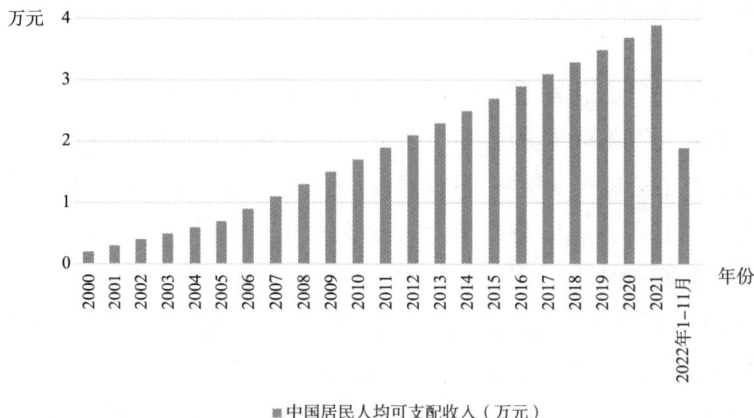

图 13-2　2000—2022 年中国居民人均可支配收入逐年提升

数据来源：国家统计局，德勤研究

图 13-3　2019—2021 年城镇及农村居民人均可支配收入变化

数据来源：国家统计局，德勤研究

长 9.7%，农村居民人均收入高于城镇居民 2.6 个百分点。近年来，特别是疫情以来，中国居民人均储蓄率提升明显（见图 13-4），短短 3 年间，由 2019 年的 29.9% 快速提升至 2022 年 1—9 月的 35.3%，意味着消费市场的潜力依旧巨大，有待转化和释放。时至今日，消费已成为中国经济的主要驱动力，2021 年最终消费支出对中国经济增长贡献率达到 65.4%（见图 13-5），拉动经济增长 5.3 个百分点。

图 13-4　2015—2022 居民人均储蓄率

注：居民人均储蓄率 =（人均可支配收入 - 人均消费支出）/ 人均可支配收入
数据来源：国家统计局，德勤研究

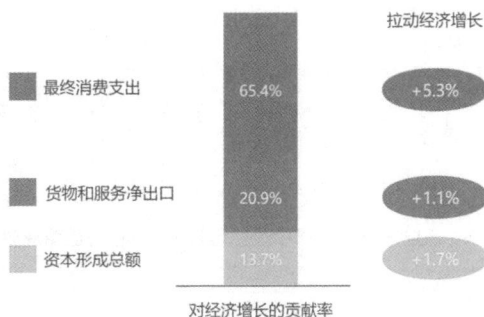

图 13-5　2021 年"三驾马车"对中国经济的拉动

　　短期看，社会消费品零售总额增速下跌，消费者信心位于历史低点，中国消费市场砥砺前行，社会消费品零售总额自 2021 年下半年开始增速明显放缓并持续波动（见图 13-6），从 2021 年上半年的双位数增长下滑至低位个位数，受主要城市受疫情冲击严重经济活动放缓影响，2022 年 4 月下探至 -11.1%，并于 2022 年 10 月和 11 月再次呈现负增长。与此同时，中国消费者信心指数在 2022 年下跌到历史最低水平（见图 13-7），并一直在低位徘徊，反映了消费者对于经济和消费走势的谨慎态度。本次消费者调研显示，相当一部分消费者对于奢侈品、娱乐玩具、烟酒等非生活必需品类消费意愿下降，超过四成的消费者表示过去一年内减少了奢侈品品类的消费，其中近两成表示消费减少幅度超过 50%，同时有超过三成消费者表示过去一年减少了娱乐玩具和烟酒品类的消费（图 13-8）。同时，食品饮料、个人护理、家庭日用品等生活必需品类的消费意愿依然强劲，过去一年减少消费的消费者均不足 15%，同时有超过三成的消费者表示过去一年增加了该品类消费。疫情影响消费者出门使用 / 出门少了减少了对这类商品的需求以及消费观念变化是消费

图 13-6 2021—2022 年中国社会消费品零售总额增速放缓

数据来源：国家统计局，德勤研究

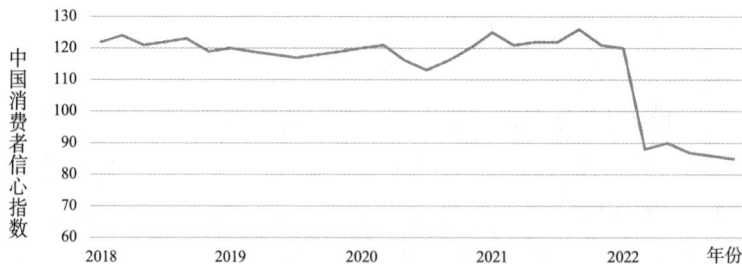

图 13-7 2018—2022 年中国消费者信心指数明显下滑

数据来源：国家统计局，德勤研究

者消费意愿下降的主要原因。有超过 20% 的消费者将以上两点视为主要考量因素，而超过一半的消费者认为其是排名前三的重要因素（见图 13-9）。

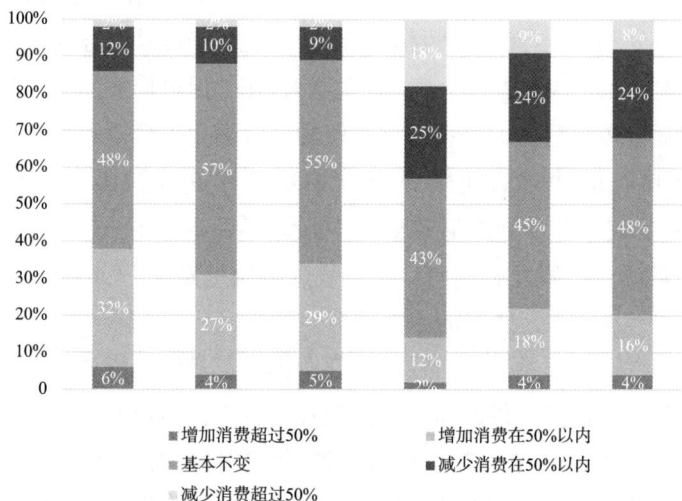

图 13-8　2021—2022 年各品类消费情况

数据来源：德勤问卷：请问相比一年前，在过去一年内您在以下品类的消费情况有无变化？【单选】

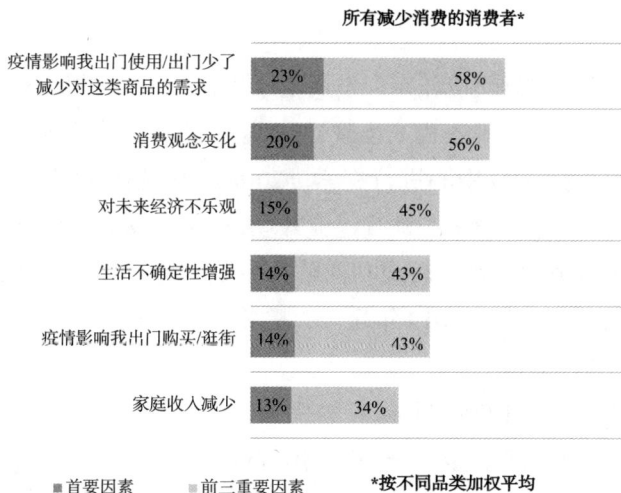

图 13-9　2018—2022 年消费者消费意愿下降的原因

数据来源：德勤问卷：请问您减少在这些品类上的消费的最主要三个原因是？请按第一符合、第二符合、第三符合的顺序点选相应的描述。

在国家经济结构调整的大环境下，国家出台多方面的政策来支持商业综合体的多元化发展。根据《中共中央关于制定国民经济和社会发展第十四个五年规划和2035年远景目标的建议》和《中华人民共和国国民经济和社会发展第十四个五年规划和2035年远景目标纲要》，为进一步推动商务高质量发展，商务部研究编制了《"十四五"商务发展规划》，在"促进形成强大国内市场"章节就强调了提升传统消费、培育新型消费和升级消费平台等内容。

各地方政府也针对商业服务业有相对具体的政策出台，如《北京市"十四五"时期商业服务业发展规划》中强调了基本原则：（1）坚持以人民为中心。（2）坚持双循环发展格局。（3）坚持高质量发展。（4）坚持协同发展。这里面围绕"七有""五性"需求，抓好"菜篮子""米袋子"等民生保障工程，提高生活性服务业品质是对社区型商业提出了具体的指导意见，另外利用北京科技创新中心优势，借助新一代信息技术，支持新业态新模式发展。扩大服务消费，提升传统消费，鼓励新兴消费，加强品牌建设，满足人民群众对美好生活的新期待，为商业综合体如何进行多元化发展提供了政策方面的参考和支持。

（二）行业背景

中国购物中心的发展历史较短，发展至今仅有30余年的历史。20世纪80年代以前，中国购物中心业态尚未出现。20世纪80年代中后期，北京、上海等部分大城市开始对购物中心进行探索。20世纪90年代中期，上海港汇商城、广州天河城、北京国贸中心陆续建成开业，中国开始拥有一批业态复合度较高、规模面积也较大且经营较成功的购物中心。2003—2012年，中国购物中心进入发展的黄金十年。2013年至今，购物中心呈现爆炸式的发展，从增量到过量的"跃进"阶段。

2020年，购物中心面临前所未有的挑战，全国新开购物中心374座，八成以上购物中心延迟开业；全年全国购物中心内品牌关店数7.8万家，新开门店数6.1万家；12月客流对比同期恢复度为88%。不过购物中心也面临着不断涌现的机遇，境外消费明显回流；疫情进一步催化消费者对于健康、安全的诉求，同时也催生出对生活方式、居家多元场景等的全新、升级业态需求；引进首店品牌 1700 余家，其中国内首店品牌占比达 70%，为购物中心注入新的活力与吸引力。

中国购物中心数量呈现逐年增长的态势，2015—2021 年，中国购物中心数量由 4300 家增加至 7243 家，年复合增长率为 9.1%。购物中心面积也由 20222 万平方米增加至 48104 万平方米。从购物中心体量来看，2015—2021 年全国城市购物中心体量存量规模逐年增长，但增速放缓。2021 年购物中心存量体量达到 4.8 亿平方米。[①]

二、城市休闲商业综合体概念及发展历程

（一）定义及分类浅析

城市商业综合体的概念首次被植入文旅概念是在 2000 年之后。2004 年上海曾提出"商旅文结合"的概念，2012 年上海新势力文化传播有限公司提出了"文旅商综合体"。在《国务院办公厅关于进一步激发文化和旅游消费潜力的意见》（国办发〔2019〕41 号）中，强调着重建设文体商旅综合体等业态聚集度高的综合体，"文体商旅综合体"一词正式进入人们的视线。文体商旅综合体能够承载多种业态和复合业态，并产生产业集聚现象。由于业态和功能分区的复杂性，所以文体商旅综合体建设和完善周期较长，且与当地项目密切相关，呈现出政策性、集约型、多元性、复合性、交叉化、特色化的特征。近些年来特别是疫情后，由上文的分析可以发现居民端的消费心理和行为都有了一些变化，文体商旅综合体的多种业态共同运营，进行资源的优化重组配置，重构消费者行为习惯，休闲属性逐渐显现出来，未来城市休闲商业综合体的概念会逐渐清晰。

（二）发展历程

国内商业综合体的发展经历了以下几个阶段。

---

① 中国购物中心行业分析报告。

第一阶段为 1949—1995 年的百货公司。从 20 世纪 50 年代开始，百货公司就是人们日常生活中不可或缺的一个板块。百货公司的定位就是满足市民基本的购物需求，销售商品是唯一的服务。市场竞争也不大，主要以国有资本为主，这个阶段的消费者需求简单，商品繁多、质量有保证的百货公司，就是当时的购物天堂。1949 年 10 月 20 日，上海成立了"公营上海市日用品公司门市部"，当时上海市长陈毅给它的定位就是"这是我们自己的商店"。它也成为新中国第一家国营百货零售商店，原址在南京东路 627 号浙江路口，面积仅有 1000 多平方米，但它开业的第一天便接待了上万人次的顾客，第一个月的营业额便达到了原上海四大百货公司营业额总和的六成。

第二阶段为 1996—2015 年的购物中心。随着 1978 年改革开放开始，国人尤其是沿海地区的市民接触了大量港台文化，并随着自身收入的提升，对购物需求不断提升，并且衍生出休闲、娱乐的消费需求。传统的百货公司已经无法满足需求，新一代集吃喝玩乐于一体的购物中心便横空出世，商业综合体的概念才真正在社会上被广泛认可，而在这个阶段又分为以下几个时期。

（1）萌芽期（1996—1999 年）：在此时间段内开业的购物中心数量较少，通名用词仅有"广场""中心""购物中心""城"这四种。而专名用词语素较少，聚集在"新""大""美""世纪""阳光""东方"几个词。但可以看出，萌芽期的购物中心已经开始通过名字来传递"新"的价值观。

（2）增长期（2000—2010 年）：随着 2001 年我国加入 WTO 组织、申奥成功、举办 APEC 会议等大事件的发生，购物中心的国际化意识越发加强，在名字中也留下了时代的烙印。2000 年左右，购物中心名字中开始出现"国际""Mall"这些国际化的词或英文后缀。在专名用词中"大"的词频开始攀升，购物中心模式开始朝大体量、一站式购物的方向进化。这一阶段，购物中心开始进入增长期，"时尚""财富"等多元化词汇开始出现，改变命名成为购物中心在竞争初期阶段的差异化策略之一。

（3）成熟期（2011 年至今）：成熟期开业的购物中心数量最多，2015 年，购物中心增速达到空前的高点，随后几年增速逐渐放缓，购物中心从增量转向存量时代。这一时期的购物中心进入龙争虎斗的激烈竞争期，命名用词的多样性不断提高。

通名用词中的"中心"和"广场"的比例均有所下降，专名中"新""大"

"国际"的比重也大幅下降。更加创新、灵活和多样的词汇出现，同时"Park""Live""Space"等新的英文名词开始被采用，传递商业项目更具独特定位的价值观，满足人们对于购物中心更高的期许和要求。1996年，广州天河城开业，是第一家真正按照现代商业业态布局并自营管理的购物中心，它的开业意味着中国购物中心时代的开启。广州天河城在当时是一家"乜都有"的商场："天贸南大"百货（后更名天河城百货）采取自营和联营结合的模式；天河城主力店之一吉之岛（后更名永旺），被称为国内第一家"卖菜"超市；相继引入自助餐厅（怡景西餐厅）、美食坊、天梦宫娱乐城、旱冰场、大富豪夜总会等业态，均是广州商业史上"第一次"。

第三阶段为2015年至今的互动沉浸式商业综合体。上一阶段的购物中心持续了很长一段时间，其中诞生了大量像万达广场、华润万象城、中粮大悦城、苏宁广场等优秀的商业公司。各种商业百花齐放，深挖各类休闲、娱乐、教育等业态，成为各个城市的人流聚集地。

但随着各类电商的高歌猛进，在购物中心中占比最高的零售业态受到很大冲击，怎样突破现状，给消费者更多到店购物的理由，互动沉浸式商业油然而生。举办各类活动、展会，把消费者请到商场里跟商家、商品互动交流，把消费者作为整体商业中一个重要的互动角色。让消费者在不知不觉中体验了产品，并最终消费了，这就是互动沉浸式商业的目标。其中，来自香港的K11就是个典型代表。

三、消费偏好改变和需求

（一）消费行为趋势

消费者的购物意识正在改变，对于传统的零售端需求不足，而更加注重体验感，2023年年初，广州花都区某个大型文旅类型城市综合体进行了消费者问卷调查显示：参与调研消费者中女性占比高达65.74%；男性为34.26%；"90后"已经成为消费主力军；年龄在29~35岁居多占比为36.89%，其次是36~45岁占比18.86%；24~28岁占比为14.06%；男女中年龄分布的趋势相差不大，女性"90后"人数占比较男性多。调研消费者中已婚人士近八成，有小孩家庭近六成；家庭有 1~2 个小孩居多，大部分是 6 岁以下。参与调研消费者中已婚人士占比为 75.82%；单身人士占比为 22.97%；已婚人士中有小孩占比达 77%，1 个小孩的占比为 51.06%，2 个占比为 43.55%；小孩年龄上幼儿园占比 41.22%，0~3 岁占比 35.47%，小学占比 32.34%。参与调研消费者中企业单位员工及自由职业者占比大，分别为 26.51%、23.1%；其次是政府机关人员及学生占比为 13.88%、12.46%。相对于男女职业对比，男性政府机关及企业管理者的占比相对于女性较多，女性自由职业者相对男性多。调研消费者到访的频次高，每周 1 次以上近半成，主要目的为满足吃喝及娱乐；丰富餐饮种类及引进新品牌能够很好留住顾客。

（二）消费者对于休闲商业综合体的期待

目前消费者期望商业综合体不仅能提供商品的售卖和服务，更加需要具备休闲的属性，能够提供全方位、高品质、多元化的购物和娱乐休闲体验，以满足不同消费者的需求和期望。

一是依托周边居民住宅区域的便利性。商业综合体的基本盘还是在周边 3 公里范围内的基础消费者支撑，他们希望商业综合体能够提供便捷的购物、用餐、娱乐等服务满足日常生活的基础需求。

二是满足消费心理的多样性。消费者期望商业综合体内有多种不同类型的店铺和服务，包括时尚潮流、生活必需品、休闲娱乐等，在逛街的购物场景中始终期待着没有见过的新鲜商家。

三是伴随着生活水平提高的品质感。消费者希望商业综合体的店铺和服务能够提供高品质的产品以及优质的购物环境和客户服务，特别是地处社区周边的商业综合体，往往承载了社区商业的部分功能，其中包含了很多便民的业态设置。

四是多种文艺文化类的体验感。消费者期望商业综合体能够提供丰富多彩的文化类活动和体验，如特色展览、文化活动、音乐演出等，这类活动可以给消费者带来愉悦的身心享受。

五是舒适安逸的社交空间。消费者希望商业综合体能够提供社交场所和活动，特别是能在城市中获得亲近自然的感受，渴望身心的安静和放松的同时与朋友和家人共享购物和娱乐的乐趣。

四、城市休闲商业综合体典型案例分析

（一）北京区域

北京区域在最近 3 年内新开业的商业综合体项目较以往的项目普遍具有两极分化的特征，一方面尽量满足周边居民端社区商业的基本功能需求，增加了很多花店、数码维修、邮政快递等生活便捷类业态的设置，另一方面又在强调游逛体验的感觉，这恰恰是作为城市微度假的休闲类商业综合体的特征。比较明显的是一些功能性业态向公区开放，比如书店这种以文化为内核的业态，有项目将临近的中庭空间打造成阶梯状来营造一种阶梯教室的氛围，再配合书店的外延性经营方式，在商业综合体中的一个区域打造出文化体验场景。

另外一类案例就是以户外主题为核心驱动力，围绕户外运动类、拓展、自然生活等业态，结合现在比较火的露营、野外拓展等场景还原进行打造，在商业综合体的一个特定位置设置专属区域，如，中庭或者动线端头部位配合商户，形成一个都市户外的差异化体验氛围场景。

而存量的项目也在朝着休闲体验感这个方向发力，北京市区内朝阳公园边上某休闲商业综合体案例代表，这个项目由开业之初，定位就是 Lifestyle Shopping Park。项目位于朝阳公园北侧紧邻水域，具备非常好的自然条件，建筑选取了具有浓郁欧洲风情小镇的样式，既有街区，又有大体量的商业建筑体，空间丰富多变，形成了一种身处欧洲的异域游逛体验。8 字形的动线设置是这个项目巨大的挑战，这种方式的优点是最大化地给到了商户的橱窗展面，但是缺点是使消费者在游逛的同时会产生方向不清的感觉，另外对于商铺的连续同品类设置也造成了比较大的难度。在这个项目建造之初，无论是项目定位还是建筑形式都会给人以欧洲奥特莱斯小镇的感觉，但是却和后期的品牌和商家落位产生了冲突，所以这个项目先后经历了三次调整，从开业之初的零售为主，到后面儿童业态的提高，再到现在的主打潮流和运动，都是一直在寻找能使消费者留下来的多种理由。

（二）全国范围

在全国范围内"泛文旅"的发展也催生了很多商业综合体具备休闲属性，重庆某港资项目是近几年开业的具有代表意义的城市休闲商业综合体项目，这个项目在城市界面成功地用自然氛围的大场景营造出来了微度假目的地的体验感。项目最大的亮点就是 42 米高的室内立体垂直植物园"沐光森林"，这在国内的商业综合体中尚属首例。借助这个核心景观的打造，这个项目在开业之初就实现了成功破圈，在抖音、小红书等网络平台迅速形成了网红热点效应，吸引了大批的网红到访，当夜幕降临，还能通过植物园中的水幕投影，尽享一夜四季的奇妙森林幻境，感受自然和科技交融带来的全新商业体验。

这个项目可以看到城市商业综合体最能吸引顾客到访的恰恰是它"非城市"的这部分内容，这也是城市商业综合体作为城市空间节点在不同的区域差异化打造的成果样板。

五、城市休闲商业综合体新元素观察

（一）新业态

常规餐饮和零售等传统业态在休闲商业综合体中的占比逐渐降低，让位给很多市场上新兴的业态，这些"非传统"业态也一直在寻求自身的发展。

1. 新能源汽车

自 2013 年，特斯拉将中国的首家体验中心开进北京侨福芳草地之后，蔚来、哪吒、小鹏、理想、威马等新势力也纷纷进驻商场。除重金开铺外，一些当前知名度较低的品牌，也会选择快闪店、中庭限时展等形式，争取露脸机会。例如，北京的合生汇屋顶大中庭，现在就常态化地设置了新能源汽车市集。如今开进购物中心的汽车展厅已经不是一个单纯的零售场所，比如，蔚来店内包含车型展示区、图书区、联合办公区、儿童区、精品展示区、休息区、咖啡区等，更像是一个以汽车文化延展开来的俱乐部。这样的设置同时又给商场带来了文化主题的体验内容。

2. 室内娱乐 & 运动业态

如今，购物中心里的室内娱乐 & 运动业态，如滑雪、冰场、攀岩、射箭、健身馆等业态，占比也较过往提升。目前很多品牌都选择商品和场景进行搭配，如 Lululemon、瑞典北极狐、迪桑特等知名品牌，他们的店铺内往往除了商品的售卖之外，还设置很多户外、登山等热门运动的场景。

3. 宠物经济、剧本杀、二次元文化

与传统百货商场相比，体验式购物中心更强调与消费者的互动与情感联结，伴随互联网经济带来的解构与重组，购物中心也开始关注小众圈层，瞄准宠物经济、剧本杀、二次元文化等。例如，2019 年，华语戏剧艺术家赖声川的"上剧场"开进上海美罗城，2020 年脱口秀剧场笑果工厂亮相上海新天地广场；2020 年成立的 Nice to Meet U 爱玩萌兔体验馆，让你撸着安哥拉巨兔享受下午茶，如今也进驻 10 余家购物中心，各种撸猫馆、猫咖店同样受到追捧。另外，对于爱好沉浸式剧情或硬核推理的玩家，线下"剧本杀"体验馆正在走俏。选好与剧本主题匹配的房间后，好友们便可开始挑选角色和服装，在灯光、音乐的营造下，进入一场时空错位的奇幻之旅。聚焦泛二次元世界，上海迪美购物中心有"Lo 娘天堂"之称，近半门店都被三坑体验店占据。成都天府商场内，云泰商业用 5 楼一整层打造了一个"三坑"街区，取名"聚焦 Z 代"。这一领域中，比较突出的品牌有 Z 世代少女生活方式新零售十二光年、汉服国风品牌十三余、锦鲤祠汉服文化体验馆、异次元集合体验店"猫星系"等。一座占地面积 3000 余平方米的全球首座曼联梦剧场在北京坊开业，涵盖游乐、运动、足球、社交、餐饮等多种功能，开业当日的累计消费额就达到 126 万元，背后也彰显着球迷粉丝经济的力量。

（二）新空间

空间更加的丰富和"出人意料"，如大中庭的灵活使用，一些"灰空间"有趣的处理方式，屋顶和下沉广场的开发利用，这些都是在传统的空间形式上面的独特创新。重庆光环（The Ring）购物公园室内植物园的打造，在国内尚属首例，将自然生态引入城市购物中心空间，在城市维度打造出一种让人放松

和舒适的休闲放松感觉。

（三）新体验

商业综合体一直在寻求创新的体验感，无论是业态的创新内容植入，还是空间场景的标新立异打造，都是希望给消费者营造出有别于都市生活的体验感。

例如，泰国的 Terminal21 系列项目，在购物中心内部每层都打造不同国家文化的主题场景，让人们有在商场进行环球旅行的感觉，在不同国家的楼层又加入了多种当地网红的泰国餐饮和小吃，开业之初就吸引了大量的游客。

在国内开业的"长春这有山"项目，在开业之初就被评为 4A 级景区，规划设计之初就形成了"不用离开城市，这里就是远方"的项目定位和与之匹配的设计基调。在长春这座东北城市还原出山城重庆的场景感，充分调动了本地居民的游逛热情，开业之初就迅速占据了流量的高地，甚至在全国范围内都形成了网红效应。

六、行业发展趋势展望

随着社会的发展，购物中心进行了自身的转型，从作为零售行业的空间载体，再到"新消费"载体的变迁，随着消费者新需求的产生，空间载体的形式也逐渐发生了形式的变化，城市综合体的"休闲"属性日渐凸显，也是由城市发展和消费者需求决定的。

（一）购物中心的"标准化"和"个性化"的辩证关系

通过第三方数据对中国超 8000 家购物中心，70 万个商户信息进行统计分析，结果显示针对不同能级城市的购物中心，从总量看业态品类结构是高度近似的：以餐饮和服饰鞋包这两项最大的商户类别为例，其在超一线、一线、二线以及三四线城市的占比分别为 29.6%/26.2%，27.9%/27.7%，29.4%/26.9%，30.1%/29.0%（截至 2021 年 6 月底），差异并不显著，这两项加总起来也奠定了中国购物中心业态结构类型的普遍基调。

一些细分业态在不同城市级次间的占比可能有一定差异度（如教育、运动健身、奢侈品在超高能级和高能级城市占比略高，而化妆护肤、数码电器、电影院在中低能级城市占比略高），但总体来说结构还是趋同的。具体数据参考表13-1，无论是繁华的大都市，还是消费环境相对落后的小城市，其购物中心的业态结构是高度近似的，这体现的是当前宏观环境下居民在线下消费活动的一般结构（同时也是商户布局的一般结构），即购物中心作为一种现代城市空间形态下的商业组织产物，具备功能意义上的"标准性"。[①]

商业综合体个体的差异基本体现在"个性化"设置上面，个性化设置的表现方式是由项目所属的商业公司产品形式和针对项目定位不同的品牌级次和空间形式所决定的。目前市场主流的做法就是对项目主题化的包装，通过多个主题的强调，针对性地进行空间场景的营造和业态引入，形成各个项目的"个性化"差异（见表13-1）。

表13-1　按照店铺数量划分的不同能级城市业态占比情况

	超高能级	高能级	中能级	低能级
餐饮	29.6%	27.9%	29.4%	30.1%
服饰鞋包	26.2%	27.7%	26.9%	29.0%
美容美发	5.7	5.5%	5.3%	5.4%
其他购物	5.4%	5.3%	5.2%	4.2%
母婴亲子	4.6%	5.3%	5.0%	5.0%
珠宝首饰	5.1%	4.9%	5.1%	4.9%
数码电器	3 0%	3.6%	4.7%	4.6%
化妆护肤	2.9%	3.4%	3.8%	3.9%
教育	4.1%	3.7%	2.6%	2.0%
休闲娱乐	2.4%	2.6%	2.5%	2.6%

[①] 中金公司 洞察商管 IV：中国购物中心总量潜力几何？2022.07.03：6

（续表）

	超高能级	高能级	中能级	低能级
家居建材	1.7%	2.1%	2.8%	2.5%
运动健身	1.9%	1.6%	1.2%	1.1%
奢侈品	0.6%	0.5%	0.4%	0.2%
电影院	0.4%	0.4%	0.6%	0.6%
其他	6.5%	5.5%	4.6%	4.0%

注：数据截至2021年6月底。
资料来源：大众点评网，赢商网，中金公司研究部

主流主题设置有以下几种：

（1）文化体育主题。各地特色文化演艺项目及知名活动赛事，培育方言喜剧、庭院剧等各类文化娱乐形态，提升活动及地区知名度。鼓励商业综合体在夜间举办特展，促进夜间经济发展。鼓励书店、书吧、画廊、美术馆提质升级，突出特色文化主题，形成知识消费新热点。加强综合体总体文化定位，使各场景融为一体，增强游客的体验感与沉浸感。以北京五棵松华熙live为代表项目。

（2）休闲度假主题。通常结合属地的自然人文地域禀赋进行设置，进行旅游微度假目的地打造，面向的目标客群以家庭为主，围绕休闲度假"慢生活"的特点进行特殊空间和业态的设置，包括休闲类品牌服装、地域特色的珠宝首饰、大众化妆品、特色旅游商品、本地美食餐厅、影院、游戏娱乐等。此外购物中心还会提供各种服务和设施，如带有无障碍和孕妇车位的停车场、全域Wi-Fi覆盖、儿童游乐区、家长寄存休息区等。设计和装修也具备特点，通常以生态自然为主题，搭配出本地或者主题性的文化元素，营造出放松、舒适的氛围。购物中心也会定期举办各种主题活动，如音乐节、时装秀、美食节等，吸引更多游客前来消费和参与。休闲度假主题购物中心不仅满足人们的购物需求，还提供了更多的娱乐和休闲选择，是一个全方位的商业场所。以北京蓝色港湾，泰国Terminal 21系列为代表项目。

（3）潮流时尚主题。专门为时尚爱好者和潮流消费者打造，汇集了各种时尚品牌、服装、鞋子、配件等，并且会定期更新最新的时尚潮流趋势，以满足消费者的需求，所以会在设计之初留出一定面积的灵活布展区域，为后面商户

更换展览提供便利。潮流时尚主题购物中心通常会拥有各类国际品牌和本土品牌，包括高端奢侈品牌、运动休闲品牌、快时尚品牌等。设计和装修也非常时尚，以吸引更多的年轻人前来消费和参观。此外，购物中心还会提供各种时尚周边服务，如美容美发、艺术展览、时尚沙龙等，为时尚爱好者提供更全面的服务和体验。

潮流时尚主题购物中心的定位非常明确，它们的目标消费者主要是那些追求时尚、追求品质和追求个性的消费者。这种购物中心不仅是购物的场所，也是时尚文化的体验馆，为消费者带来更多的时尚灵感和体验。以北京西单更新场为代表项目

（二）购物中心"去商业化"趋势逐渐显现

近年来购物中心中"标准化"的占比逐渐降低而个性化的成分越来越多，这种变化体现在购物中心越来越多的空间被"个性化"包装，多主题个性化内容比例的提升，商户也在自己"标准化"的业态基础上不断增加强体验、互动的内容，希望能在线下消费者到访率方面竞争力更强。购物中心从单纯的商业交易场所转变为一个以社交、文化、娱乐等多种元素为主导的综合性场所。这种趋势的出现，主要是由于消费者的需求和市场的变化。

首先，年轻人和家庭消费者对于购物中心的需求不再仅仅是购物。他们更加关注购物中心的文化氛围、社交场所以及娱乐体验，因此购物中心需要提供更多的文化、娱乐和社交元素，以吸引消费者的关注。

其次，随着线上购物的普及，传统的购物中心需要通过提供更加丰富的服务和体验来吸引消费者。购物中心需要提供更多的线下体验、社交和文化服务，以营造一个亲密、舒适和有趣的购物氛围。

最后，购物中心需要融入当地的文化、历史和社区元素，以满足当地消费者的需求。购物中心需要成为一个社区文化中心，为当地居民提供社交、文化和娱乐服务，增强购物中心的社会价值和影响力。

综上所述，购物中心去商业化是一个大势所趋的趋势，它需要购物中心提供更加多元化、丰富化和个性化的服务和体验，以满足消费者的需求和市场的变化。

[参考文献]

［1］德勤.【2023 中国消费者洞察与市场展望白皮书】[EB/OL](2023-01-31)[2021-06-30].https://www2.deloitte.com/cn/zh/pages/consumer-business/articles/consumer-insight-2023.html.

［2］中金公司.【洞察商管Ⅳ：中国购物中心总量潜力几何？】[EB/OL](2022-07-03)[2021-06-30].https://research.cicc.com/frontend/recommend/detail?id=3183.

［3］赢商网.【我国购物中心发展历程的四阶段：雏形 - 起源 - 发展 - 成熟】[EB/OL](2014-07-28)[2021-06-30]. https://news.winshang.com/html/026/9089.html.

［4］数位观察.【2022 年中国购物中心行业分析报告】.[EB/OL](2014-07-28)[2022-07-29].https://www.sgpjbg.com/info/db863563b503121b24dfc23d5651c466.html.

［5］艾媒咨询.【2019-2021 中国城市商业综合体运行大数据与商业决策分析报告】[EB/OL](2019-09-04)[2021-06-30].https://www.iimedia.cn/c400/65983.html.

14 北京休闲产业与数字技术融合发展现状

李艳 王怡宁 于鑫铭 孙睿文[①]

摘要 随着社会经济的蓬勃发展，休闲消费在居民生活中占据了日益重要的位置，其支出比例显著攀升，数字技术的广泛应用助推北京休闲产业的转型升级。AR/VR、人工智能、光影等前沿技术的广泛应用，不仅让北京的工业遗存与文化遗址焕发了新生，更通过"文化＋科技"的独特路径，赋予了传统地标前所未有的魅力与活力。本部分聚焦于北京休闲产业数字化发展，从景区、商圈、数字新地标、文博等多个典型休闲产业数字化应用场景切入，深入剖析了大运河文化旅游景区、故宫、文创园等六大标志性实践案例，分析休闲产业与技术融合的主要问题，为北京休闲产业数字化发展提供对策，以推动北京休闲产业在数字化道路上走得更远、更稳。

关键字 休闲产业；数字技术；休闲产业数字化；北京

一、北京休闲产业与数字技术融合发展概况

（一）北京休闲产业和数字技术发展背景

随着经济的发展，民众对生活质量的追求不断提高，休闲产业的供给要求更加高效，数字技术成为实现休闲产业高质量发展的途径之一。近几年北京人

---

① 李艳，博士，北京第二外国语学院中国文化和旅游产业研究院副教授，研究方向为智慧旅游、旅游大数据、遗产旅游、文化和旅游产业数字化；王怡宁，北京第二外国语学院旅游科学学院硕士研究生，研究方向为遗产旅游，国家文化公园建设；于鑫铭，北京第二外国语学院 2022 级旅游科学学院旅游管理专业本科生；孙睿文，北京第二外国语学院 2022 级旅游科学学院旅游管理专业本科生。

民生活质量大幅提高，居民人均可支配收入稳步增长，恩格尔系数达到富足水平。即使在 2022 年面对国内外多重超预期因素冲击下，北京市全市居民恩格尔系数 21.6%，居民人均可支配收入比上年增长 3.2%，达到 77415 元。同时随着中国社会加速向数字化转型，休闲产业与数字技术的融合可以有效实现人、物、空间的连接和资源的整合，实现需求随时回应，产品快速创新，服务无处不在。

从电子计算机发明开始，数字技术经历了计算机、互联网和新一代信息技术的发展阶段，大数据、云计算、人工智能、物联网、区块链成为当前数字技术的重要组成部分，其中物联网是数据收集设备、云计算是数字资源的管理技术、大数据是海量的数字资源、人工智能是处理海量数据的手段、区块链技术则是实现数字的信息价值应用。北京从 1999 年率先提出了"数字北京"，数字化发展迅速，如今加快建设全国数字经济中心和标杆城市，近 5 年来数字经济持续增加（见图 14-1）。

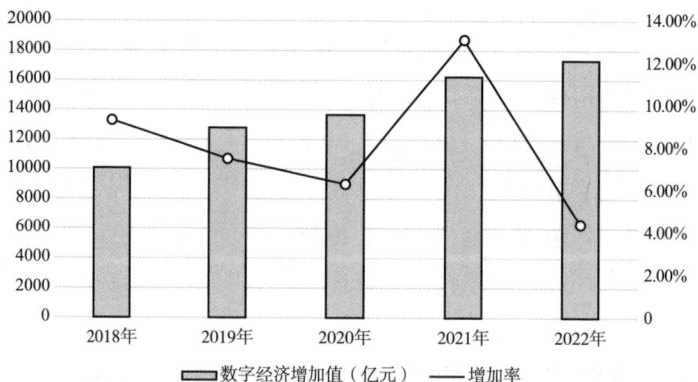

图 14-1　2018—2022 年北京市数字经济增加值及其增长率

资料来源：北京市各年的国民经济和社会发展统计公报

北京与数字技术相关的新兴数字产业规模居于全国之首，截至 2022 年，北京现有信息传输、软件和信息技术服务业企业 4169 家、科技与应用服务业 1229 家。全市新增 5G 基站 2.4 万个，云计算、人工智能等新基建项目固定资产投资比 2021 年增长 25.5%，新兴数字产业高速发展，推动休闲产业持续更新，"平谷一键智慧游""阿里巴巴集团与北京环球度假区开启战略合作""数字故宫"，数字技术与休闲产业的融合性探索，正在对北京休闲产业的运营理念、经营模式等产生重大影响和变化创新。

（二）政策背景

对休闲产业来说，数字经济所提供的数字技术为北京休闲产业发展带来"新引擎"。加上 2020 新冠肺炎在对全球各行业带来巨大冲击下倒逼数字化加速转型，使得数字技术在休闲产业的融合程度也逐渐加大。2020 年以来国家以及北京地方政府发布了一系列有关休闲产业和数字技术融合的政策文件（如表 14-1 所示）。2020 年 9 月，《北京市促进数字经济创新发展行动纲要（2020~2022 年）》，提出深化一二三产业数字化，推动服务业数字化转型等，开启了北京休闲产业数字化新发展阶段。2021 年 8 月，《北京市关于加快建设全球数字经济标杆城市的实施方案》强调以数字技术助推文化、商业、旅游融合发展，明确数字技术在北京休闲产业发展中的重点任务。2022 年 11 月，《北京市数字经济促进条例》，开发智慧博物馆、智慧体育场馆等，助力产业数字化转型迈上新台阶。

表14-1　2020年以来国家相关部门和北京市发布有关休闲产业数字化的内容

发布时间	发布单位	文件名称	相关内容
2020 年 9 月	北京市经济和信息化局	《北京市促进数字经济创新发展行动纲要（2020—2022 年）》	推动服务业数字化转型
2020 年 10 月	中关村管委会	《中关村国家自主创新示范区数字经济引领发展行动计划（2020—2022 年）》	推动技术交叉融合创新；拓展数字经济新零售、智慧交通、智慧生活新业态
2021 年 1 月	北京市西城区人民政府	《北京市西城区加快推进数字经济发展若干措施（试行）》	大力发展电子商务；发展商业消费新模式；推动数字文化产业发展
2021 年 7 月	中共北京市委办公厅、北京市人民政府办公厅	《北京市关于加快建设全球数字经济标杆城市的实施方案》	以数字技术助推文化、商业、旅游融合发展
2022 年 1 月	国务院	《"十四五"数字经济发展规划》	推进数字技术、应用场景和商业模式融合创新

（续表）

发布时间	发布单位	文件名称	相关内容
2022 年 8 月	北京市经济和信息化局	《北京市促进数字人产业创新发展行动计划（2022—2025 年）》	鼓励发展功能型、实用型、服务型数字人应用；搭建数字人体验的线下场景
2022 年 10 月	北京市文化和旅游局	《北京市扩大文化和旅游新消费奖励办法》	科技赋能旅游消费新场景，推动旅游消费场景向数字化、网络化和智能化升级发展
2022 年 11 月	北京市人民代表大会常务委员会	《北京市数字经济促进条例》	发展数字化文化消费新场景；鼓励开发智慧博物馆、智慧体育场馆、智慧科技馆
2023 年 3 月	国家发展和改革委员会	《关于 2022 年国民经济和社会发展计划执行情况与 2023 年国民经济和社会发展计划的报告》	推动智慧城市应用场景开放，推进智慧文旅建设

休闲产业与数字技术的融合正在逐步从数字化转型—消费新场景—智慧建设过渡。在国家与北京各方平台政策扶持下，数字技术发展迅速，用户规模庞大，为休闲产业与数字技术融合提供了坚实基础，"数字＋休闲"的发展模式正成为北京休闲产业发展的新潮流和风向标。

（三）休闲产业的数字技术应用特征

随着政府出台推动休闲产业进一步发展的政策，相应地，休闲产业自身也积极与数字技术融合，积极跟进国家政策。目前数字技术在休闲产业的应用，主要呈现以下特征。

1. 休闲产业逐步实现向线上线下融合发展

互动投影，触控交互、体感交互、3D MApping、动态投影、VR、AR、MR、全息成像等多种数字技术为文化、旅游、商场等多类型企业打造沉浸式展厅展馆、表演、旅游产品，为消费者提供视觉、听觉、触觉等多重感官互动体验。包括基于 VR 虚拟现实制作、VR 全景制作和 Web3D 开发等技术将景区景点实景复刻到线上三维数字空间，"AR＋"已应用在北京多类型休闲产业中，用现实场景叠加三维仿真交互场景的方式，包括场景还原、趣味互动、虚拟融合拍照、实景导航等，打造沉浸式休闲体验新场景。

利用数字技术提升休闲服务供给能力，北京目前已经建成了数字文化馆平台和线下互动体验空间，其中 2019 年正式线上运营的北京数字文化馆，由 PC 端、H5 端、App、微信公众号四大端口组成，提供线上课程、网上展厅、场馆导航、现场直播、电子读物等多个功能模块，延伸服务触角至全市各区文化馆数字平台。单就是 2022 年推出的五大特色线上专区就开展网络直播 230 余场次，全网观看量超过 897.8 万人次。北京市一直致力于探索休闲服务领域的数字化赋能实践，大力实施公共电子阅览室建设计划、数字图书馆建设、数字博物馆推广工程等。

2. 管理运营数字化

大数据、云计算、区块链等数字技术逐渐成为优化北京休闲产业环境的利器，加上北京智慧城市建设 2.0 全面启动，智慧服务系统、智慧产品成为北京休闲产业与数字技术融合的重要领域。数字故宫、韵达无人配车、颐和园 AR 数字明信片等，北京多家企业利用移动互联网、物联网和云计算等新技术打造智慧景区导览系统、智慧产品，智能化服务不但满足消费者多样化的休闲需求，同时降低企业经营管理成本，提高服务效率。此外，数字技术的融合满足企业了解消费者需求收集用户信息，对于不同产品的喜好，反馈给企业促进企业定向销售，提供个性化、多样化的产品和服务，提升用户的服务体验。多企业全力打造前期引流、中期转化和后期用户维护的全流程运营服务。

北京休闲产业与数字技术融合发展蓬勃向前，数字技术的应用为休闲产业带来了更多的创新和便利，同时也提升了用户的体验和行业发展潜力。

二、北京休闲产业与数字技术融合发展典型案例

休闲产业与数字技术的融合发展，是实现休闲供给提升品质和效率的重要手段之一，北京休闲产业在数字技术应用和融合中出现了较多的成功案例。

（一）北京大运河文化旅游景区

千年的漕运历史，通州大运河给北京留下了众多文物古迹和美景，为实现数字时代下北京大运河文化旅游景区高质量发展，数字技术贯穿在景区方方面面。

在休闲产品和服务供给上，北京大运河文化旅游景区利用 AR、VR 等技术重现大运河历史文化场景，如漕粮进京、运河风韵、通州八景等，以此为手段整合出一条精品旅游线路，打造古遗址体验区、休闲水文化体验区和生态科普体验区等，构建多维立体化的数字运河游线场景。依托大运河历史资源与现代元素，打造亮点提升工程，形成由北运河河道滨水两岸环线和大光楼片区、1号码头片区、2号码头片区、漕运码头片区、柳荫码头片区所组成的"一环线、五片区"。同时开设游客服务中心数字化展厅，提供实现"一部手机游运河"的独特体验，并结合自助售卖、智能餐车、运河主题帐篷营地、智能储物、运河文创、AR 共享电瓶车等数字基础设施围绕游客食、住、行、娱等开展景区运营项目提供新消费场景。

在景区管理运营上，一方面，搭建智慧园林系统平台，在完善景区门户网站、游客移动端、公众号和自助导览系统，满足景区预约、购票、全景虚拟游园、路线推荐等游客体验基础上，在大运河森林公园已建成展厅和管理平台，实现景区内 5G 信号覆盖，使用数据管理建设智能数据管理系统，搭建数据专线及政务云，保障数据的传输和存储，打造智慧景区。另一方面，在安防管理基础上利用 5G 技术搭建景区内视频监控系统及管理平台，满足人脸识别、流量监控、危险预警、文物保护等需求。使用数据管理建设智能数据管理系统，搭建数据专线及政务云，保障数据的传输和存储，打造智慧景区。

大运河文化旅游景区在数字遗产再建再现、虚拟景区游览、智能管理等多方面推动科技赋能。不但提升整个景区的服务能力和游客活力，同时平衡智慧化建设的后期运维成本，提高景区管理效率，以智慧化建设推动景区创新融合发展。

（二）故宫

作为世界五大宫之首和中国古代文化的集中展示建筑群，近年来故宫在数字化方面进行了诸多创新，力求让文物"活"起来，实现故宫文化创新性保护与利用，促进休闲旅游发展与民族文化交流。

在产品服务创新方面，故宫利用虚拟演播、云音视频创作等技术，满足游客沉浸式体验需求。采用腾讯自主研发的虚实融合演播系统，搭配12K超高分辨率音视频数据采集技术，实现随时"置身"乾隆花园、养心殿等古建筑三维场景中。2019年，故宫博物院推出的线上数字文物项目"数字文物库"不断更新，上线新的检索方式，实现通过颜色、纹饰来查找自己喜欢的文物；推出知识图谱检索功能，在浩如烟海的文物中，通过关联词汇，找到自己想看的藏品。此外故宫还推出数字化手语导览项目、文物360度旋转和无限放大、"数字故宫"等多种创意项目，强化游客体验感，提高游客的交互体验。

在文物的保护与管理方面，数字技术同样发挥着重要作用。故宫团队利用数字技术加速文物数字资源采集、加工、展示的全流程智能化管理，助力故宫百万件文物的数字化采集与利用。利用数字孪生等技术搭建"数字孪生智慧管理平台"，集成实验室拍摄、照明、环境、能耗、仓储等多种设备的实时运行信息，构建出一个与实体建筑互联互通的"孪生空间"；构建智能化环境监测系统，根据预约文物类型，自动调整实验室内灯光、温湿度、二氧化碳浓度等参数，不同材质的文物提供最适宜的环境。

（三）冬奥场馆

数字技术为北京冬奥会留下永久性遗产，提升了北京数字技术跨产业融合的能力。例如，BIM技术的智能建造、机器人24小时服务、出餐自动化、全天候气象精确预报等一系列的智能服务和管理，满足运动员、工作人员以及观众多元化需求。

冬奥期间应用较为广泛的技术是5G和云端：针对运动员，"5G+8K超高清视频＋人工智能算法技术"的融合为冬奥会运动员提供系统化的训练和动作矫正，"5G医疗急救终端"实现第一时间将运动员出现危险的画面传输到医生的显示器上；针对观众，5G技术的快速传输速度构建了北京冬奥会观赛视屏互动的"铁三角"，实现大屏的超高清沉浸体验和小屏的互动观赛体验以及视频彩铃的花式互动。

冬奥会期间云端技术应用广泛，正如阿里云智能副总裁刘湘雯指出，"从云上冬奥开始，数字化运营、数字化竞赛、数字化传媒、数字化体验将开启数字体育新篇章。"利用由智能算法对多机位信号进行分析和 3D 建模，将超慢动作、全景观看的特效画面、全面提升赛事观赏体验，让观众产生身临其境的体验。"5G+ 云直播"不但简化了传统现场视频直播设备多和移动难的问题，同时实现与观众的实时互动。

据公开资料，2022 北京冬奥会使用了 5G 技术、BIM 技术、AI 人工智能技术、8K 超高清视频、AVS3 编解码、MSC 数智人、XR 演播室等数百种技术，数字技术融合发展不但促进冬奥会经济快速发展，也为后冬奥时代旅游、娱乐、文化等休闲产业提供支持。

（四）文创园

文创园是集生产、交易、休闲、居住为一体的特色园区，作为现代拥有多元文化产业集聚，近几年越来越多园区利用激光、多焦段投影技术，VR 虚拟现实技术，3D 立体投影技术等数字技术推出具有现代化的特色展览和活动，赋予艺术作品更强的感染力。

以北京 798 艺术园区为例，在 2022 年 10 月，该园区基于数字艺术打造的"遇见光影艺术空间"，培育"文化＋科技"的创新队伍。运用 3D 立体投影等一系列投影技术进行艺术作品的展出。在 2023 年 3 月该园区的 798 CUBE 艺术中心举行的"我想看见'你的看见'"数字艺术展中运用光影、VR 虚拟现实，多种数字投影设备投影来表现艺术作品，其中最为震撼的是艺术展中利用地面 8 台 NEC 杰克系列高端液晶激光投影机与墙面 7 台 NEC 李白短焦系列液晶激光投影机呈现的 VR 作品《梦游紫禁城》，造就沉浸式紫禁城场景。

（五）数字沉浸式体验馆

现阶段数字沉浸式体验馆应用区块链技术 NFT、AI、VR、AR、实时渲染、全息影像和传感等多项技术，从而达到高科技＋传统氛围渲染（音乐，壁纸等）使体验馆内的环境或展品具有一定的艺术价值。NFT 技术在数字沉浸体验馆的应用目前也较广泛，如西雅图 NFT 博物馆，该博物馆旨在创建汇集艺术家、创作者、收藏家更广泛的区块链社区，西雅图 NFT 博物馆创立迄今共举办了 4 次展览，让参观者体会到 NFT 作者们表达的意图以及体会到 NFT 技术、数字艺术品的价值。

在废旧工厂转型方面，数字技术也可使废弃工厂焕然一新，深圳南山区蛇口价值工厂开启原工业遗址的数字艺术馆与元宇宙体验空间"大筒仓"，来自世界各地的近 60 位艺术家运用到 AI、VR、AR、实时渲染、全息影像和传感等多项前沿技术，营造出一个亦真亦幻的沉浸式元宇宙体验空间。北京石景山首钢园的沉浸式数字艺术馆瞭仓，是由国家高新技术企业打造的国家级元宇宙项目之一，采用 5G+XR 扩展现实技术，打造了多个沉浸式数字光影空间。先后推出《生生不息——时空的理想之旅》《奇境》《流动万象》等多个沉浸式光影展，通过光影交织将上古时期创世神话，与未来太空星际探索相融合，为消费者带来沉浸式科幻和文化体验。推出"文物＋元宇宙互动平台"和多种以文物数字互动为特色的虚拟现实玩法，为北京市民带来多彩的"休闲＋科技"的首都文化数字文旅新体验。

（六）数字化的北京商圈

北京的商圈目前以 CBD、三里屯为代表，基础设施完善，具有极强的娱乐性和休闲性，且周边地区科技发展水平较高。目前，在数字化技术应用方面主要包括全息投影、AR、VR、5G、面板技术和引擎技术、数字化地图应用能力、数字孪生等，为顾客休闲购物提供智能化的消费环境和便捷化的消费体验。

三里屯在商业经营模式上，创新打造户外裸眼 3D 大屏，利用裸眼 3D 大屏与建筑的结构关系，实现超高的清晰度、强烈的三维立体感、震撼逼真的视觉效果，无须任何辅助设备便能零距离感受 3D 效果，仿佛置身于数字虚拟世界。实现与游客亲切互动，还结合时事热点，向三里屯的消费者呈现多元内容。在数字化管理方面，实现 5G 信号、Wi-Fi 信号全场覆盖，利用数字技术平台简化购物流程，通过手机操作便可完成多项操作，不仅提升了消费者体验，更能节省人力，提高管理效率。

CBD 除了推出裸眼 3D 大屏外，推出与传统百货店不同的 SKP-S "未来农场"，SKP-S "未来农场" 营造了具有未来感和科幻感的沉浸式购物空间。同时推出了室内导航小程序体验项目，实现了高精室内地图和高精定位，以艺术、科技、娱乐、文化相结合的模式推动数字科技对商业的赋能。在数字化管理方面，目前 CBD 已建成国内首个 L4 级别高精度城市级数字孪生平台，形成了北京 CBD 版的 "数字新基建"，还搭建了国际贸易单一窗口平台，建立贸易数据共享链，逐步实现跨境贸易全链条的数字化、交互化和场景化。

三、北京休闲产业与数字技术融合发展的特点

（一）传统休闲产业的新发展

1. 数字化基础设施建设成为推动休闲产业新发展的动力

北京智慧城市 2.0 建设全面启动，北京各行业积极加快数字化基础设施建设。一方面，是加强配套信息基础设施建设，实现 5G 网络和无线网络全覆盖，也成为传统休闲产业发展的新动力。数字化基础设施能够有效推动休闲产业的线下线上一体化运营，推出移动 App 和在线平台，轻松获取机票、酒店和门票等各种基本信息。另一方面，打造生活性服务业数字融合，包括智能支付、智能停车、智能自助服务系统等智能服务终端布局，通过数字化景观展示、导航导视、实时定位服务，支持线上线下融合发展。

2. 与数字技术的融合，使得休闲产业产品更丰富、质量更高

3D 打印技术和数字设计软件使得文创、纪念品类的产品设计和制造生产过程更加高效和精确。利用高精度的三维数据推出数字产品，如数字故宫推出 "数字多宝阁"，实现与展览内容 360 度零距离触摸。虚拟现实（VR）和增强现实（AR）技术被广泛应用于文化、体育、旅游等多行业中，加强观众与演员互动或观赏全景表演，满足观众对沉浸式体验的需求，通过 VR 眼镜观看比赛或与虚拟运动员进行互动，为体育迷提供身临其境的观赛体验，数字技术赋能休闲产业促使北京休闲产品类型更加丰富、产品质量不断提升。

3. 休闲产业的营销环境数字化水平提升

数字技术推动线上化、数字化的营销升级，基于数据收集和分析用户数据，更好地理解用户需求和兴趣，进行精准的营销和个性智能化推荐。5G、大数据、AI 等数字技术的应用有助于打造自动的、智慧的营商环境，提升企业经营便利化程度，减少人为因素对服务流程的干扰。营销渠道数字化，社交媒体、直播带货、线上购物车、AI 一键试衣等已经成为众多品牌的重要营销渠道。

消费者从被动变主动，获得信息的广泛性，对精神享受需求的关注表明传统企业和门店的经营方式已不再适应数字时代休闲产业经济的发展。以朝阳区为例，为打造数字休闲产业的集群化，区域化优势，吸引消费者，开展了"数字之约 活力朝阳"活动。活动涵盖三里屯、蓝色港湾、国贸等 8 大区域，以"数字文旅打卡地"和"数字科普"场景体验为主线，赋能大众新视角、新思维，实现多元化参与体验。

4. 休闲消费场景出现新变化

近年来，数字技术作为新兴生产要素在构建休闲消费新场景，赋能休闲产业新发展方面作用愈加突出明显；以发展的技术，抓住不变的需求，提高商业步行街，商场等休闲经济综合体的服务质量。

2022 年 7 月 20 日正式开启的北京数字经济体验周，推出数字消费、数字科普、数字艺术活动，探索构建休闲消费的新场景。同时，北京市将"16+1"区统筹联动，打造"100+"数字新场景，营造市民对数字经济触手可及的氛围；通过打造城市级数字经济体验场景，进一步激发公众数字消费热情，助力北京市全球数字经济标杆城市和国际消费中心城市建设。

北京市坚持以消费者为中心，多领域创新共建消费新场景。海淀区未来五年致力打造公主坟—五棵松沉浸式数字消费体验区，大兴区强化 5G、人工智能等新兴技术的渗透应用，突出"数字赋能"发展。以数字技术应用为特色场景的北京坊，对街区进行智慧科技场景覆盖，目标是打造"5G+ 华为河图"智慧商圈，利用数字技术使前门地区焕发历史文化街区的新活力。作为一种新经济新业态，休闲产业数字化下构建的消费新场景在政府和社会的多方努力下已经有了初步的发展雏形。

（二）科技 + 商圈的新形式

数字技术与商圈的深入融合，是通过改变商圈的软硬件配套设施来实现的，像确认为"全国示范智慧商圈"和"全国示范智慧商店"的北京市三里屯商圈等 12 个商圈和三里屯太古里南区等 16 个商店，在软硬件数字技术方面进行了全面升级，由此不断提升商圈的服务水平以及工作效率。

为了增加消费者购物的便捷，三里屯太古里采用了数字技术来简化消费者购物过程中所产生的手续，帮助消费者快捷地完成消费。通过分析消费大数据，针对每一位消费者的特点采取不同的服务方式。在硬件方面，三里屯太古里已实现 5G 信号、Wi-Fi 信号全场覆盖，为商圈内的消费者的互联通信提供了快速渠道。2021 年年中，三里屯太古里引入了面积超 400 平方米、拥有 L 形转角的裸眼 3D 大屏，该屏幕内容会结合实时热点信息，为三里屯的消费者呈现多元化、新鲜感的内容，提升消费者的购物环境体验。

在软性服务上，科技解决了商圈人力资源消耗大的问题。三里屯太古里的会员中心微信小程序为消费者提供自助积分、停车缴费、积分换礼、代客泊车等自动化便捷功能，消费者只需用手机操作，即可完成大部分烦琐事务的处理。在未来，商圈小程序不断优化，更大程度地提升消费者体验，节省商圈内的人力资源占用，自动化智慧智能地打造出现代化智慧商圈。

在文化传播与塑造上，智慧商圈同样采用了数字技术来制造沉浸式的消费体验。朝阳商圈、商业综合体合生汇、朝阳大悦城、三里屯太古里商圈，通过打造户外裸眼 3D 大屏，凭借立体逼真的画面显示效果，不断带给人们震撼的视觉体验，为夜间游玩的市民提供了丰富的拍照场景，从而达到宣传自己以及文化传播的目的。个别商圈打造出了数字沉浸式体验场景，运用 3d 投影，投影融合软件，裸眼 3D 屏幕等设备对消费空间进行重塑为消费者打造沉浸式消费体验新场景。例如，位于富力广场 5 层的大型国风文商旅空间"戏精桃花源"，以陶渊明笔下的桃花源为背景，通过先进的交互科技提供视觉、体验上的新鲜感，在室内打造了一个沉浸式娱乐休闲空间，融合实景演绎、游戏、娱乐、餐饮等多种业态，吸引广大年轻消费者前来探店。

未来，商圈内的数字技术融合打造将倾向于免费提升消费者的购物观光体验，以及使购物更加便捷的方向发展。数字沉浸式购物体验也将成为消费者购物的一大热潮和吸引点。

（三）数字文旅新地标

文旅地标往往是一个城市文化底蕴与发展成果落地转化的集中体现，是吸引消费，释放消费潜力的重要标志。在休闲产业数字化的过程中，北京市正努力通过数字化技术赋能新场景，打造多个数字文旅新地标。

海淀公园是北京市重点公园、精品公园，地理位置紧邻中关村核心区，同时也是"全国首个科技主题公园"。海淀公园科技主题公园内容包括公园智慧化管理平台和智能导览、智能步道、雨水收集互动、智能灯杆、未来空间 AR 太极、电音花园、骑行喷泉、无人车、智能语音亭、智能座椅、稻田灌溉等多项游客交互体验项目，为群众带来身边的科技体验，并为智慧公园建设和管理模式提供行业样板。在打造海淀公园数字化地标化的过程中，当地充分将自然观光与数字体验相结合，打造独特的科技化自然主题公园。

不同于侧重自然观光的海淀公园，瞭仓艺术馆是基于 XR 扩展现实技术应用打造的沉浸式文旅项目，项目位于首钢园科幻产业集聚区，致力于应用数字科技手段打造沉浸式、可交互的传统文化创新展示、体验实体场景，弘扬和传播中华优秀传统文化。作品总展示面积约 4000 平方米，涵盖了上古神话、自然环境等中国不同历史时期的具有代表性的反映中华文化精神的展示内容。在动作捕捉、影像扫描、AI 影像等数字技术玩法的应用下，传统文化内容内涵在瞭仓正以科技的、生动的、时尚的创新体验方式进行传播与传承。该地虽侧重于文物文化价值传播，却不同于相关博物馆；以数字化艺术馆这一新颖的模式，少文物，多技术等减少文物成本，以数字化，沉浸化的方式讲述中国故事，打造独特的数字文旅新地标。

同样类似的 Vroom 沉浸视界是由魔眼数字科技打造的沉浸式内容体验空间，是文化和旅游部支持的沉浸式文旅新业态培育平台应用示范项目。Vroom 沉浸世界运营面积 175 平方米，拥有独立观影位 20 个，现阶段引进的威尼斯国际电影节 VR 单元优秀作品正在展映，作为郎园 Park 重点引进的沉浸式新业态项目，不断将优秀的传统文化、红色教育、自然科幻、影视故事等数字化内容带到消费者身边，使更多的人感受科技文化的魅力。相比于瞭仓艺术馆，

Vroom 展出的文化内容更为丰富，包含了许多当代国际文化与现代文化产品，给予消费者更深层次的文化体验。

此外，咪咕咖啡、全息数字体验馆等新地标正处于发展阶段。数字文旅新地标正在北京的多个不同的消费领域逐渐全面展开，成为北京休闲文旅消费的新动力。

（四）文博数字化

文博行业近年来发展提升迅速，从展品文字的简单陈列到展屏显示、展品位置及路线指导，文博行业与数字技术的融合在不断加深，数字技术对文博的高质量发展提供了帮助。打造文博新基建，云端、AI、二维及三维影像采集等技术，推进文化传播与文物保护，采集文物数字模型从而运用数字修复还原其原貌。创建 3D 全景展馆记录古迹遗迹的景色模型促进科研发展，构建文博行业全生命链条的数字化。

文博数字化建设，也在不断加强文博行业的全链条知识产权管理。支持数字文物资源向社会开放，加强文物资源大数据在数字内容形态中的应用，运用区块链等数字技术，强化对文物数字资产的授权管理以及文创知识版权的确权保护。依法保护文物领域科技创新成果，支持文博机构、企业和行业组织共同建立文物数字化标准规范体系，并将标准化的数字化技术在文博行业推广复制。

文博数字化，在创新传播文物价值的同时，实现了文化多元化表达形式。打造具有鲜明中国文化特色的原创 IP，使文博领域的优秀 IP 频繁"出圈"，打造大众喜闻乐见的现象级产品，创作满足年轻用户多样化、个性化需求的产品与服务，让文物触手可及、融入生活、服务大众。例如，近年来一些神话传统人物、诗人的叙事动画电影打造强力 IP，如电影《长安三万里》从高适视角出发，讲述他与李白之间跨越数十载的动人情谊，以及众多大唐诗人们在波澜壮阔的盛世大唐背景下，追逐人生理想的精彩故事。影片再现大唐盛世风貌和诗歌意境。带领观众梦回大唐，与一众大唐群星纵横天涯，赋诗放歌，开启一场荡气回肠的历史文化之旅，感受独属于中国人的极致浪漫。

文博数字化发展，创新了表现手法，拓展了传播渠道。依托云端技术、AI

技术、小程序等数字化工具，借助"5G+4K/8K"超高清技术水平、VR技术、AR技术、3D动画渲染、杜比全景声等多媒体数字技术开发、保护、运用文物资源。文博数字化发展将向世界展现中国文化的魅力，展现文物背后的中国故事、中国文化、中国历史。通过数字化采集修复技术生成"数字文物"，文物将以更完整的"生前"姿态展现在世人面前。

四、北京休闲产业与数字技术融合发展的问题及对策

（一）休闲产业与技术融合的主要问题

1. 休闲数字化发展对内容的挖掘和开发略显不足

休闲产业与数字技术的融合，数字技术只是手段，内容才是王道。但数字技术的普及和广泛应用会导致一部分企业盲目跟风，过度"炫技"，只关注设备和技术，导致应用性开发和利用不足。如在北京文创园中，数字技术主要是运用在展览方面，而对游客来说，在服务和互动的过程中并没有留下深刻的记忆点。在数字文旅新地标开发上为了应用数字技术而开发，缺乏新兴特色地标，缺乏与地缘文化，自然融合的底蕴，导致品牌效应不明显。

过于重视技术会导致休闲服务与消费者需求脱节，服务效率下降，如在文物的数字化方面，对数字技术的重视出现游客自主体验与文物修复保护的矛盾，就是因为缺乏深度研究内容导致文物活化程度不高，感官利用性不强。此外，虽说内容若缺乏技术的支撑很难被现在主流消费群体接受，但像虚拟现实、增强现实等这类技术是会导致部分消费者产生头晕不适等不良反应。不同群体消费者对数字技术的熟悉度和适应度不同，从而影响用户体验和满意度。

2. 休闲产业的数字技术专业人员相对匮乏

数字技术应用需要大量的计算机视觉、机器训练学习、云计算、多媒体投影等方面的技术支持以及传感器、智能终端、云服务器、全息投影仪等类型的设备支持，需要有大批量的专业人才的保障。然而，休闲产业数字化人才培养以及专业人员的培训明显是落后于休闲产业和数字技术融合的发展的。休闲产业涉及的领域宽泛、数字技术类型多元，高质量的休闲产品和服务供给需要既

能满足技术需要有符合休闲产业需求的人才，但数字技术专业人员往往都集中在高新技术产业，真正从事休闲产业的专业技术人员是匮乏的，这对北京休闲产业数字化的快速发展起到抑制作用。

3. 休闲产业的数字管理存在方式、效率和隐私保护等问题

现阶段数字技术发展迅速，数字技术的应用范围逐渐广泛，包括数据分析、运营监控、故障排除等多方面都需要科学运营管理。然而，由于数字技术与休闲产业融合还未达到成熟阶段，尤其是在数据管理方面还不够成熟，出现景区运营数据运输与处理方式与基础设施不够完善、贸易信息数据整合度不高、缺少高效管理平台、营商环境有待优化等多种问题，影响企业内部的运营管理效率，进而影响消费者满意度。休闲产业数字化为消费者带来便捷的同时，由于 App、小程序、人脸识别数字技术需要涉及大量的个人和敏感信息，也会产生信息被泄露或滥用引发数据隐私和安全问题。搭载数字技术生产的数字内容，由于研发处于成长阶段，导致在创作和使用数字内容过程中侵犯某些专利和知识产权，引发经济损失和法律风险。此外，对于数字技术应用产生的能源消耗以及环境问题也是需要考虑和解决的。

（二）北京休闲产业数字化发展的对策

1. 充分挖掘休闲资源的数字化内容，推动其多元应用

数字时代，并不一定是使用越高级越复杂的技术就一定能成功，关键在于数字技术能否很好地服务于提供的内容（或产品或服务）。技术仅仅是载体，消费者更需要的是优质内容。为了提供高质量的内容，将最新的技术与有趣、引人入胜的内容相结合，充分挖掘数字技术的内在优势，策划、设计、编程等多个领域团队共同努力多元化地应用融合数字技术，减少长期使用数字技术带来的审美疲劳，避免出现同质化，营造长期健康的消费环境。同时提供满足消费者精神需求的产品和服务，核心就是将数字技术和文化内核或精神深度融合，引起消费者共鸣。在加深对可利用休闲资源的挖掘，进行内容与数字技术有效的整合基础上，通过高质量产品和服务的提供，用数字技术优化用户体验，满足消费者多元需求。此外，对于需要提供易于理解和使用的设备和应

用，提供基本技术的详情以及介绍，以降低用户的学习成本，提高用户体验。

2. 建设高素质的数字休闲产业专业技术人才队伍

培养具有数字技术知识和应用的休闲产业专业人才队伍是加快休闲产业数字化进程的重要因素。对政府而言，制定和落实吸引大数据应用人才到休闲产业的各项优惠政策，进行人才引进，鼓励大数据应用人才参与到"数字休闲"建设当中，为休闲产业的发展注入新血液。对企业而言，在目前发展状态下，通过在线平台培训服务或产品有关的数字技能与信息技术知识，提高员工利用信息平台获取环境信息的能力。同时培养一批专业技能型、生产经营型和社会服务型的懂技术、善经营的复合型休闲产业专业人才。对高校培养而言，由于不同专业学科跨度大，要推出跨学科交融的综合性学科培养方案，构建完备的学科体系和产学研基地，同时加强和企业的休闲数字化项目交流，培养一大批实用的技术型休闲人才。通过政府—企业—高校完备的人才培养体系确保数字技术在行业内无缝融合。

3. 完善休闲产业数字化运营和管理

在数字技术管理上，建立完善的技术运营体系，加强技术运营管理和服务，建立数字技术运营监管机构或小组。加强故障排除和技术支持，确保数字技术的稳定运行和高效服务。定期维护和检查数字技术设施例如投影仪、灯光、机械模型反馈等，投入资源对人员进行安全管理方面的培训。在企业运营管理上，利用数字孪生等技术搭建"数字孪生智慧管理平台"，构建出与实体线下互联互通的"孪生空间"，通过智能化环境监测和管理，引入新兴数字化经营模式店铺。在数据管理方面，注重数据要素在管理中的作用，建设智能数据管理系统，搭建数据专线及政务云，保障数据的传输和存储，同时搭建国际贸易单一窗口平台，建立贸易数据共享链，逐步实现跨境贸易全链条的数字化、交互化和场景化，优化营商环境。在数据安全上采取严格的数据安全和隐私保护措施，包括加密、访问控制、信息备份，加强数据安全和隐私保护，建立完善的数据保护法律制度和监管体系，确保数据的安全和隐私。

15 北京休闲产业低碳发展研究报告

郭潇禹 李 颖[1]

摘要 人类温室气体的排放引发了一系列极端天气事件，对人类的生存带来了威胁和挑战。休闲产业的发展与气候的变化有着非常强的联系。气候变化影响休闲产业，同时，休闲产业作为世界上最重要的产业之一会造成大量碳排放，严重影响了全球气候变化。北京市一直大力提倡发展零碳城市，这些年来大力推进了生态环境治理、能源清洁转型和优化产业结构，使北京市碳排放量下降了很多，休闲生态环境得到显著改善。北京市在政策方面支持引导休闲产业绿色发展，发展绿色交通，绿色冬奥会助推北京休闲产业低碳发展，发展旅游业推进休闲产业低碳发展。

关键词 休闲产业；低碳发展；北京

一、休闲产业低碳发展的必要性

人类排放的温室气体增加导致了地球气候的变化，随着全球温度的不断升高，全球气候变化成为当今世界面临的最大挑战之一，气候变化对人类和生态系统造成的影响也越来越明显。全球变暖引发了一系列极端天气事件，如干旱、洪水、暴雨和风暴等，给人类的生命和财产带来了极大的损失。2022 年是有记录以来第五热的年份，欧洲部分地区、北太平洋、南亚、西南太平洋，东南太平洋和大西洋都出现了创纪录的高温。今年的气候状况也在多国展露端倪，仅在 2023 年第一周欧洲的许多国家已经经历了有记录以来最温暖的 1 月。

---

① 郭潇禹，北京第二外国语学院旅游科学学院硕士研究生，研究方向为旅游营销和大数据；李颖，北京第二外国语学院讲师，研究方向为旅游新技术。

全球变暖导致了冰川和冰帽的融化，海洋水位上升，威胁到了沿海城市的安全，甚至有可能会导致一些沿海地区消失。据美国国家冰雪数据中心的数据显示，南极洲的海冰在 2023 年已经到达了最低限度，2023 年 2 月 21 日，南极海冰达到了年度最小面积——179 万平方千米，这是有记录以来连续第二年的最低海冰面积，进一步证明了持续融化将以创纪录的速度发生。全球气候变暖会影响生态系统的平衡，进而导致物种灭绝和生物多样性下降等问题。

全球气候变暖还会导致农作物的产量下降，这会增加全球饥饿和人民营养不良的风险。2023 年的印度热浪缩短了春季作物季节，影响了劳动生产率。印度是受热应激影响最严重的国家之一，还是世界上最大的小麦生产国之一，因此热浪会给全球粮食市场带来额外的压力。全球变暖对人体健康也造成影响，热浪冲击的频繁加重会导致心脏和呼吸疾病发病率增加，对气候变化敏感的传染性疾病如疟疾的传播范围可能增加。极端事件的频发，如水灾、干旱、暴风雨等事件，使得社会的死亡率和传染病疾病率上升，并会增加社会心理压力。

21 世纪以来，随着各个国家经济和人口的增长，全球碳排放量迅速增加，2000 年至 2019 年，全球的碳排放量增加了 40%，2013 年以来，全球的碳排放继续持续增长，到 2022 年，全球碳排放量创历史新高达 361.2 亿吨。2020 年，由于新冠疫情的影响，各个国家的经济下降，导致各国的碳排放量也出现了下降。[1] 近年来全球碳排放总量变化趋势，如图 15-1 所示。

联合国政府间气候变化专门委员会（IPCC）在 2023 年 3 月 20 日发布了《第六次评估报告综合报告：气候变化 2023》。自 1990 年至 2023 年，IPCC 已正式发布了六次评估报告，在报告中历次评估报告的主要结论在逐渐发生着改变[2]。第一次 IPCC 的报告指出，"极少观测证据"可检测到人类活动对气候的影响；第二次 IPCC 的报告指出，"一些证据"可识别人类活动对 20 世纪气候变化的影响；第三次 IPCC 的报告指出，近 50 年观测到的变暖"大部分"可能是由于温室气体浓度增加造成的；第四次 IPCC 的报告指出，20 世纪全球变暖"很可能"是人类活动造成的；第五次 IPCC 的报告指出，全球变暖人类活动很可能是"主因"；在第六次 IPCC 的报告中，科学界对此更加确定，认

---

① 资料来源于英国石油公司（BP）统计数据。
②IPCC（政府间气候变化专门委员会），https://www.ipcc.ch。

为"毋庸置疑",人类活动已造成大气、海洋和陆地变暖。IPCC 六次对于全球变暖原因描述的变化，如表 15-1 所示。

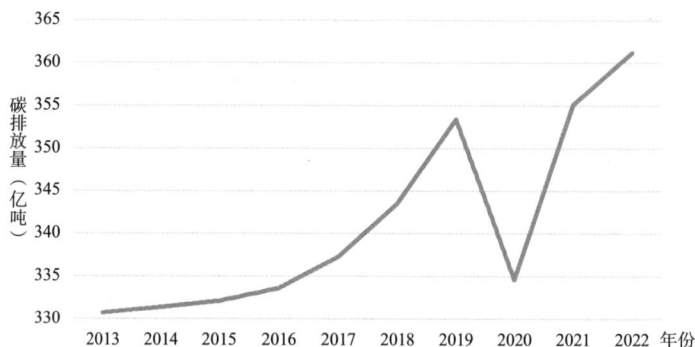

图 15-1　2013—2022 年全球碳排放总量

数据来源：英国石油公司（BP）的统计数据显示

表15-1　IPCC评估报告对于全球变暖原因描述的变化

第一次（1990 年）	极少观测证据可检测到人类活动对气候的影响
第二次（1995 年）	一些证据可识别人类活动对 20 世纪气候变化的影响
第三次（2001 年）	近 50 年观测到的变暖大部分可能是由于温室气体浓度增加造成的
第四次（2007 年）	20 世纪全球变暖很可能是人类活动造成的
第五次（2013 年）	自 20 世纪中期以来全球变暖人类活动很可能是主因
第六次（2021 年）	毋庸置疑，人类活动已造成大气、海洋和陆地变暖

在 IPCC 发布的第六次报告中用了非常确定的口气指出：人类活动主要通过排放温室气体，已毋庸置疑引起了全球变暖：大气、海洋、冰冻圈及生物圈产生了广泛而迅速的变化。报告显示，与 1850 年至 1900 年相比，2011 年至 2020 年全球地表平均气温上升 1.1℃。根据未来 20 年的平均温度变化观察，全球升温预计将达到或超过 1.5℃，如果现在不能立即、迅速地减少温室气体排放，那么将升温限制在接近 1.5℃或 2℃将是无法实现的。综合研究认为，

未来全球平均气温一旦超过了 2℃的阈值，人类的生活可能会面临着较大的风险，但科学家也指出，我们所在的十年（2020—2030 年）将是决定未来变暖趋势的关键十年，人类通过大力和持续减少二氧化碳与其他温室气体的排放将限制气候变化①。

IPCC AR6（第六次评估报告）报告强调，一个多世纪以来土地利用与化石燃料燃烧等人类活动导致了全球变暖，使当前全球平均温度比工业化前高出了 1.1℃，造成极端天气事件发生得更加频繁和强烈，从而对全球各个地区的自然环境和人员造成的影响越来越严重。每当全球气温增加一点，都会使得各种危害立刻升级。更强的降雨、热浪和其他极端天气进一步增加，给人类的健康和自然生态系统都带来了巨大的威胁。

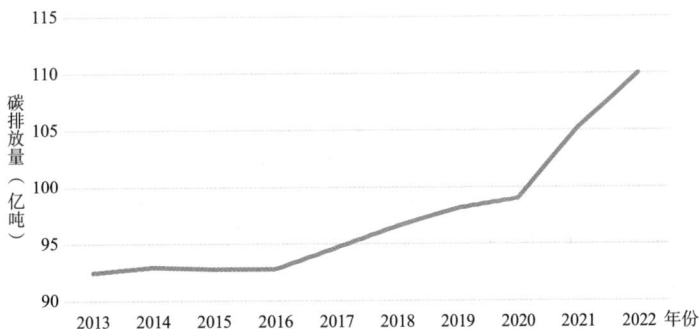

图 15-2　2013—2022 年中国碳排放总量

数据来源：英国石油公司（BP）的统计数据

中国在全球的碳排放中有着非常重要的作用，目前是全球最大的碳排放国家之一，于 2004 年前后超越美国成为世界最大的二氧化碳排放国。于 2014 年成为世界上第一大排放经济体后，中国的二氧化碳排放问题更加明显。中国于 2019 年的碳排放量占全球的 27.9%（美国的碳排放量占比 14.5%），其他的发展中国家碳排放量也在不断地增长。如图 15-2 所示，中国的碳排放量从 2013

①IPCC（政府间气候变化专门委员会），https://www.ipcc.ch.

年的 92.47 亿吨上升到 2022 年的 110 亿吨。但从高碳排放量的历史数据来看，西方国家自工业革命开始就不断地排放二氧化碳，从 1751 年起美国的碳排放量约有 4000 亿吨，占全球历史排放量的四成，居世界碳排放量的首位，而中国的碳排放量占比为 13%。作为最大的发展中国家，目前中国还处于工业化、城镇化深化发展阶段，能源资源需求还在保持快速增长阶段，因此中国低碳发展迫在眉睫。

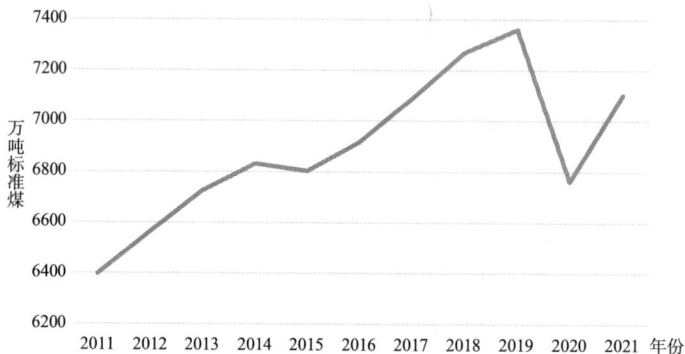

图 15-3　2011—2021 年北京市能源消费总量

数据来源：北京市统计局

　　北京市一直积极推进零碳城市的建设。零碳目标的实现不仅有利于建设绿色北京，还有利于推动城市的创新发展。如图 15-3 所示北京近年来的能源消耗总量显示，2011 年，北京市能源消耗总量为 6397.3 万吨标准煤，到 2019 年上升到能源消耗总量最大值 7360.32 万吨标准煤，由于新冠疫情的影响 2020 年的能源消费总量大幅下降，到 2021 年又出现了增长的趋势。休闲产业的发展与全球气候的变化有着非常强的联系。一方面，气候变化影响休闲产业，如全球变暖导致的海平面上升给海岛国家的旅游业带来了巨大的威胁；另一方面，休闲产业作为世界上最重要的产业之一，在交通、餐饮、住宿等方面也会造成大量碳排放，严重影响了全球气候变化。根据《中国统计年鉴》，2019 年与旅游业相关的交通运输、仓储和邮政业，批发和零售业、住宿和餐饮业的能源消耗总量分别为 43909 万吨和 13624 万吨标准煤。剑桥大学可持续发展研究所的报告显示，旅游业对全球温室气体排放的贡献约为 5%，休闲产业的低碳研究对于全球降碳有着重要的作用①。北京市第三产业的能源消耗总量在近十年也处于增长状态，由 2011 年消耗 2818.9 万吨标准煤一直增长到 2019 年消耗 3762.5 万吨标准煤，2020 年由于新冠疫情的影响出现了下降的趋势，2021 年开始回升②。

二、北京休闲产业低碳发展现状

（一）政策支持引导绿色发展

北京市休闲产业的低碳发展受到政策的积极推动。近年来国家及北京市出台了一系列促进低碳发展的相关政策，其中对于休闲产业的低碳发展也有着很强的指导作用，内容涉及了可再生能源的替代、碳达峰实施方案和能源规划等多个方面，切实推动了北京市休闲产业的低碳发展。

北京市在 2021 年分别对于北京的污染防治行动计划、规范建设环境影响评价、绿化隔离地区建设规划和生态环境保护规划等方面发布政策支持，对于北京市的休闲环境建设起到了积极的作用。2022 年，北京市发布了"绿水青山就是金山银山"实践创新基地建设工作方案、节能减排综合工作方案、能源发展规划、生产生活用水管控、低碳试点工作、供热发展规划、电力发展规划、碳达峰实施方案等，促进北京市低碳发展的同时也起到了便民利民的作用。2023 年，北京市针对污染防治和可再生能源替代行动等方面发布政策，为推进休闲产业低碳发展发挥实践价值。近年来北京市发布的有关休闲产业低碳发展的相关文件，如表 15-2 所示。

表15-2　近年来北京市发布的有关休闲产业发展的相关文件

政策名称	发布时间	政策内容
《北京市深入打好污染防治攻坚战 2021 年行动计划》	2021 年 3 月	为持续深入打好污染防治攻坚战，进一步提升北京市生态环境质量要切实提高政治站位，要全面落实责任，要强化宣传引导，要严格督察考察

① 中国统计年鉴，stats.gov.cn/sj/ndsj/2022/indexch.htm.
② 资料来源于北京市统计局。

（续表）

政策名称	发布时间	政策内容
《北京市生态环境局关于规范建设项目环境影响评价审批事项的通知》	2021 年 5 月	该通知在建设项目环境影响评价审批条件方面进行了修订，精简了建设项目环境影响评价审批申报材料，既可网上申报，也可现场申报，编制环境影响报告书项目 30 个工作日，编制环境影响报告表项目审批时限为 15 个工作日，环境影响登记表不需要再办理审批手续
《北京市生态环境监督执法正面清单管理暂行办法》	2021 年 7 月	为做好"六稳"工作、落实"六保"任务，进一步优化执法方法，推动差异化监督执法，编制了《北京市生态环境监督执法正面清单管理暂行办法》，主要内容有总则、职责分工、纳入条件、纳入程序、非现场执法、现场执法、移出程序、附则八部分
《北京市"十四五"时期绿化隔离地区建设发展规划》	2021 年 11 月	"十四五"时期要严格落实减量发展任务，释放服务保障空间，持续提升绿色空间品质，强化生态服务能力，不断完善基础设施支撑，保障城市稳定安全运行，多措并举补齐民生短板，健全城乡一体公共服务体系，全面加强城乡空间治理，提升生产生活水平，扎实推进绿色低碳发展，践行生态文明理念，全面落实推动改革创新，以实际行动促减量发展
《北京市"十四五"时期生态环境保护规划》	2021 年 12 月	推动能源结构绿色转型，推进产业绿色低碳创新发展，提升重点领域低碳发展水平，强化碳排放控制管理制度建设来推进重点领域绿色低碳发展。在移动污染源防治方面通过优化机动车、运输结构，强化交通运输精细化管控，强化非道路移动机械管控，加强移动源监管执法，加强油气排放和油品质量监管等措施
《丰台区"绿水青山就是金山银山"实践创新基地建设工作方案》	2022 年 1 月	确立丰台区"绿水青山就是金山银山"建设模式，编制《丰台区"绿水青山就是金山银山"实践创新基地建设实施方案》和《丰台区"绿水青山就是金山银山"实践创新基地申报条件说明报告》和《入库申请报告》，谋划"绿水青山就是金山银山"实践创新基地后评估和动态管理工作。
《"十四五"节能减排综合工作方案》	2022 年 1 月	重点行业绿色升级工程、园区节能环保提升工程、城镇绿色节能改造工程、交通物流节能减排工程、农业农村节能减排工程、公共机构能效提升工程、重点区域污染物减排工程、煤炭清洁高效利用工程、挥发性有机物综合整治工程、环境基础设施水平提升工程，明确了具体目标任务。节能减排政策机制更加健全，重点行业能源利用效率和主要污染物排放控制水平基本达到国际先进水平，经济社会发展绿色转型取得显著成效

（续表）

政策名称	发布时间	政策内容
《北京市"十四五"时期能源发展规划》	2022 年 2 月	本规划是全面落实党中央、国务院和市委、市政府关于碳达峰、碳中和重大战略决策部署的具体举措，依据《北京城市总体规划（2016 年—2035 年）》《北京市国民经济和社会发展第十四个五年规划和二〇三五年远景目标纲要》《"十四五"现代能源体系规划》等相关规划编制的市级重点专项规划，提出了本市能源发展的指导思想、主要目标、重点任务、重大项目和改革举措
《关于加强"十四五"时期全市生产生活用水总量管控的实施意见》	2022 年 3 月	为贯彻落实习近平总书记在南水北调后续工程高质量发展座谈会上提出"坚持节水优先，把节水作为受水区的根本出路"的要求，确保实现"十四五"时期"全市年生产生活用水总量控制在 30 亿立方米以内"的目标，建立完善用水刚性约束制度
《北京市"十四五"时期低碳试点工作方案》	2022 年 6 月	市生态环境局会同相关部门组织开展多层次的低碳试点示范工作，形成可复制可推广的工作经验，为实现"十四五"时期应对气候变化和碳达峰碳中和目标任务提供支撑
《北京市"十四五"时期供热发展建设规划》	2022 年 7 月	"十四五"市级专业规划之一，由北京市城市管理委员会负责编制。该规划对指导未来五年首都供热发展、服务首都城乡建设、改善社会民生将起到积极作用
《北京市"十四五"时期电力发展规划》	2022 年 7 月	"十四五"市级专业规划之一，由北京市城市管理委员会负责编制。该规划对指导未来五年首都电力发展、服务首都城乡建设、改善社会民生将起到积极作用
《北京市碳达峰实施方案》	2022 年 10 月	为如期实现碳达峰、碳中和目标贡献北京力量，制定方案
《市管企业碳达峰行动方案》	2022 年 12 月	指导市管企业建立绿色低碳循环发展经济体系，为北京全面实现碳达峰碳中和目标贡献国企力量，结合市管企业实际，制定本行动方案
《北京市深入打好污染防治攻坚战 2023 年行动计划》	2023 年 3 月	行动计划明确了 2023 年本市污染防治攻坚战的主要目标：碳排放强度达到国家要求，碳排放总量得到有效控制；全力巩固空气质量改善成效；水生态环境质量稳中向好；土壤环境质量保持良好；生态环境质量指数（EI）力争稳中向好；并同步分解了各区年度指标重点任务计划
《北京市可再生能源替代行动方案（2023~2025）》	2023 年 6 月	到 2025 年之间，加快推进可再生能源高质量发展的总体思路和任务目标

（二）休闲生态环境显著改善

近年来北京市一直以强力度持续做好污染防治工作，使得休闲生态环境得到了全面的提高，细微颗粒（$PM_{2.5}$）年均浓度从 2013 年的 89.5 微克 / 立方米降至 33 微克 / 立方米，空气质量 6 个指标首次全面达标。深化"三水"统筹，加强水环境治理，污水处理率从 83% 提高到 95.8%，国考劣 V 类断面全面消除，密云水库最大蓄水量创建库以来新高，永定河等五大河流全部重现"流动的河"并贯通入海，平原区地下水位连续 6 年回升，水环境实现历史性好转。在改善水环境的同时提升了北京市休闲区域的绿色发展水平。

近年来，北京市累计新增造林绿化面积 241.9 万亩，城市的森林覆盖率从 38.6% 提升到 44.6%。通过增加城市绿地面积，恢复河湖湿地，拓展了城市的绿色生态空间，为野生动物提供了更丰富的栖息地，2020 年北京生物多样性调查实地记录到各类物种共 5086 种，发现了 70 种北京新记录物种，北京是世界上生物多样性最丰富的大都市之一，也是世界上鸟类最丰富的首都之一。北京落实"十三五"总体规划目标，减量增绿工作成效显著。共建成了 102 个公园，规划公园的实施率达到了 93.5%，使得一绿地区绿色空间规模不断扩大，绿化质量持续提升，"一环百园"的城市公园环初具规模。完成绿化 8.7 万亩，建成郊野公园 40 处，使得二绿地区加强了大尺度绿化建设，完善郊野公园环体系，初步形成了环绕城市的绿色生态景观带[①]。

（三）发展绿色交通

在绿色交通领域，北京大力推进绿色出行，构建地上地下立体化公交网络。2021 年年底，轨道交通运营里程已达到 1145 千米，完成二环全线慢行系统改造，建成绿道 100 千米；"骑行 + 步行"网络体系加快形成，中心城区绿色出行比例达 74%。优化载运工具能源结构，累计淘汰国三汽油车超过 10 万辆，累计推广新能源车超过 50 万辆，公交车辆中清洁能源和新能源比例达 90.2%，北京大兴国际机场建成全球最大机场综合能源系统，三星级绿色建筑

---

① 资料来源于北京市统计局。

占比 70% 以上，建成全国民航业规模最大的地源热泵系统和国内首个飞行区跑道旁铺设的光伏系统，成为全国应用可再生能源比例最高的机场①。

北京市积极推进低碳交通发展，倡导市民采取绿色出行的方式，构建了更加便利、快捷的公共交通体系。通过"油换电"的低碳转型，北京公交集团已逐渐摸索出独具北京公交特色的发展模式，形成了以纯电动为主，混合动力为辅，燃料电池为补充的发展方向。北京公交集团在向低碳转型的同时，还通过优化公交线网、升级智能公交、开通定制公交等一系列举措，持续提升公交准点率和覆盖率，不断提高运营服务的水平和质量，努力为公众提供更加便利、快捷的公共交通。

北京市民的绿色出行经常遇到"最后一公里"的问题。即要实现从家门口到地铁公交站的便捷接驳，需要共享单车发挥作用。2021 年，北京市共享单车骑行量达到 9.51 亿人次，同比增长了约 37.6%，展现出了公众对于绿色出行方式倡导的积极参与。同时，北京建设的慢行交通系统也为北京市民参与低碳交通出行提供了更加便捷和舒适的交通环境。

北京市还推进轨道交通建设，新增 3 条市郊铁路线路，轨道交通里程由"十三五"初 554 千米增至"十三五"末 727 千米。助力推动京津冀区域交通一体化，为交通骨架建设完善提供承载空间。"十三五"时期北京交通事业低碳发展的成效显著。京津冀核心区 1 小时交通圈、相邻城市间 1.5 小时交通圈基本形成，中心城区绿色出行比例提升至 73.1%。"十四五"时期，北京市将着力落实"三个优先"（慢行优先、公交优先、绿色优先）发展理念，初步构建起综合、绿色、安全、智能的立体化现代化城市交通系统。

（四）绿色冬奥会助推北京休闲产业低碳发展

为全面落实"双碳"目标与"绿色办奥"理念，北京冬奥会围绕碳减排与碳中和两方面开展低碳冬奥建设。在碳减排方面，主要聚焦于低碳能源技术、低碳场馆技术和低碳交通技术；碳中和方面，围绕林业碳汇、企业赞助和碳普惠制做好碳补偿工作。碳减排与碳中和措施的实施，推动了绿色低碳技术在北

---

① 资料来源于北京市统计局。

京冬奥会中的应用，同时也取得了良好的社会效益、生态效益和经济效益。

北京冬奥会的低碳能源建设聚焦于清洁电力的生产、运输与应用，主要由两大措施构成：第一大措施是建设低碳能源示范项目——张北柔性直流电网试验示范项目。第二大措施是建立绿电交易机制。绿电交易机制是指通过绿电交易平台，电力用户从发电企业及绿色电网购买绿电的交易过程。为打造适用、高效、健康、人与自然和谐共生的雪上场馆并推进生态保护、环境保护和资源的高效利用，北京冬奥会制定了《绿色雪上运动场馆评价标准》。依据标准，雪上场馆在保障安全、质量的前提下进行绿色施工，通过大数据、云计算等技术实现精准管理和监测，最大限度减少碳排放。北京冬奥会场馆绿色运营的另一大特点是使用二氧化碳制冷剂。对比传统制冷剂，二氧化碳制冷剂既可以减少对臭氧层的破坏，还有利于大幅降低制冷系统功率，减少能源消耗。北京冬奥会新建场馆作为城市遗产的重要组成部分，赛后将承担举办体育赛事，开展冰雪活动等重要功能。通过场馆转换技术，加强冬奥场馆的赛后利用，有利于减少后续运动场馆和大型赛事新建工程数量，降低碳排放。北京冬奥会建设了一个以轨道交通为骨干的绿色交通网，其中京张高铁将三大赛区连接起来，从北京北站的副中心清河站出发到达河北张家口站全程只需48分钟；延庆支线开通后，从清河站出发到达延庆站只需26分钟。在出行与运营方面，冬奥组委会持续推进绿色出行模式，鼓励采用"135"绿色低碳出行方式，即1千米以内步行、3千米以内自行车、5千米左右乘坐公共交通工具；在不同赛区转运间鼓励选择高铁作为出行工具，代替传统车辆；赛时交通基本实行清洁能源供应，将纯电动车辆、天然气车辆与氢燃料车辆作为主要交通工具，实现清洁交通全覆盖。

在碳减排的基础上，北京冬奥会主要采取"林业碳汇、企业赞助、碳普惠制"三种碳中和方式，抵消冬奥筹备及赛事期间的碳排放。为践行可持续性计划和"双碳"目标，北京冬奥会在筹备过程中便制订了植树造林计划，实施奥运绿化工程。北京冬奥会官方合作伙伴积极倡导"双碳"目标，通过认证签发等方式将CCER、CER等碳中和产品捐赠给北京冬奥会。冬奥组委会采用多种方式宣传低碳生活理念与生活方式，鼓励公众的低碳环保行为，扎实推进碳普惠制。发布并上线"低碳冬奥"微信小程序，通过积分和荣誉勋章等激励机制，鼓励用户积极践行绿色出行、垃圾分类等低碳行为。

（五）旅游业推进休闲产业低碳发展的积极实践

北京市的旅游资源相当丰富。近年来，北京文旅行业推进碳中和实践取得初步成效。比如，北京市自 2010 年到 2020 年连续十一年举办零碳音乐会。2010 年元旦，中山公园音乐堂唱响"零碳音乐会"。2020 年第八届北京西山森林音乐会拉开帷幕，音乐会采取"线下录制 + 线上宣传"，"森林音乐 + 森林课堂"的宣传形式，较往年有较大创新。2010 年，北京市玉渊潭公园举办北京首个零碳摄影展"镜头中的绿色北京"摄影作品展，参展的 200 余幅照片从"环境建设"，"公众参与"，"绿色北京"三个方面再现了北京环境保护的历程和成就。

国内第一家 PAS 2060 碳中和酒店——北京稻香湖景酒店，于 2013 年 6 月 16 日北京市节能宣传周循环经济日暨海淀区节能宣传周启动仪式上，获得节能减排教育示范基地称号。该酒店在太阳能集热系统，空气助压节水设备，天然硅藻土涂料墙面，隔热玻璃，地源热泵系统，LED 照明系统改造，餐余垃圾处理系统，园林垃圾处理系统等一系列节能环保高新技术令人称赞，为酒店行业更深入实施节能减排树立了标杆形象。

2020 年第八届北京西山森林音乐会拉开帷幕，音乐会采取"线下录制 + 线上宣传""森林音乐 + 森林课堂"的宣传形式。总之，近年来北京市文旅业界积极行动，展开了一系列碳中和探索实践，取得了初步进展，产生了积极影响。但整体观察，还基本处于自发分散，各自为战的初级阶段，尚未成为业界系统实践。2021 年，北京迎来了首个"碳中和"主题公园——温榆河低碳公园，在这里有丰富的低碳体验，通过智慧互动游园就能积累"碳积分"；参与虚拟骑行可以消灭碳源，跑马拉松的同时也能获得碳积分。低碳技术应用随处可见，公园在广场及道路建设中大面积使用透水混凝土、透水砖、再生骨料等铺装材料和艺术混凝土材料，减少石材使用。配套建筑除光伏玻璃外，还使用了高开窗通风、Low-E 玻璃幕墙、垂直及屋顶绿化、屋顶雨水收集回用系统，降低日常运维过程中的能耗、水耗。园林绿化方面选取了固碳能力强且易于维护的乡土树种。

三、北京休闲产业低碳发展建议

（一）建设国家绿色发展示范区

强化绿色技术示范应用，建设近零碳排放示范园区，在张家湾、宋庄、台湖等特色小镇打造一批绿色低碳样板。构建绿色智慧基础设施体系，布局智能高效电网，实现新建公共建筑光伏应用全覆盖。结合美丽乡村建设，在具备条件的特色村镇试点建设一批"超低能耗建筑＋可再生能源供能＋智慧能源平台"的绿色能源示范村。支持有条件的生态涵养区积极探索碳中和路径。推动开展多领域、多层级、多方位的低碳试点示范，为深入推进全市碳达峰、碳中和工作积累经验。鼓励重点区域、工业园区、街乡社区从规划设计和项目示范入手建设近零碳排放示范区。开展低碳学校、低碳社区、低碳建筑创建活动，推动大型活动碳中和实践。

（二）构筑绿色低碳全民共同行动格局

加强教育引导，推动生态文明教育纳入国民教育体系，鼓励高校设立应对气候变化专业，建设科普教育基地和碳达峰、碳中和展区，注重青少年低碳知识和行为培养。加强碳达峰、碳中和工作宣传，新闻媒体要及时宣传报道先进典型经验和做法，引导购买节能低碳产品，减少一次性物品使用，积极参与垃圾分类、"光盘行动"、义务植树和低碳出行，倡导推广简约适度、绿色低碳、文明健康的消费习惯和生活方式，让绿色生活方式成为全社会广泛共识和自觉行动。

深入开展绿色生活创建行动，营造绿色低碳社会风尚。推行绿色消费，加大绿色低碳产品推广力度，组织开展全国节能宣传周、世界环境日等主题宣传活动，通过多种传播渠道和方式广泛宣传节能减排法规、标准和知识。发挥行业协会、商业团体、公益组织的作用，支持节能减排公益事业。

（三）强化科技创新引领作用，构建休闲产业绿色低碳体系

强化低碳技术创新。围绕碳达峰、碳中和重大战略技术需求，推进能源领

域国家实验室建设，谋划布局一批新型研发机构和科研平台。开展碳达峰、碳中和科技创新专项行动，打造能源技术迭代验证平台，围绕新能源利用、智慧能源互联网、新能源汽车、智慧交通系统、氢能、储能、建筑零碳技术、碳捕集利用与封存（CCUS）、森林增汇等重点领域开展技术研发攻关，尽快实现关键技术突破和产业化示范应用。充分发挥"三城一区"主平台作用，加速碳达峰、碳中和科技成果转化，搭建应用场景，在智慧低碳能源供应、低碳交通和低碳建筑等方面逐步形成完备的技术支撑能力。

积极培育绿色发展动能。打造具有国际竞争力的绿色休闲产业集群，积极推动国家鼓励的绿色技术和服务的出口，带动绿色产业的辐射和输出。大力发展循环经济。构建循环型休闲产业体系，推动休闲产业资源综合利用。推动各类园区开展绿色低碳循环改造升级。

（四）着力构建绿色低碳交通体系

优化出行结构，践行低碳理念，加强自行车专用道和行人步道等城市慢行系统建设，持续推进轨道交通体系建设，逐步降低小客车出行强度。调整车辆结构，制定新能源汽车发展规划，大力推进机动车"油换电"，推动氢燃料汽车规模化应用，逐步完善城市公路充换电和加氢网络。在符合条件的地铁车辆段和检修场、公交场站设施、停车设施、高速公路边坡闲置空间、服务区及隔音墙等交通基础设施建设光伏发电系统。改善货运结构，推动大宗货物公转铁，实现铁路运输与城市配送有效对接。推动航空运输企业加强节能减碳管理，加强新能源航空器和可持续航空燃料研发应用。提升机场运行电动化智能化水平，除消防、救护、加油、除冰雪、应急保障等车辆外，机场场内车辆设备力争全面实现电动化。

优化交通出行结构。持续提升道路设施网、轨道交通网、地面公交网、慢行系统一体化发展水平，增强公众绿色出行获得感。完善道路停车差别化收费政策，降低小客车出行需求和使用强度。提高货运绿色水平。持续推进大宗生产生活物资运输"公转铁"，构建"铁路＋新能源车"绿色物流运输新模式，实现铁路运输与城市配送有效衔接。加快推动城市燃油货运车辆清洁替代，发展绿色物流。调整交通能源结构。制定推广新能源车实施方案，大力推动机动车"油换电"，推动氢燃料汽车规模化应用。除应急、重大活动保障等特殊情况外，公交、出租、环卫、邮政等公用领域用车基本实现电动化。制定私家车"油换电"奖励政策，引导鼓励存量私人小客车"油换电"。

（五）巩固提升生态系统碳汇能力

推动建设空间减量和生态空间增量，根据发展需求统筹规划建筑用地和生态环境用地，增加绿化空间，形成以森林、河流和农田湖泊等为点缀的生态环境，使北京市成为生物多样性丰富的城市生态系统，推进林地、绿地增汇。加强林业生态系统管护，研究建立适合本地生态系统的高碳汇、低挥发性有机物排放树种库。加强对北京地区的湿地保护，提升湿地的碳汇功能。建立生态高效的耕作制度，开展耕地资源保护，加强土壤培肥，增加土壤有机碳储量，提升农田土壤碳汇能力。加强水生态系统的保护与修复，健全完善河流湖泊的保护修复制度。

进一步完善休闲产业碳排放单位的管理制度。研究制定重点碳排放单位管理办法，明确排放单位减排主体责任，提升企业自主自愿减排动力。推动休闲产业排放单位建立碳排放管理制度，充分挖掘节能潜力，推广应用低碳技术，主动公开碳排放信息。

（六）发展低碳旅游，促进旅游城市成长方式的转变

低碳旅游已经成为全球旅游业的发展趋势，"低碳城市"也成为城市转型升级的新标杆。北京在低碳旅游发展中要充分借鉴国内外先进经验，以"尽责旅游"目标为引领推动旅游全行业的低碳发展。旅游企业要依照低碳环保的可持续发展理念，开展产品设计、产品开发、产品销售、产品售后及服务评估等具体工作环节，充分展现企业优秀诚信、对环境负责的社会形象。旅游行业的管理者和经营者都要培养低碳发展的意识，并能将低碳旅游发展理念传递给游客，在旅游中能适时引导游客参与并践行低碳旅游，形成游客对低碳旅游的自觉接受与认可，全民助力推动旅游行业低碳化发展，提升旅游业可持续发展能力，促进北京经济结构低碳转型。

（七）发展智慧旅游，打造绿色北京

发展智慧旅游是当今旅游发展的必然选择，也是北京发展"绿色北京、科技北京、人文北京"的内在要求，更是实现北京旅游经济与城市环境协调发展的重要方式。2011年，北京开启"智慧旅游"城市建设，十余年来，北京智慧旅游城市建设取得了很大进展，今后仍要继续坚持做好以下工作：一是继续完善智慧旅游基础设施。构建智慧旅游城市，搭建旅游资源共建共享平台，提升城市信息化水平。与其他部门进行协作，对游客的安全保障、紧急救援和环境保护等方面进行保障，积极利用智慧城市的平台进行宣传和推广，提升品牌影响力。二是要加快智慧旅游产业融合发展和转型升级。借助科技进行创新，不断完善北京智慧旅游网络应用、旅游查询、旅游预约、旅游咨询、旅游自助等平台。三是借助环境保护技术，为北京旅游经济发展护航。将先进的环保技术、精准的信息技术引入城市旅游的发展中，对城市旅游的重要承载区域进行精准测量，加快环保技术在城市旅游系统的应用，保护城市自然景观、生物多样性、自然／人工生态系统，以及促进城市旅游可持续发展。

（八）创新区域低碳合作机制，协同合力推动碳达峰、碳中和

加强区域间的绿色低碳合作。北京作为京津冀区域中心，要加强与津冀两地密切联系，顺应京津冀旅游协同发展，打破区域发展界限，全力推进区域生态协同发展。提升北京的旅游空间承载力；强化与津冀之间的旅游合作，增强旅游游客的扩散功能，规避由于旅游游客过于集中而导致的交通拥堵、服务质量下降、旅游体验品质下降、旅游竞争力下降等问题，实施以北京为核心的京津冀区域环境协同治理，充分发挥北京周边城市的生态功能作用。今后应着重树立区域生态协同发展理念，建立区域生态补偿机制，通过区域旅游合作促进生态建设，构筑京津冀旅游协调发展的生态格局。

发挥北京科技优势，推动京津冀区域创新资源开放共享，促进区域节能环保、新能源开发、新能源汽车等领域合作，支持休闲产业与各节能企业加强资源对接，推动区域产业绿色化改造，实现区域产业低碳转型升级。推动京津冀

规模化、协同化布局氢能产业，打造氢能产业集群，联合开展氢燃料电池核心技术攻关、新材料研发和商业化应用。合作扩大绿色生态空间，积极开发区域林业碳汇项目，促进跨区域生态补偿。

深化国际合作。积极参与应对气候变化国际合作，学习借鉴国际先进经验，深化与国际友好城市和国际组织的低碳政策对话、务实合作和经验分享，宣传北京低碳发展实践成效，讲好北京故事。

项目策划：段向民
责任编辑：沙玲玲
责任印制：钱　戍
封面设计：武爱听

图书在版编目（CIP）数据

北京休闲发展报告 . 2023 / 邹统钎主编 ; 王欣 , 吴
丽云副主编 . -- 北京 : 中国旅游出版社 , 2024. 8.
ISBN 978-7-5032-7410-7

Ⅰ . C913.3

中国国家版本馆 CIP 数据核字第 2024P1S841 号

书　　名：北京休闲发展报告 2023

主　　编：邹统钎
副 主 编：王　欣　吴丽云
出版发行：中国旅游出版社
　　　　　（北京静安东里 6 号　邮编：100028）
　　　　　https：//www.cttp.net.cn　E-mail：cttp @ mct.gov.cn
　　　　　营销中心电话：010-57377103，010-57377106
　　　　　读者服务部电话：010-57377107
排　　版：小武工作室
经　　销：全国各地新华书店
印　　刷：北京工商事务印刷有限公司
版　　次：2024 年 8 月第 1 版　2024 年 8 月第 1 次印刷
开　　本：720 毫米 × 970 毫米　1/16
印　　张：17.75
字　　数：289 千
定　　价：59.80 元
ＩＳＢＮ　　978-7-5032-7410-7